北京物资学院学术专著出版资助基金项目

陈晓春 ◎ 著

多因素扰动下的医药供应链协调与优化决策研究

Research on Coordination and Optimal Decision-making of Pharmaceutical Supply Chain under Multi-factor Disturbance

首都经济贸易大学出版社
Capital University of Economics and Business Press
·北京·

图书在版编目(CIP)数据

多因素扰动下的医药供应链协调与优化决策研究 /陈晓春著. -- 北京：首都经济贸易大学出版社, 2023.4
ISBN 978-7-5638-3501-0

Ⅰ.①多… Ⅱ.①陈… Ⅲ.①医药产品-供应链管理-研究-中国 Ⅳ.①F724.73

中国国家版本馆 CIP 数据核字(2023)第 061610 号

多因素扰动下的医药供应链协调与优化决策研究
陈晓春 著
DUOYINSU RAODONG XIA DE YIYAO GONGYINGLIAN XIETIAO YU YOUHUA JUECE YANJIU

责任编辑	潘 飞
封面设计	砚祥志远·激光照排 TEL:010-65976003
出版发行	首都经济贸易大学出版社
地　　址	北京市朝阳区红庙（邮编 100026）
电　　话	(010)65976483　65065761　65071505(传真)
网　　址	http://www.sjmcb.com
E-mail	publish@cueb.edu.cn
经　　销	全国新华书店
照　　排	北京砚祥志远激光照排技术有限公司
印　　刷	北京建宏印刷有限公司
成品尺寸	170 毫米×240 毫米　1/16
字　　数	257 千字
印　　张	14.75
版　　次	2023 年 4 月第 1 版　2023 年 4 月第 1 次印刷
书　　号	ISBN 978-7-5638-3501-0
定　　价	59.00 元

图书印装若有质量问题,本社负责调换
版权所有　侵权必究

前　言

本书以价值创造—价值传递—价值获取为主线，研究如何实现药品的持续、高效供应；从医药供应链成员——医药制造企业、医药流通企业、消费者和政府监管部门等角度出发，探索扰动医药供应链定价、利益协调与优化决策的主要因素；运用博弈论和最优化理论，分析多因素扰动下的医药供应链决策和优化协调问题；使用MATLAB这一数学软件对均衡与优化结果进行仿真验证，以更加直观地展示最优的医药供应链策略，并结合研究结论为医药供应链及其成员企业的发展提供合理的管理建议和参考。

本书是国家自然科学基金青年项目"数字技术赋能下医药供应链运营决策与协同演化研究"(项目批准号：72202020)的成果。

随着医药行业贯彻实施国务院医改办等八部门《关于在公立医疗机构药品采购中推行"两票制"的实施意见(试行)的通知》、国务院办公厅《关于开展仿制药质量和疗效一致性评价的意见》、现行药品管理法等政策法规，医药供应链管理模式发生了重大变化，其供应链成员的决策也变得更加复杂。医药供应链企业应当如何着眼发展，提高管理水平？这也成为本研究旨在解决的问题。本书的主要内容与重要结论包括以下几个方面。

第一，基于扎根理论，分别从医药制造企业、医药流通企业、消费者和政府等视角来分析扰动医药供应链决策的主要因素。运用深度访谈和焦点小组访谈的方式获得原始资料，并对访谈资料进行收集、整理和归纳，形成三级编码结构的数据模型；通过饱和度检验，总结、分析医药制造企业的技术创新能力和医药流通企业的物流配送能力等。

第二，刻画了社会责任对医药供应链决策的扰动，比较了合作、非合作和"政府补贴+协同创新+集采低价"组合契约三种决策模型，分析了这三种模型中社会责任对医药供应链效率的影响并得出协调参数的阈值。结果发现，无论是医药供应链整体还是医药制造企业单独关注社会责任都有利于提升药品研发(R&D)创新能力。非合作决策下医药制造企业积极履行社会责任可以有效地控制药品批发和零售价格，增加利益相关者的收益，提高消费者的剩余价值，但是会削弱医药制造企业自身的盈利能力。然而在医药供应链整体社会责任增强时，医药制造企业所承担的社会责任在阈值内的增加有利于其实现价值的增值。此外，组合契约协调策略对医药供应链有优化作用。

第三，考虑到药品市场需求受医药生产企业技术创新能力和医药流通企业物流配送能力的影响，建立分散决策下医药供应链组合契约协调模型，以合作决策的市场价格和最优利润为基准，设计"收益共享+数量折扣"组合契约作为激励机制，对医药供应链进行协调。结果发现，实施"收益共享+数量折扣"组合契约策略可以有效优化和协调医药供应链，能够激励医药生产企业努力提高技术创新水平，激励医药流通企业努力提高物流水平，从而实现整个医药供应链的帕累托最优。

第四，结合医药产品的特性，构建市场需求受医药制造企业促销努力和消费者渠道偏好影响的双渠道模型，分析合作、非合作博弈和"回购+促销成本分担+收益共享"组合契约下医药制造企业促销努力和消费者渠道偏好对医药供应链利润的影响及双渠道调节参数的阈值范围。通过算例分析发现，当促销努力满足约束条件时，采取双渠道对医药制造企业是有利的。当消费者渠道偏好程度较低时，采用组合契约对医药制造企业和医药零售企业都是有利的，同时该组合契约可以调动医药制造企业提高促销努力水平的积极性。

第五，构建政府补贴下的单偏好、双偏好和"集采低价+成本共担"组合契约这三种决策模型，分析三种模型中不同补贴参数及偏好系数对医药供应链的影响并求得协调参数的阈值。研究表明，当条件满足时，相比单偏好模型，双偏好模型对医药制造企业和医疗机构更为有利，能够带来更多的社会福利。除了研发补贴和医保政策外，社会责任感的增强也能够有效激励医药制造企业提高技术创新能力，降低医药制造企业对政府补贴的依赖。组合契约协调策略优化并协调了医药供应链，激发了医药制造企业提高技术创新能力的意识并增强了其社会责任感。此外，将政府补贴率控制在阈值范围内，也有利于激励、保持医药供应链企业和医药行业的稳定、健康发展。

第六，针对过期和闲置药品绿色回收渠道的建立及闭环供应链协调问题，构建单个传统渠道、单个线上渠道以及"线上+线下"药品双渠道回收博弈模型，并比较三种决策模型中消费者行为对均衡价格、回收量和闭环供应链期望效益的影响。研究表明，在单渠道模型中，当消费者渠道偏好过高时医药制造企业更偏好传统渠道，当消费者渠道偏好较低时医药制造企业更偏好线上渠道；采取双渠道回收模型对医药制造企业和闭环供应链系统总是有利的，消费者对渠道偏好程度的增加有利于医药制造企业和闭环供应链系统利润的提高。此外，消费者行为参数影响着政府补贴范围的界定和收益共享系数，"政府补贴+收益共享"组合契约可以实现闭环供应链协调。

本书的创新之处在于：

第一，运用扎根理论和博弈论相结合的方式，实现定性和定量的交叉分析方法。

第二，首次把社会责任作为外生因素引入医药供应链中，在研究医药制造企业履行社会责任的同时考虑了医药供应链成员共同履行社会责任的情况，并设计了"政府补贴+集采低价+协同创新"组合契约以优化医药供应链。

第三，以技术创新和物流配送作为影响药品市场需求的内生因素来构建决策模型，设计"收益共享+数量折扣"组合契约以优化和协调医药供应链。

第四，构建了促销努力和消费者偏好扰动下的双渠道医药供应链决策模型，设计了"收益共享+回购+促销成本分担"组合契约协调，实现了双渠道医药供应链优化。

第五，结合医药产品特性，构建了研发补贴和医保补贴扰动下的医药供应链决策模型，并设计"集采低价+成本共担"组合契约协调决策模型对供应链进行优化，从而研究拓宽了博弈论的应用范围，有助于为改革背景下医药供应链成员企业的发展提供良好的参考价值。

本书采用文献综述、深度访谈、博弈和比较分析等方法，分析扰动医药供应链决策的主要因素，围绕我国医药供应链运营决策优化等问题展开研究，研究对象为由医药制造企业、医药零售企业/医院、医药消费者以及政府监管部门等构成的多级复杂医药供应链，探讨技术创新、物流配送、社会责任、促销努力和消费者偏好等多种因素扰动下医药供应链企业如何优化运营决策和制定协调策略等问题，具体内容如下。

第1章：绪论。本章阐述了选题的背景和研究意义，继而提出了本书的主要内容和思路，设计了技术路线，提出了拟采用的研究方法及工具，并介绍了研究的主要创新之处。

第2章：基础理论与文献综述。首先，本章阐述了博弈论和最优化理论的原理及其应用情况。其次，本章对本书涉及的相关文献进行系统梳理和归纳，总结了技术创新、物流配送、社会责任、促销努力和消费者偏好、政府补贴等扰动医药供应链因素之研究的进展与不足，从而为本书奠定基础，并提出本书的研究方向。

第3章：医药供应链决策的扰动因素分析。本章基于扎根理论，从医药制造企业、医药流通企业、消费者和政府的角度分析扰动医药供应链决策的因素，基于访谈记录的原始资料设计三级编码结构，通过饱和度检验，归纳、总结扰动医药供应链决策的主要因素，在此基础上构建扰动供应链决策的因素模型。

第4章：社会责任扰动下的医药供应链决策。本章研究了由医药制造企业、医疗机构和需要药品诊疗的消费者组成的三级医药供应链决策问题。考虑到市场需求受医药生产企业社会责任影响的情况，以合作决策的均衡市场价格和最优利润为基准，建立分散决策下医药供应链组合契约协调模型，探究社会责任对医药供应链效率及其成员利润的影响，设计"政府补贴+协同创新+集采低价"组合契约协调策略对医药供应链进行协调和优化。

第5章：技术创新和物流配送扰动下的医药供应链决策。本章研究了由医药生产企业、医药流通企业和药店/医院组成的三级医药供应链的医药定价与协调问题。考虑到市场需求受医药生产企业技术创新和医药流通企业物流配送影响的情况，以合作决策的均衡市场价格和最优利润为基准，采用"收益共享+数量折扣"组合契约作为激励机制，建立分散决策条件下医药供应链组合契约协调模型，探究技术创新和物流配送能力对医药供应链效率及其成员利润的影响。

第6章：促销努力和消费者偏好扰动下的医药供应链决策。本章研究的是由医药制造企业和医药零售企业组成的双渠道医药供应链。其中，医药零售企业负责传统销售渠道，医药制造企业通过网络平台负责网络销售渠道，医药制造企业既是医药零售企业的上游供货商又是其竞争者。结合医药产品的特性，构建市场需求受医药制造企业促销努力和消费者渠道偏好影响的双渠道模型，分析医药制造企业促销努力和消费者渠道偏好对医药供应链利润的影响及该促销努力的程度和范围。

第7章：政府双补贴扰动下的医药供应链决策。本章研究由医药制造企业、医疗机构和政府组成的医药供应链。在此考虑了在政府医疗补贴和研发补贴的作用下，将技术创新和社会责任作为内生因素，从供应链战略化运作、医药市场对技术创新的要求及消费者对企业社会责任的需求导向等角度说明医药供应链运作的特殊性，构建并比较其在政府研发和医保补贴条件下对技术创新的单偏好、对技术创新和企业社会责任的双偏好以及"集采低价+成本共担"组合契约这三种决策模型，从而探究政府补贴对医药供应链效率的影响。根据已建立的分散决策下供应链组合契约协调模型，求出最优状态下的目标值及相关参数阈值。

第8章：消费者偏好扰动下的医药双渠道闭环供应链协调策略。本章考虑到患者行为对线上渠道偏好行为、患者参与回收行为等的影响，研究由医药制造企业和医药零售企业组成的二级药品双渠道回收闭环供应链，构建了单个传统渠道、单个线上渠道、"线上+线下"药品双渠道回收博弈模型，并比较了这三种决策模型中消费者行为对均衡价格、回收量和闭环供应链期望效益的影响。分析不同决策模型中消费者渠道偏好对医药制造企业和闭环供应链系统的影响，消费者之渠道偏好程度的增加对医药制造企业和闭环供应链系统利润的影响，以及消费者行为参数对"政府补贴+收益共享"组合契约的影响，最终分析可实现闭环供应链协调的参数条件。

第9章：研究结论、管理建议与研究展望。本章总结本书中所做的主要工作、研究结论，针对研究内容提出相应的管理建议，并指出下一步有价值的研究方向。

目 录

第1章 绪 论 ··· 1
  1.1 研究背景和意义 ·· 3
  1.2 技术路线与研究方法 ··· 14
  1.3 本研究的创新点 ··· 17

第2章 基础理论与文献综述 ··· 19
  2.1 基础理论 ·· 21
  2.2 文献综述 ·· 24
  2.3 研究述评 ·· 36
  2.4 本章小结 ·· 37

第3章 医药供应链决策的扰动因素分析 ··· 39
  3.1 问题分析 ·· 41
  3.2 案例分析 ·· 46
  3.3 数据收集 ·· 66
  3.4 数据编码与分析 ··· 67
  3.5 模型的构建 ··· 73
  3.6 本章小结 ·· 77

第4章 社会责任扰动下的医药供应链决策 ·· 79
  4.1 问题分析 ·· 81
  4.2 模型描述与假设 ··· 82
  4.3 模型构建与分析 ··· 83
  4.4 算例分析 ·· 90
  4.5 本章小结 ·· 96

第 5 章 技术创新和物流配送扰动下的医药供应链决策 …… 99
5.1 问题分析 …… 101
5.2 模型描述与假设 …… 102
5.3 模型构建与分析 …… 105
5.4 算例分析 …… 113
5.5 本章小结 …… 117

第 6 章 促销努力和消费者偏好扰动下的医药供应链决策 …… 119
6.1 问题分析 …… 121
6.2 模型描述与假设 …… 122
6.3 模型构建与分析 …… 124
6.4 算例分析 …… 133
6.5 本章小结 …… 138

第 7 章 政府双补贴扰动下的医药供应链决策 …… 141
7.1 问题分析 …… 143
7.2 模型描述与假设 …… 144
7.3 模型构建与分析 …… 147
7.4 算例分析 …… 155
7.5 本章小结 …… 160

第 8 章 消费者偏好扰动下的医药双渠道闭环供应链协调策略 …… 163
8.1 问题分析 …… 165
8.2 模型描述与假设 …… 171
8.3 药品回收渠道模型 …… 174
8.4 政府补贴和利益共享契约协调模型 …… 179
8.5 数值分析 …… 180
8.6 本章小结 …… 187

第9章　研究结论、管理建议与研究展望 …… 189
9.1　研究结论 …… 191
9.2　管理建议 …… 194
9.3　研究展望 …… 197

参考文献 …… 199
后　记 …… 223

目录

第9章 环境监测、排放口在线监测系统 90
9.1 电源部分 101
9.2 主要配置 104
9.3 系统管理 109
参考文献 116
后 记 122

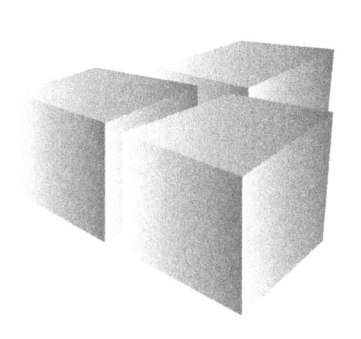

第1章
绪　论

1.1 研究背景和意义

1.1.1 研究背景

医药产业是战略性新兴产业的重点产业,是维护人民健康生活的关键产业,对国家实施"健康中国"战略起到举足轻重的作用。为了更好地应对外部环境的变化,医药产业在国家政策的引导和支持下不断地转型升级,而这也是医药行业今后发展的必由之路。医药产业的转型升级,势必带来供应链结构的调整。医药产业的转型升级主要体现在以下几个方面。

1.1.1.1 多因素引导医药产业不断转型升级

一是政策引导的产业转型升级。现如今,随着人们健康意识的增强,对健康生活的追求也越来越高,医药产业在维护人民健康方面发挥了重要的作用。我国针对医药行业颁布的多项利好政策也促使其不断地发展壮大,如对医药科研人才的培养,对医药科技创新的支持,对医药技术创新的扶持等,这些举措极大地提升了医药行业的发展水平,使得我国医药行业在国际上占有一席之地。为了医药行业的长远发展,更好地贯彻国家政策和指导方针,助力医药产业可持续健康发展,医药行业需要不断提高行业集中度,培养核心竞争力。因此,在国家政策的引导下尽快实现转型升级是医药行业亟待解决的问题。2015—2021年部分主要的医药相关法规和政策文件如表1-1所示。

表1-1 2015—2021年部分主要的医药相关法规和政策文件

时间	发文部门	文件名称	内容和目的
2015年4月	全国人大常委会	《中华人民共和国药品管理法》(第二次修正)	取消了多数药品的价格限制
2015年8月	国办	《关于改革药品医疗器械审评审批制度的意见》	加快药品审评审批
2015年11月	国家食药监总局	《关于药品注册审评审批若干政策的公告》	仿制药按与原研药质量和疗效一致的原则受理和审评审批
2016年2月	国家食药监总局	《关于解决药品注册申请积压 实行优先审评审批的意见》	加快具有临床价值的新药和临床急需仿制药的研发上市

续表

时间	发文部门	文件名称	内容和目的
2016年2月	工信部等	《医药工业发展规划指南》	就其行业规模、技术创新、技术发展等提出了发展目标
2016年4月	国办	《关于印发深化医药卫生体制改革2016年重点工作任务的通知》	提出：带量采购，综合医改试点省份在全省范围内推行两票制
2016年5月	国家食药监总局	《关于落实国务院办公厅关于开展仿制药质量和疗效一致性评价的意见有关事项的公告》	为了促进高质量仿制药的发展，针对药品质量和疗效提出一致性评价政策，以保证药品的安全性和有效性
2016年5月	发改委	《关于印发推进药品价格改革意见的通知》	推进药品价格改革
2016年5月	卫计委	《关于公布国家药品价格谈判结果的通知》	细化药品采购工作
2016年7月	发改委	《关于印发推进医疗服务价格改革意见的通知》	提出：建立健全公立医疗机构医药费用指标定期通报制度，并制定医保支付标准方面的相关政策
2017年1月	国办	《在公立医疗机构药品采购中推行"两票制"的实施意见（试行）》	两票制是指药品从医药生产企业到医药流通企业开一次票，从医药流通企业到医疗机构开一次票，从而通过缩短药品的流通环节，实现降低药品价格的目的
2017年2月	国办	《关于进一步改革完善药品生产流通使用政策的若干意见》	提出：整顿药品流通秩序，推进药品流通体制改革
2017年10月	中办、国办	《关于深化审评审批制度改革 鼓励药品医疗器械创新的意见》	全方位鼓励药品创新
2017年10月	国家食药监总局	《〈中华人民共和国药品管理法〉修正案（草案征求意见稿）》	全面落实药品上市许可持有人制度，有效推动药品研发
2018年4月	国办	《关于改革完善仿制药供应保障及使用政策的意见》	促进仿制药研发，重点解决高质量仿制药紧缺的问题

续表

时间	发文部门	文件名称	内容和目的
2018年4月	国办	《关于促进"互联网+医疗健康"发展的意见》	明确支持"互联网+医疗健康"的发展,突出了鼓励创新的政策意图
2018年12月	中办、国办	《关于深化审评审批制度改革 鼓励药品医疗器械创新的意见》	鼓励创新,加快新药创制,满足公众用药需求,落实申请人研发主体责任
2019年1月	国办	《关于印发国家组织药品集中采购和使用试点方案的通知》	国家组织集中采购和使用,加强宣传和引导安全用药
2020年3月	中共中央、国务院	《关于深化医疗保障制度改革的意见》	提出"1+4+2"的总体改革框架,以及网上医疗服务供给和医疗保障服务两个支持
2021年12月	发改委	"十四五"生物经济发展规划	提出"十四五"期间生物医药产业发展规划

资料来源:根据相关部门颁布的政策资料整理。

近年来,基于政策的扶持和推动,医药行业发展迅速,单就医药制造行业来说,其营业收入从1985年的120亿元增加到2020年24 857.3亿元,利润总额则从1985年的15亿元增加到2020年6月的3 506.7亿元,医药制造业进入高速发展阶段。事实上,医药行业发展是一个从无序到有序的过程,上述发展也是由几个不同的阶段组成的。例如,1978—2000年为引进外资并推动部分基本药物发展阶段;接下来的一个阶段为2000—2015年,属于生产仿制药并大力投入新药物研发的阶段;自2015年起,受医保控费、低价招标等影响,医药行业进入快速发展阶段,也逐渐表现出更加成熟的状态。大体而言,我国医药行业发展的各个阶段如图1-1所示。特别值得一提的,是2015年以来医药行业在国家医改的大背景下开始了新一轮的改革,尤其是提出两票制、一致性评价等政策后,医药行业开始重点关注高质量仿制药和原研药的发展。现如今,我国医药行业的发展展现出巨大的潜力和空间。在不断增速发展的同时,尤其需要相关政府部门进行合理的管控和引导。

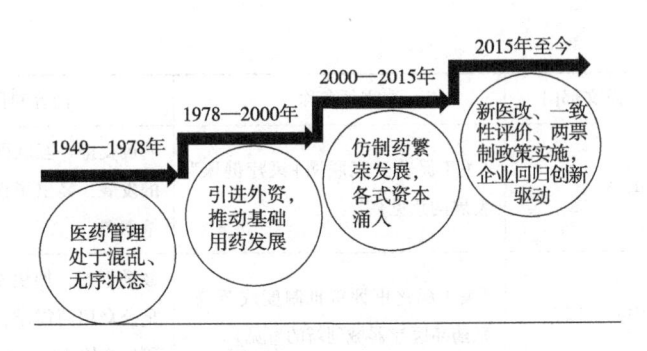

图 1-1 我国医药行业发展的四个阶段

资料来源：兴业证券经济与金融研究所。

二是技术推动产业转型升级。提高技术创新能力是助力医药行业发展的关键点，在国家的不断引导和扶持下，医药行业需要不断提高技术创新能力，实现转型升级。随着经济的高速发展，医药行业正在经历技术变革和创新革命。随着大数据、人工智能的发展，基因组学等学科的创立，医药行业不能仅仅关注传统的药品制造，而是需要更多关注先进技术的开发和引进。如今，我国医药技术创新利好政策不断出台，企业的研发投入逐年增加，国内原研药的数量也在不断增加，创新药的发展势头较为强劲。单从医药行业的 A 股上市公司来看，2017 年的总研发投入达到了 303.75 亿元，同比增长 25%；2018 年的总研发投入达到了 430.14 亿元，同比增长达 41.87%。截至 2020 年上半年，在 353 家 A 股医药企业中，339 家披露的总研发投入为 268.9 亿元。由此可见，上述医药企业近年来的总研发投入增长率均在 25% 以上。究其原因，国家的政策扶持是医药企业提高研发投入的根本动力和取得技术进步的重要原因所在，也是医药行业快速发展的导向标。我国近年来多次颁布了医药行业的重要政策，如改革临床试验管理、优化审评审批、推行药品持有人制度（MAH）等。国家相关管理部门也在持续助推医药行业的转型升级和技术创新发展。现梳理和总结 2016—2021 年部分重要研发支持政策如下（见表 1-2）。

表 1-2　2016—2021 年部分技术研发支持政策文件

时间	发文部门	文件名称	内容和目的
2016 年 2 月	国家食药监总局	《关于解决药品注册申请积压 实行优先审评审批的意见》	加快药品评审，减少注册积压

续表

时间	发文部门	文件名称	内容和目的
2017年4月	人力资源和社会保障部	《关于公开征求建立完善药品目录动态调整机制有关意见建议的通知》	动态调整医保药品目录的实施
2017年10月	中办、国办	《关于深化审评审批制度改革 鼓励药品医疗器械创新的意见》	全方位鼓励药品创新
2017年10月	国家食药监总局	《〈中华人民共和国药品管理法〉修正案（草案征求意见稿）》	全面落实MAH，有效推动药品研发
2017年12月	国家食药监总局	《关于调整药物临床试验审评审批的公告（征求意见稿）》	规定临床试验审核时限
2017年12月	国家食药监总局	《临床急需药品有条件批准上市的技术指南（征求意见稿）》	临床急需药品有条件批准上市
2020年4月	国家药监局	《国家药监局关于开展化学药品注射剂仿制药质量和疗效一致性评价工作的公告》	推进化药注射剂的一致性评价
2020年9月	国家药监局	《药品专利纠纷早期解决机制实施办法（试行）（征求意见稿）》	鼓励新药研究和促进高水平仿制药发展
2021年1月	工信部、发改委等	《"十四五"医药工业发展规划》	大力推动创新产品研发，提高产业化技术水平

资料来源：笔者根据官方公布资料整理。

三是市场驱动产业转型升级。自2015年中央正式提出推进供给侧结构性改革（以下简称"供给侧改革"）以来，医药行业的供给侧改革也随之启动，加之医药企业两票制政策、一致性评价政策的实施，推动了医药行业的不断调整。两票制政策加速了医药行业集中化的发展进程，一致性评价政策筛选掉了低劣产品，医药行业的发展由此呈现稳中有进的态势。并且，随着国外创新药面临专利到期的情况，加之受到一致性评价政策的限制和影响，高质量仿制药的发展空间和增量不容小觑。两票制政策的实施，为医药行业带来了巨大的变革和发展空间，也给一些高质量、有信誉、善于整合资源的医药企业提供了兼并、整合的好机会。在这个过程中，一些小、乱、散的企业被清出市场，医药流通的环节也大幅度减少，医药行业的集中化发展逐渐步入正轨。在市场竞争的压力下，医药行业在不断转型升级，向着集中化、规范化方向发展。近年来医药市场的销售规模在不断增加，面对如此庞大的医药市场，医药行业的转型升级势在必行。扣除不可比因素后，2007—2019年我国药品流通市场的销售规模及增速如图1-2所示。

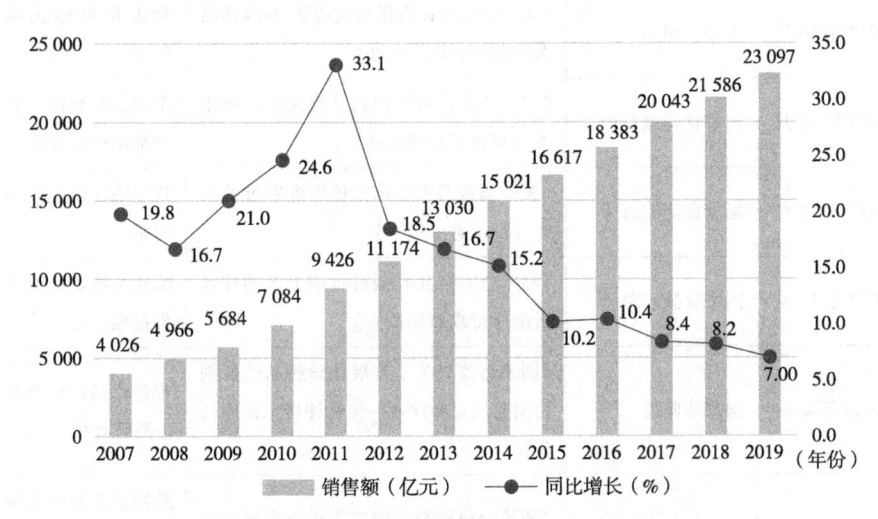

图1-2　2007—2019年我国药品流通市场销售规模及增速

资料来源：根据前瞻网及医药官方公布资料整理。

由图1-2中的数据可知，这些年来我国药品流通市场的销售规模在不断增加，截至2019年，市场销售规模达到了23 097亿元。同时，近几年的销售增速在明显降低。尤其是受新冠疫情的影响，医药市场销售或许还将有所调整。当然，上述这些调整与国家颁布的两票制、医保控费等政策也有很大的关系，即政策压力是其中很重要的一个原因。具体而言，一是国家推进两票制政策，压缩了医药流通的环节，使得终端需求客户或者企业直接对接医药生产企业，或者通过大型的分销企业向医药生产企业采买。随着大型医药流通企业的整合、调整，短期内医药销售的增速呈现放缓态势。二是在国家实施医保控费之后，药品的零加成等政策不断推进，药品招标价格的控制越来越严格，医院及其他用药机构的用药量明显降低，直接导致医药流通企业销售量的减少。但是随着医药行业的不断整合，医药供应链的快速创新发展，"互联网+医药"机制的逐渐形成，医药流通行业将会呈现一个新的发展态势，即向网络化、数字化方向发展。随着人口老龄化的到来，人们用药习惯的改变和用药意识的加强，用药需求会不断增加，这将极大促进医药行业的发展，药品市场的销售规模将迎来新一轮的发展，医药市场也会形成新的发展格局。

此外，根据2010年到2018年我国医药流通企业的利润情况来看，其利润增速明显放缓，平均毛利率在7.0%左右，平均净利润率在1.5%左右，造成这种情况的最重要因素即对政策的把控，究其原因，这种负向的影响主要是药品零加成和招标降价所导致的。从长期来看，由于医药流通企业的整合会带来整体业务的增加，两票制政策则会对此有积极的影响。因此，对于提高医药流通企业的利润空间，今后还有很长的路要走，未来的发展态势也将转变。2010—2018年中国医药流通行业直报企业利润总额、增速、平均毛利率及净利率情况如图1-3所示。

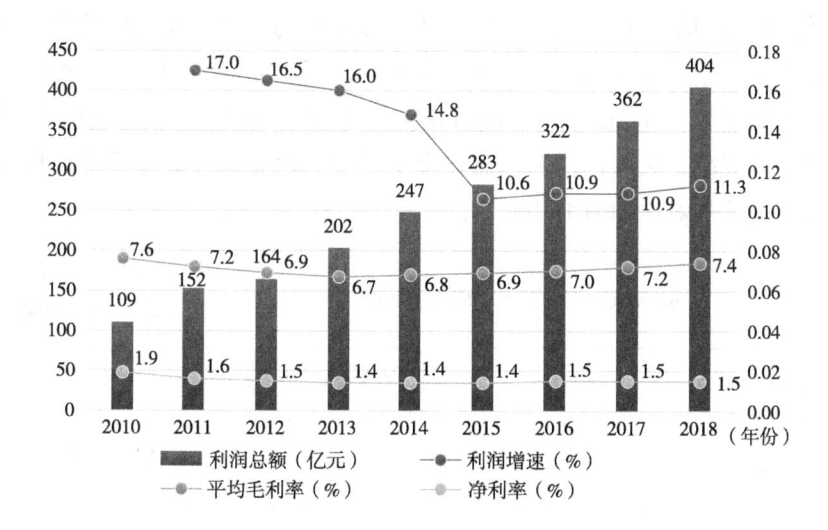

图1-3 2010—2018年中国医药流通直报企业情况

资料来源：笔者根据前瞻产业研究院官方资料整理。

在政策和市场的双重驱动下，医药行业不断加大转型升级的力度，该行业的集中度不断提升，医药供应链成员面临着巨大的发展机遇和空间。对于医药制造企业来说，这种机遇和空间的存在，一是由于市场缺乏原创性、创新性的药品，二是由于随着一大批药品的专利到期，市场也需要一批高质量的仿制药品。也就是说，在一致性评价政策的驱动下，低效药品将逐渐被淘汰出局。对于医药流通企业来说，提升行业集中度是未来一段时期的发展趋势，小型的中间商将被兼并、淘汰，留下的是一批发展势头强劲的医药流通企业。另外，供给侧改革推动了医药产业的优化升级，包括创新药优先评审、分级诊疗、一致性评价等在内的各项政策不断深化和推进，都促进了医药供应链结构的不断调整，推动了医药行业的健康发展，并最终将发展出一个良好的医药生态链。

1.1.1.2 政策推动医药供应链进入结构调整期

除了公立医疗机构外，政府也鼓励其他医疗机构推行两票制政策。两票制政策打破了以往的药品流通形式，从多级流通转变为两级或者一级流通，从而彻底地改变了药品流通的过程，剔除了中间的多级代理，最终形成包括医药制造企业、医药配送企业、医院在内的三级模式。政策的不断推进，使得医药行业的规范化和透明度都得到了巨大的提升，药品的采购、流通等行业也得到了整顿和治理。随着"互联网+医疗健康"政策的推进，医药制造企业开始探索在传统销售模式的基础上拓展网络平台销售模式，处方外流政策也助推了医药网络平台的快速发展，药品可通过此类平台经由医药配送企业送到消费者手中。不仅如此，这些政策实施之后，为医药制造企业提供专业销售服务的组织（contract sales organization，CSO）亦随之发展成熟，医药市场也越来越规范，医药价格和信息逐渐透明化。两票制政策实施前后医药供应链运营模式的对比如图1-4所示。

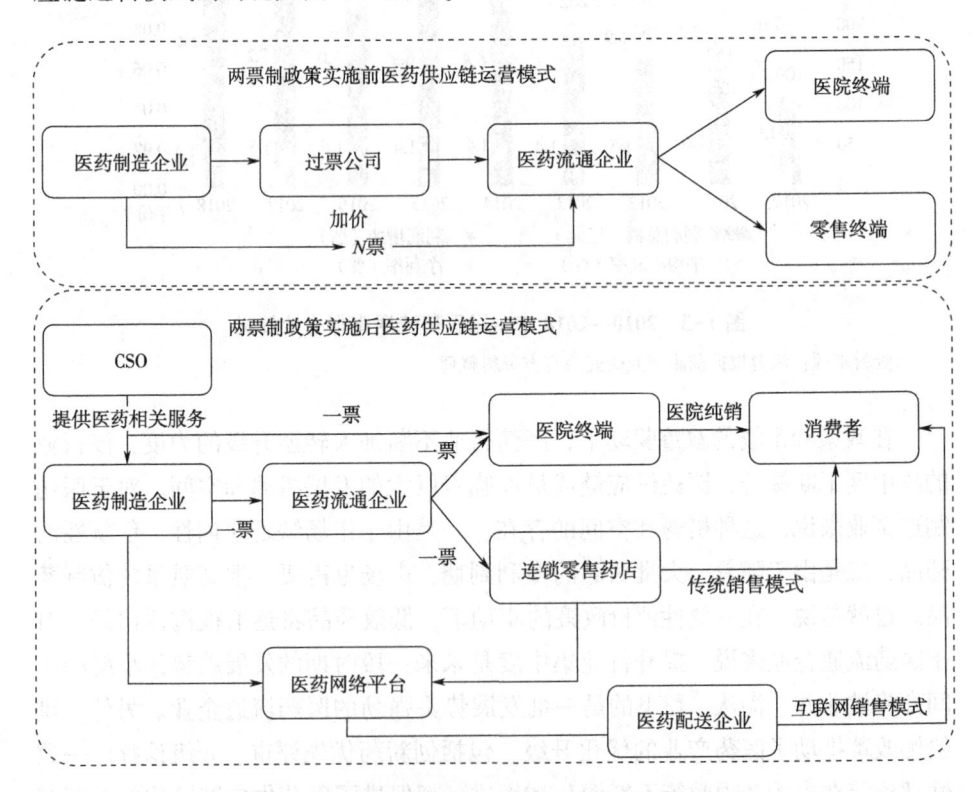

图1-4 两票制政策实施前后医药供应链模式对比

图 1-5 的数据显示，我国药品流通过程中参与主体的收入与发达国家差异巨大，发达国家呈现的是"U"形趋势，我国呈现的则是直线上升形趋势。同时，发达国家的医药生产企业收入最高，我国医药生产企业的收入则是最低的；发达国家的医药流通企业收入最低，我国医药流通企业的收入则高于医药生产企业并占据了 31.0% 的医药市场份额，而我国医药生产企业的收入仅占据 20.0% 的份额。医药生产企业获利薄弱严重阻碍了医药行业的健康发展，亟待技术推动、科技赋能。此外，因我国医药流通企业和终端医疗机构大量侵占了医药生产企业的利润，出现了药品流通效率低、药品价格虚高、一药多名等不良现象。

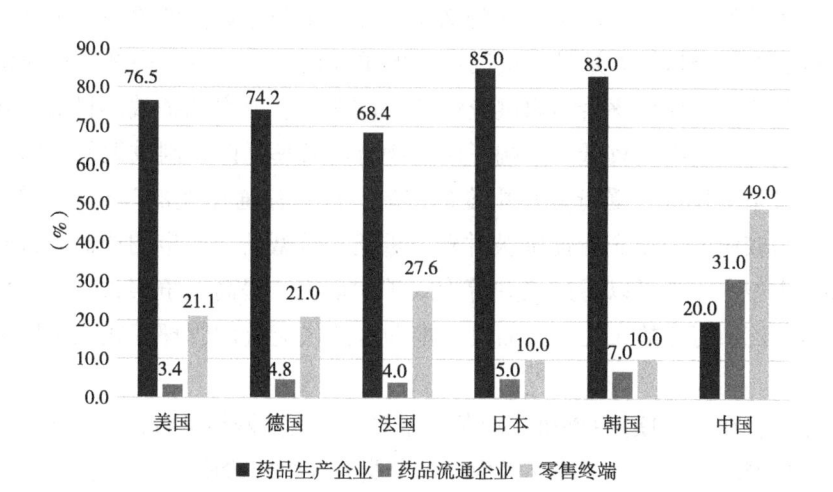

国家	药品生产企业	药品流通企业	零售终端
美国	76.5	3.4	21.1
德国	74.2	4.8	21.0
法国	68.4	4.0	27.6
日本	85.0	5.0	10.0
韩国	83.0	7.0	10.0
中国	20.0	31.0	49.0

图 1-5　国内外药品流通各环节的收入占比

资料来源：笔者根据 2018 年各国公布医药相关数据资料整理。

根据以上情况可知，在各项政策的推行和医改背景下，随着医药产业的转型升级，医药供应链结构也得到了一定的调整和优化。但是医药供应链节点企业仍面临着诸多问题，具体总结如下。

第一，在医药产业转型升级的关键时刻，医药企业不仅面临着快速发展的重要机遇，而且承担着社会赋予的重要责任。药品供应是关系国计民生的大事，需要医药供应链成员企业共同承担应有的社会责任。医药供应链成员中的任何一方出现社会责任缺失问题，都将给人民的健康带来严重的威胁。如今，一些医药企业仅追求快速发展而对社会责任的重视不够，由此引发严重的用药安全问题，这些都需要引起医药企业乃至整个医药行业的重视。实际上，积极践行社会责任能为企业可持续发展打好基础，助力企业的健康发展。

第二，随着一致性评价等政策的实施，同质化、缺少核心竞争力的医药产品逐渐被淘汰，高质量仿制药和创新药将迎来巨大的发展空间。但国内的仿制药质量参差不齐，影响其在医药市场中的地位。因此，为了提高其自身的竞争力和药品的供应能力，医药企业不仅要加大原研药的探索式创新力度，而且要增加仿制药的创新力度，切实履行《关于开展仿制药质量和疗效一致性评价的意见》，改善医药市场环境，提高我国医药行业在国际市场的地位。

第三，两票制政策的推行和实施，增加了医药流通企业的透明度，缩短了医药流通的环节，提高了流通的效率，降低了药品虚高的价格。药品具有易腐性，医药配送能力是供应链问题中的重要内容[1]，运输中断在供应链中代价高昂[2]，物流效率会影响供应链的响应能力、效率和绩效。目前，我国医药流通行业集中度较低，影响了医药物流的效率，两票制政策的实施也给供应链带来了挑战。受行业集中度的限制，医药流通企业的门槛不断提高，整合能力较弱的中小企业面临被并购、重组、转型甚至退市的局面，整合能力强的大型企业则可以通过兼并等形式扩大规模，提高竞争实力。这不仅会引发医药流通行业的大变革，而且会推动医药供应链的管理模式发生巨大的变化。

第四，在"互联网+健康"政策实施之后，医药网络平台得到了快速的发展。相比网络平台，线下医疗机构拥有专业的医生问诊服务，特色优势明显。线上平台虽然可以节约时间，避免挂号、候诊等带来的麻烦，但是目前线上诊疗和远程诊疗服务尚未达到线下诊疗的水平。另外，线上医保支付尚未全面实现，这也是影响消费者网络购药选择的一个重要因素。因此，需要进一步完善网络购药渠道，以满足多样化的需求。此外，对于医药企业来说，还面临着营销渠道变革的问题，如果营销渠道整合不到位，会极大地削弱品牌的影响力。因此，医药企业应积极整合营销渠道，提高企业的整体形象和品牌影响力。

第五，医药供应链结构的调整势必影响供应链节点企业间的合作，节点企业间的有效协调和沟通有利于供应链整体及其成员的决策[3]。目前来看，医药供应链节点企业尚未形成均衡的利润分配机制，医药流通企业和零售终端的市场份额高于医药制造企业，这严重影响了医药制造企业研发创新的积极性。为了提高企业研发创新的动力，政府不断给予各项补贴，而这也增加了财政支出的压力。因此，为了增加医药供应链各方的协调性，需要对医药供应链的优化和协同进行研究，这对医药供应链成本的控制、医药供应链整体以及节点企业成员的利润都会产生利好影响。可见，制定合理的协调策略以促使医药供应链的稳定发展是当前亟待解决的重要问题。

哪些因素扰动着医药供应链管理决策与协调？如何落实企业社会责任？如何激励医药制造企业提高药品质量，提高技术创新能力？如何提高医药流通企业的物流配送效率？怎样保障公众用药安全？如何发挥政府补贴的激励作用？如何促进医药供应链的稳定、持续、和谐发展？这些不仅是本书需要研究、分析的问题，而且是企业和社会各方面临的重要实际问题。

1.1.2 研究意义

医药供应链的管理水平在很大程度上决定了医药企业在行业中的竞争地位。对医药供应链进行优化和协调能够提高医药供应的效率，保持医药供应链的持续竞争力，对医药供应链的发展具有重大意义。

1.1.2.1 理论意义

首先，要实现医药供应链在运作方面综合效益的提升，需要从医药供应链管理角度出发，结合供应链降低成本和提高服务质量等运作目标，优化、调整医药供应链中从医药生产企业、医药流通企业到医院/药店的整个流通过程，从而使各环节衔接紧密、准确，提高医药供应链整体利润水平及综合服务质量。因此，笔者在本书中以医药企业为实例进行分析，探讨了博弈论在医药供应链中的应用。其次，研究由政府部门、医药制造企业、医药流通企业及医药零售企业/医院组成的医药供应链体系，探究技术创新、企业社会责任、促销努力、物流配送、消费者行为偏好、政府补贴等不同组合因素扰动下的医药供应链决策方法。由此，丰富了医药供应链协调优化的理论研究，分析了多因素扰动下的医药供应链协调问题，为医药供应链决策提供了理论依据；同时，也为医药供应链发展提供了管理策略，丰富了供应链管理理论的研究。

1.1.2.2 实践意义

首先，完善两票制政策下医药供应链管理体系。两票制政策推动了医药供应链结构的不断调整和重组，压缩了医药流通企业的流通环节，改变了医药生产企业的商业环境，使原有的医药供应链管理模式发生了深刻变化。在两票制、一致性评价等政策的影响下，医药流通企业将向业务集中化、企业规模化、物流专业化、管理现代化、服务多元化等方向转变，医药生产企业也面临"强者愈强、弱者消亡"的激烈竞争。笔者在本书中充分考虑了医药供应链上下游的协调发展，分析了多种因素对医药供应链运营决策的扰动，丰富了我国医药供应链管理体系研究，为医药企业的高效发展以及政府的政策制定提供了参考与实践借鉴。其次，提高我国医药供应链的效能和竞争力。两票制等政策打破了医药供应链的利益分配格局。为防止供应链重组的不稳定性造成供应链脱节等现象发生，笔者在本书中探究了多种因素扰动下的医药供应链决策模型，探析合理的医药供应链协调策略，目的是给医药生产企业和医药流通企业以适当的激励，这对提高供应链管理效率，提高供应链敏捷性与和谐度，提高药店/医院药品的销售量，拓宽医药供应链成员企业的利润空间等都有重要的实践意义。

1.2 技术路线与研究方法

1.2.1 技术路线

首先，基于扎根理论，分别通过医药制造企业、医药流通企业、消费者和政府四个医药供应链参与对象分析扰动医药供应链决策和效率的因素，并构建医药供应链决策扰动因素的模型。其次，从价值增值的角度出发，按照不同研究对象分析多因素扰动下的医药供应链优化决策和协调问题。

第一，将医药制造企业作为主要研究对象，将社会责任作为外生因素研究其对医药供应协调和优化的影响。笔者在本书中不仅考虑了医药制造企业履行社会责任的情况对供应链决策的影响，而且分析了医药供应链整体承担社会责任的情况对供应链决策的影响，并且构建了组合协调契约对医药供应链进行优化。

第二，将医药制造企业和医药流通企业作为主要研究对象，分析医药制造企业的技术创新能力和医药流通企业的物流配送能力对医药供应链协调与优化的影响。同时构建组合契约，协调医药制造企业和医药流通企业的关系，以实现技术创新能力和物流配送能力的提升。

第三，将医药制造企业和消费者作为主要研究对象，将医药制造企业的促销努力和消费者的渠道偏好作为扰动医药供应链决策的主要因素，构建不同决策下的双渠道模型，设计"收益共享+回购+促销成本分担"组合契约协调策略，以实现医药供应链的优化。

第四，将政府和医药制造企业作为主要研究对象，分析政府研发补贴和医疗补贴对医药供应链决策的扰动，同时考虑来自医药制造企业的技术创新能力和企业社会责任的影响，分析政府补贴情况下企业社会责任强度对医药供应链成员利润及社会福利的影响，设计政府补贴下的组合契约对医药供应链的协调作用，并求出政府补贴率的阈值范围。

第五，针对医药制造企业和医药零售企业作为供应链的核心企业这一点，研究双渠道下消费者行为偏好对闭环供应链期望效益的影响。分析消费者行为偏好对医药制造企业和闭环供应链系统的扰动情况，以及消费者之渠道偏好程度的增加对医药制造企业和闭环供应链系统利润的影响。此外，在分散决策背景下构建双渠道闭环供应链模型的基础上，设计"政府补贴+收益共享"组合契约，并分析通过该组合契约得以实现闭环供应链协调的参数条件。

第六，得出本书的主要结论，并提出合理化建议与研究展望。本书的技术路线如图 1-6 所示。

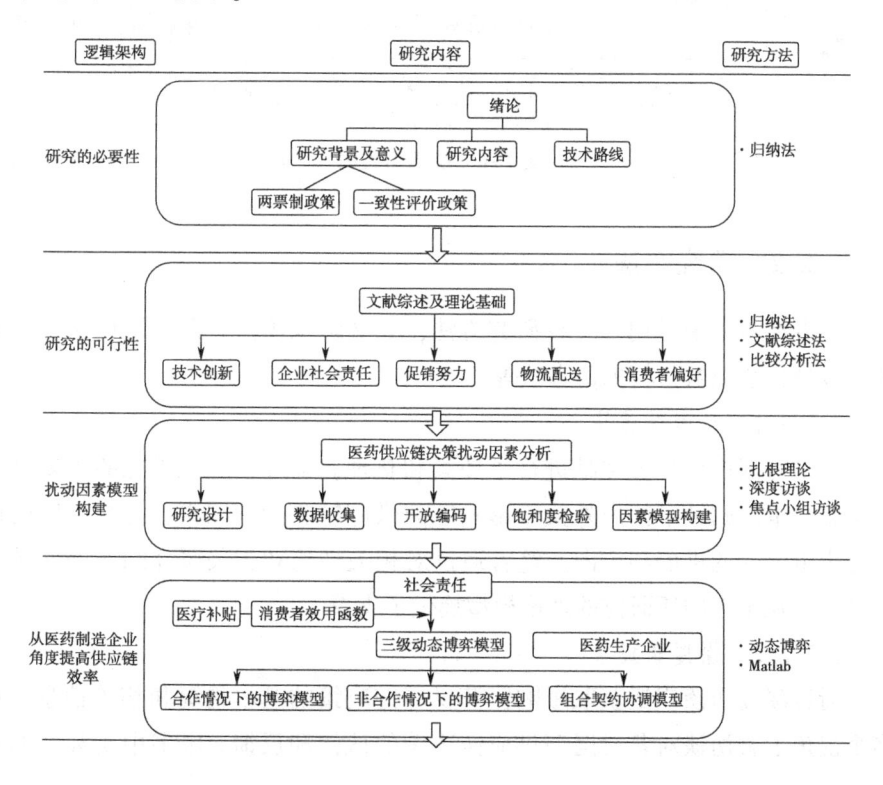

```
从医药制造企业      技术创新和物流配送
和医药流通企业      线性需求函数                          · Stackelberg 博弈论
角度提高供应链      三级竞争博弈模型    医药生产企业、医药流通企业    · 比较静态分析法
效率              分散决策模型  合作决策模型  数量折扣+收益共享组合契约协调模型   · Matlab

从医药制造企业      促销努力和消费者渠道偏好                · 消费行为学
和消费者行为角      促销努力→需求函数                    · Stackelberg 博弈论
度提高供应链效      双渠道博弈模型    医药生产企业、消费者      · 比较静态分析法
率               集成决策模型  离散决策模型  回购+促销成本分担+收益共享组合契约模型  · Matlab

从医药制造企业      政府补贴扰动下的医药供应链决策
和政府角度提高      双偏好→消费者效用函数                  · Stackelberg 博弈论
供应链效率         政府补贴下的供应链博弈模型  医药生产企业、政府部门  · 比较静态分析法
                政府补贴下的双偏好模型 政府补贴下的双偏好模型 政府补贴下的组合契约协调模型  · Matlab

从闭环供应链角      医药双渠道闭环供应链决策
度提高供应链       消费者偏好                              · Stackelberg博弈论
效率             双渠道闭环供应链博弈模型  医药生产企业、医药零售企业  · Matlab
                线上单渠道模型 线下单渠道模型 双渠道模型 组合契约下的双渠道模型
```

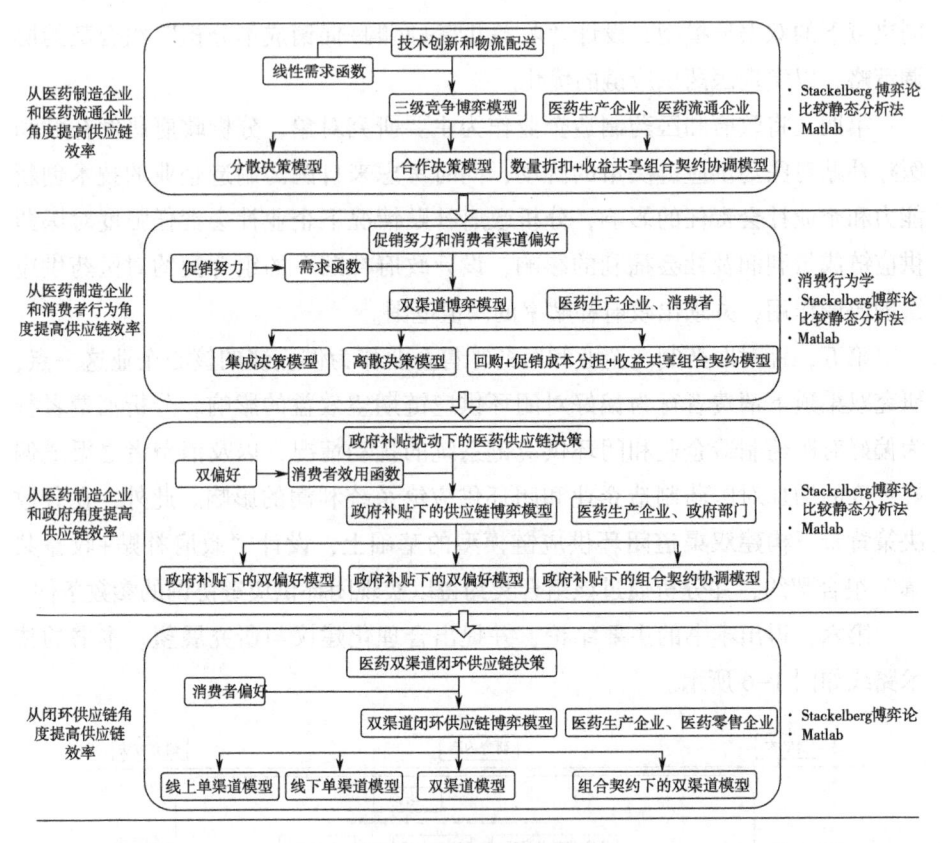

图 1-6 技术路线图

1.2.2 研究方法

笔者在本书中运用了多种研究方法，如文献综述法、深度访谈法、博弈和比较分析法及数值模拟仿真法等。

1.2.2.1 文献综述法

本书对国内外相关文献进行了搜集和整理，掌握了相关研究的主要进度和动态，重点归纳了国内外关于影响医药供应链决策的因素，总结了医药供应链决策研究的进展和方向。笔者通过对相关理论和相关研究问题的回顾和总结，为在本书中所研究的理论模型提供了支撑。

1.2.2.2 深度访谈法

通过深度访谈广泛获取影响医药供应链决策的基本情况和相关信息，从多个视角了解访谈对象对医药供应链决策的认知和反馈。本书中所涉及的深

度访谈，访谈对象有着不同的教育背景、学历情况和年龄等，具有一定的代表性。此外，笔者还以线上和线下等各种方式开展了多次深度访谈，以全面了解访谈对象对问题的认知。

1.2.2.3　博弈和比较分析法

基于斯塔克尔伯格（Stackelberg）博弈理论的研究思路，首先，对医药供应链成员在博弈中的领导地位加以限定；其次，运用逆向归纳的方法分析医药供应链参与主体的博弈顺序；最后，根据研究对象的扰动因素不同，构建并比较不同医药供应链博弈决策模型的均衡结果，并通过比较得出最优的均衡策略。

1.2.2.4　数值模拟仿真法

本书运用 Matlab（R2018）软件进行仿真分析，通过算例来验证命题的正确性，并对构建的博弈决策模型及得到的均衡结果等相关结论进行分析和总结。结合医药企业实际情况对其进行灵敏度分析，以比较不同决策模型下的灵敏度变化情况。同时，通过直观展示研究结论，分析和比较不同决策方式的优劣，从而使研究成果既具有较好的理论创新性，又具有较强的现实意义和实用价值。

1.3　本研究的创新点

当前，我国医药行业在面临转型升级关键时期的同时，也进入了结构调整期，影响医药供应链决策的因素众多。笔者在本书中分析了扰动医药供应链决策的主要因素，并探究这些因素对医药供应链决策的影响。目前，针对这一问题的国内外相关研究较少，因而此类问题具有很大的研究空间。笔者在本书中提出的是多因素扰动下的医药供应链决策模型，并为此设计了不同的组合契约协调策略以进行优化，对正在改革中的医药供应链成员企业来说具有一定的参考价值。具体而言，本书的创新之处有如下几点。

第一，将扎根理论和博弈论相结合，运用定性和定量相结合的交叉分析方法。笔者在本书中通过深度访谈、挖掘、编码和检验等，从医药制造企业、医药流通企业、消费者和政府部门等多角度出发分析扰动供应链决策的主要因素，如技术创新能力、社会责任、促销努力、物流配送能力、消费者偏好和政府补贴等，并据此构建扰动医药供应链决策的多因素模型。为了探究这些因素对医药供应链决策和效率的扰动，笔者又根据不同参与主体来构建供应链博弈模型，并利用博弈论和最优化理论对模型进行解析，从而拓宽了博弈论的应用范围。

第二，首次从医药制造企业和医疗机构同时关注消费者剩余的视角，将企业社会责任引入医药供应链中。笔者在本书中分析了原研药的创新能力如何影响药品的质量和医药供应链的经济性，分析了企业社会责任在不同决策模式下所产生影响的差异性；从系统学的角度研究了企业社会责任对医药供应链的影响，表明履行社会责任有利于促进企业的创新行为。研究发现，"政府补贴+协同创新+集采低价"组合协调契约策略能够实现医药供应链系统的最优，从而提高医药供应链的效率，提高社会效益和经济效益。

第三，以技术创新能力和物流配送能力作为影响医药市场需求的内生因素并构建决策模型，将医药制造企业和医药流通企业作为主要研究对象，分析技术创新能力和物流配送能力对医药供应链及其成员的影响。研究发现，"收益共享+数量折扣"组合契约对提高医药制造企业技术创新的努力程度和医药流通企业物流配送水平的努力程度以及增加供应链各成员的利润起到了重要推动的作用。

第四，在结合医药产品/服务特性的基础上，构建了市场需求受医药制造企业促销努力和消费者渠道偏好影响的双渠道模型。将医药制造企业和消费者作为主要研究对象，分析消费者行为偏好和促销努力对医药供应链利润和最优订购量的影响。研究发现，当促销努力和行为偏好的参数满足阈值范围时会增加医药供应链整体利润，同时笔者在本书中设计的"收益共享契约+回购契约+促销成本分担契约"组合契约优化和协调了医药供应链。

第五，考虑到医药行业政府补贴的特殊性质，构建了研发和医保补贴影响下医药制造企业对技术创新和社会责任的不同偏好模型。将医药制造企业和政府作为主要研究的对象，探究医保补贴和研发补贴对产品价格、市场需求、技术创新能力、医药供应链成员和政府收益的影响。研究发现，在满足约束的条件下，双偏好模式决策优于单偏好模式决策，同时笔者在本书中设计的政府补贴下"集采低价+成本共担"的组合契约优化了医药供应链，增加了供应链成员的利润，提高了社会福利。

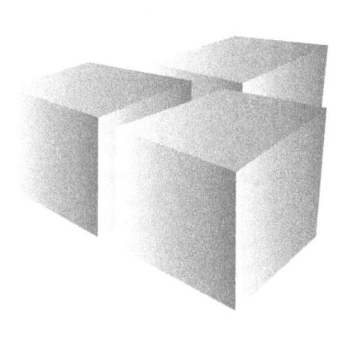

第 2 章
基础理论与文献综述

2.1 基础理论

为了探究不同影响因素下医药供应链的协调和优化策略，笔者在本书中构建了不同扰动因素下的博弈决策模型，运用博弈论分析医药供应链参与主体的博弈过程；结合最优化理论，设计不同的协调策略以实现医药供应链帕累托最优。因此，本书中主要采用的相关理论分别为博弈论和最优化理论。

2.1.1 博弈论

对博弈论的研究越来越受到学者们的关注，有学者将博弈论定义为"对智能理性决策者之间的冲突与合作的数学模型研究"[4]。在本书中，博弈论是指一种在不同竞争和协作环境下对代理人（如公司、团队或个人）的行为进行数学建模的有效且适用的方法。博弈论主要包括合作博弈和非合作博弈，合作和非合作情境都具有很强的实际意义，可以提供重要的见解。博弈论的相关应用广泛，例如，在资源利用、社会问题（如共享经济和可持续运营）、（企业）合作和竞争等情况下的经济博弈，以及有关公平分配资源的社会博弈等。又如，竞争形势、个人层面上的心理博弈和各个行业之间发生的供应链博弈等。

在供应链研究中涉及多方主体的生产、定价、协调等博弈特质，本书中将博弈论作为医药供应链决策的基本工具。与本书内容直接相关的博弈论重要概念见表2-1。

表2-1 博弈分类及概述

主要概念	相关概述	博弈分类	相关概述
博弈参与者（Players）	指博弈中作出相关决策的个体。由于存在相互依赖，博弈中至少有两个参与者	斯塔克尔伯格博弈（Stackelberg Game）	特指博弈主体决策顺序的一种类型，包括合作博弈和非合作博弈两种形式
博弈策略（Strategies）	描述参与者的行动如何依赖其所观察到的其他参与者已经采取的行动，表示一个完整的计划或决策准则	合作博弈	博弈主体之间通过一定的约束条件进行决策优化，参与主体考虑的是合作之后的整体收益，以及合作之后如何进行合理分配

续表

主要概念	相关概述	博弈分类	相关概述
采取效用函数（Function）	衡量参与者在每一组策略组合下所获得的收益，参与者总是愿意选择高收益而不是低收益	非合作博弈	参与主体考虑的是收益的最大化，非合作博弈的核心是纳什均衡
博弈顺序（Orders）	博弈的先后顺序有时同步，有时则按不同的次序安排	完全信息博弈	如果每个参与者对其他参与者的特征、策略和效用函数等信息都完全了解，该博弈就是完全信息博弈
博弈收益（Payoffs）	对应每一组可能的决策选择，都有一个结果反映该策略组合下各博弈方的所得或损失	不完全信息博弈	参与者并不完全清楚有关博弈的一些信息

目前，博弈论的方法在供应链的管理和协调方面运用较多，其中涉及合作博弈和非合作博弈，如有学者将博弈论方法运用于解决供应链竞争的问题[5]，对于如何加强供应链合作具有实际意义。还有学者对供应链博弈进行了分析，即在两个不同供应链市场中嵌入战略动态（即协作和竞争），然后将模型扩展到无限水平重复博弈，结果发现代理商在面对每个供应商时都面临相同的决策问题[6]。一些学者运用博弈论方法研究社会关注的闭环制药供应链中断管理和渠道协调问题，并提出基于场景的分散和集中决策模型，采用协调合同和纳什议价模型，协调了两级制药闭环供应链[7]。也有一些学者在非合作博弈方面开展了研究，如运用非合作博弈理论研究了双渠道供应链定价策略和响应决策，目的是观察该系统内的价格效应[8]。他们采用博弈论对客户偏好行为进行建模，自变量是在线价格和零售商价格，并基于该博弈模型获得了纳什均衡。除此之外，有的学者应用博弈论探索了在竞争环境下最优消费者退货策略的纳什均衡[9]；有的则基于Stackelberg博弈研究了绿色产品供应链，提出并比较了几种不同策略的定价模型，还通过合同设计分别确定了产品的绿色水平和营销努力水平[10]。

笔者在本书中根据博弈论的思路，针对不同的扰动因素和博弈参与主体，构建了与之相应的博弈模型。在此基础上分析不同情境下供应链参与主体的博弈顺序，并提出不同的博弈策略，以此来探究不同因素扰动下供应链成员的博弈情况。医药供应链主体之间由于博弈行为势必会产生边际效应，对此应探究哪种情境下的博弈策略对供应链系统和成员更加有利，从而提出在此背景下医药供应链的最优化决策。

2.1.2 最优化理论

最优化理论是解决最优化问题的基础理论，是针对数学规划和最优控制两类问题的求解方法，其广义定义是：使解决问题合理、科学、有效且最佳化的理论[11]。按照目标函数来看，可分为单目标最优化问题和多目标最优化问题。单目标最优化问题是指只有一个目标函数的最优化问题，多目标最优化问题是指含有多个目标函数的最优化问题，本书之中主要涉及多目标最优化问题。按照约束情况来看分为有约束最优化和无约束最优化问题。

最优化问题的数据模型一般如下：

$$s.t.\begin{cases} \min f(x)_{(x \in D)} \\ m_i = 0, i = 1, 2, \cdots, n \\ m_i(x) \geq 0, i = n+1, 2, \cdots, j \end{cases}$$

其中，$f(x)$ 为连续的目标函数，$D = (x_1, x_2, \cdots, x_n)^T$，$S.t. m_i = 0, i = 1, 2, \cdots, n$ 和 $m_i(x) \geq 0, i = n+1, 2, \cdots, j$ 为两种不同条件的约束。设置这些约束条件是为了更好地求得目标函数的最优化策略。

最优化理论和博弈论的结合研究在文献中比较常见，主要用来探寻最优的决策。例如，有学者结合博弈论和最优化理论研究制造企业的订货策略和供应企业的生产策略，并研究随机产量和需求情况下的多目标协调和优化策略，并运用 MATLAB 进行数值模拟[12]。有学者则在最优化理论的基础上，分别建立集中模型和分散模型来研究低碳供应链的最优决策和收益，提出通过收益成本共享的讨价还价协调合同，可以有效实现供应链的协调，并提高减排的投资[13]。有些学者认为供应链配置和供应企业选择是供应链管理中两个重要的战略决策问题，他们提出了一种基于鲁棒优化理论的集成数学规划模型（以下简称"鲁棒优化模型"），又将得出的最优解与确定性模型进行比较以验证鲁棒优化模型，并进行了数值研究以及敏感性分析[14]。有些学者则运用优化理论在有一个制造企业和一个零售企业的供应链中实现了供应链主体合作广告决策的优化与协调，即采用制造企业与零售企业分担部分本地广告总费用的方式实现了供应链的优化[15]。此外，有学者建立了一个三人收益优化的模糊博弈模型，并通过纳什均衡理论提出了一种解决问题的方法，以比较该模糊博弈模型在不确定条件下与非模糊博弈模型对主体收益函数优化的积极影响[16]。还有学者开发了双层优化模型，以分析集成供应链与非集成供应链的均衡问题[17]。另有一些学者开发了一个数学优化模型来研究药品供应链中的合作伙伴关系和定价，该数学模型可以评估通过不同渠道运营的独立组织之间合作伙伴关系的价值，也可以分析报销合同以及收入/成本分担政策对最佳供应链设计的影响，并突出体现了在哪些条件下连锁或邮购药店可以建立合作伙伴关系[18]。与此同时，还有一些学者设计了用于需求、供应能力和主要成本数据（包括运输和短缺成本参数）不确定性的供应链鲁棒优化模型，并在基本模型的基础上优化、扩展了该模型，以将不确定性纳入关键输入参数中，该方法可以解决、克服基于场景方案的局限性，并应用于稳健的供应链网络设计决策中[19]。由此可见，以上学者采用了不同的优化模型以求得所研究问题的最优方案。

最优化理论是解决最优战略决策和供应链优化决策的有力工具。因此，为了探究不同影响因素下医药供应链的最优决策方案，可运用最优化理论对构建的博弈模型进行最优化求解，以分析医药供应链整体和供应链成员最优的行为。据此，笔者在本书中采用最优化理论与博弈论相结合的方法，以探寻在不同情境下医药供应链的最优决策问题。

2.2　文献综述

医药供应链涵盖了原材料供应企业、制药企业、医药流通企业、终端售药机构和患者等众多环节，因药品的供应过程中参与主体较多而造成供应链结构复杂，所以在相关政策实施背景下的医药供应链定价、利益协调与优化等决策成为当前面临的重要问题。也正因为如此，笔者在本书中侧重对医药供应链的决策进行研究。以往对医药供应链的研究涉及二级供应链[20]、三级供应链[18]及多级供应链[21-22]。事实上，供应链管理无论是作为一种长期战略，还是作为一种战术工具，都应该深深植根于三个原则：共享信息、共享风险和共享利益[23]，医药供应链管理也是如此。尽管不少学者已在医药领域开展了开创性工作[24-30]，但在整个医药供应链领域实施供应链战略的进展仍非常缓慢。实际上，药品是具有易腐烂、易变质等特性的产品，降低成本、提高效率、提高客户满意度和实现可持续发展是医药行业发展中需要关注的重要问题[31]，提高供应链的可靠性、安全性和效率应该成为医药供应链发展和研究的目标。对此不少学者也开展了广泛的研究，如有的学者关注了不确定条件下药品作为易逝品的供应链网络设计问题[32]；有的学者研究了医药供应链物流运输和药品分配问题[33]；有的学者通过一个制药案例研究了可持续弹性供应链问题[34]，接下来又在不确定条件下研究了具有易腐性和替代性特点的药品的供应链网络设计问题[35]。

除此之外，有很多学者从运筹学的系统视角研究了医药供应链问题。例如，有学者在均衡和动态两个基础上提出了一个基于价格和质量竞争的药品供应链网络模型，用于确定与供应链内部和外包网络活动相关的最佳医药产品流，并为制药企业提供最佳决策或购买决策以及最佳承包商选择策略[36]。还有学者提出了一种改进的交互式多目标模糊规划方法，建立和优化一个多周期、多目标的医药供应链模型，以帮助医疗保健系统的决策者获得满足采购质量、时间和成本要求的药品[37]。此外，有的学者提出了具有周期性中断特征的家庭护理患者所需要的医疗供应链和前期存储位置的优化策略[38]，有的学者从药品制造企业的角度分析了两阶段的药品供应链调度问题[39]，有的学者则研究了基于患者利益的医疗供应链质量工作，并认为优化质量工作可以提高供应链的利润[40]。

由此可知，许多学者已对多目标下医药供应链的调度问题和单因素影响下的医药供应链等进行了研究。尤其是随着医药供应链的发展，很多学者也对医药供应链效率和决策中的影响因素进行了研究。本书根据上述研究的不同侧重点，将其分为以下几类。

2.2.1 社会责任影响医药供应链决策的相关研究

企业社会责任（corporate social responsibility，CSR）是企业提高道德行为以实现经济可持续发展的一项重要策略。任何一个供应链成员那里所发生的社会或环境事件都可能给整个供应链带来巨大的风险或破坏[41]。考虑到企业社会责任的重要性和必要性，医药企业作为特殊性行业的一员更应该注重企业社会责任的培养。许多学者也对企业社会责任进行了一系列的研究[42-44]并指出，履行社会责任能够促进企业的资源重构[45]，有助于提升供应链产品质量与产品需求，适当的社会责任有利于供应链企业盈利性的增加[46]，等等。例如，有学者指出，医药制造企业关注社会责任有利于控制药品的零售价格[47]。有学者介绍了企业社会责任影响下的两级双渠道供应链，发现除了在线渠道外，制造企业还通过展示社会责任来增加利益相关者的福利[48]。有学者认为，企业履行社会责任能够实现其价值的增值[49]。有学者针对生产企业的社会责任如何影响消费者的购买态度和意向开展了研究，结果表明生产企业的慈善和法律责任对消费者购买意图产生了有利的影响[50]。有学者将社会责任引入闭环供应链的决策中，认为制造企业的社会责任有利于降低产品的批发价格，提高用户对产品的需求[51-52]。有学者发现对股东、员工的社会责任信息披露质量能显著缓解融资约束，从而正向影响企业的创新持续性，因此企业社会责任对持续创新具有正向影响[53]。有学者认为，社会责任对企业技术创新绩效的作用呈现倒"U"形趋势，即社会责任在某一临界点内能有效地促进企业技术创新绩效，但超过该临界点后会阻碍企业技术创新绩效[54]。有的学者认为，企业社会责任程度的增加可以促进产品质量、产品需求和利益相关者经济绩效的增加，但企业经济利润也会随之降低[55]。有的学者认为企业社会责任与企业纯利润成反比，但与总利润成正比，且企业社会责任不可能同时实现股东价值和利益相关者价值[56]。此外有研究表明，企业社会责任的披露会对品牌产生积极的影响，从而增加企业销售、市场份额和净利润等[57]，企业和消费者可以从社会责任中获得收益[58]，因此许多企业不仅追求利润，而且追求企业社会责任[59]。由此可见，大量的经验研究已被引入企业社会责任如何影响企业绩效的课题中，但是结果不一，尤其是对引入企业社会责任后企业盈利能力提高的潜力仍然存在争议。

除此之外，学者们也在供应链领域引入并研究企业社会责任。有学者在供应链双渠道竞争背景下，考察了零售企业如何将企业社会责任作为其产品差异化工具，并基于企业合作与非合作运作博弈，比较了三种企业社会责任配置下的供应链节点企业社会责任业绩和经济业绩大小[60]。有学者研究了在上游供应企业承担企业社会责任成本的情形下，上游供应企业如何通过批发价合同与下游企业共同分担企业社会责任成本[61]。有学者分别在供应链节点企业同时决定其企业社会责任的情形下，考察了节点企业之间的相互运作策略[62]。这些研究将企业社会责任刻画为企业为了提高消费者产品需求的一种企业社会责任投资行为。另外，相关企业社会责任研究也讨论了供应链协调问题。例如，有学者在双渠道背景下，研究了医药制造企业社会责任偏好程度对其定价策略和产品兼容性的影响，并分析了数量折扣契约对供应链系统的协调作用[63]。有学者在供应商承担企业社会责任的情形下，研究了利润分享契约对供应链系统的帕累托改进[64]，但是其研究并未考察企业社会责任对供应链质量决策的影响。有学者认为，政府外部协调补贴策略与供应链内部协调补贴策略下的绿色质量水平和社会福利均高于单一补贴策略[65]。有学者发现在具有多重不确定性的再造供应链中，实施收益分成合同可以消除双重边缘化，从而增加整个可再造供应链、再制造企业和零售企业的利润[66]。有的学者在一个考虑企业社会责任偏好的三级供应链中，研究了批发价折扣契约对供应链系统的协调问题，他们将在供应链企业目标决策中考虑消费者剩余的行为称为企业社会责任行为，进而考察了企业社会责任对供应链运作的影响，以及收入分享契约对供应链系统的协调[67]，本书参照了这一研究对企业社会责任的定义。但是，以上学者未曾关注企业社会责任对创新与供应链效率的影响，且鲜少涉及医药供应链企业的社会责任问题。

2.2.2 技术创新影响医药供应链决策的相关研究

当下消费者对医药产品的需求逐步趋向个性化和多样化，更加需要获得安全、及时、高效的药品。提高原研药、仿制药等的技术创新能力可以满足消费者对药品的需求[68]，因此，很多学者对技术创新进行了广泛的研究，如有学者认为技术研发投资是关键资源和知识生产的推动因素，不仅可以提高产品质量水平，而且可以提高零售价格，并且能够带来供应链绩效和消费者剩余的增加[69]。有学者研究发现，技术创新能力、技术不确定性等多个因素对企业之间的合作决策产生了重要的影响[70]。但有学者在改进的巴斯（Bass）模型中应用模拟技术表明，由于市场的动态性，技术研发水平高不一定总是带来医药销量的增加[71]。近年来，技术创新被用于改善供应链协调，并使供应与需求相匹配[72-73]。党的十九大提出，我国要继续大力实施创新驱动发展战略，并指出创新是引领发展的第一动力。创新对企业发展也具有重要作用，政府与企业越来越重视研发资本，投入力度日益增强。有学者从药品安全性和高效性角度出发指出，消费者在对药品效用提出高要求的同时也希望享受高质量的医药服务[74]。还有学者从技术创新视角出发，研究了创新对供应链价值的影响[75]。

此外，高效的产能计划与稳健的研发创新决策对企业的长远发展至关重要[76]，尤其是医药制造企业生产的是关系国计民生的特殊商品，更应该遵循消费者至上的原则，充分借助政策利好的优势，加大技术创新的投入力度来提高产品和服务的质量。技术创新能够促进医药供应链的发展，提高医药制造企业的积极性，并为医药行业的发展提供新的方向和希望[77]。研发对于药物和制药行业等知识密集型领域至关重要，并且医药研发在医药供应链管理方面也发挥着关键作用[78]。有学者利用12年的数据探究了研发活动对印度制药企业绩效的影响，表明研发强度对全要素生产率呈现积极影响，同时他们建议鼓励在制药行业开展内部创新活动[79]。另外，政府补贴在一定作用下也能够促进企业创新产出[80]。有学者根据韩国制药行业的数据分析了公共研发补贴与私人研发投资的关系，结果表明政府的研发补贴刺激了小型私人生物技术公司的研发活动[81]。有学者分析意大利实施的研发补贴计划后认为，该计划对公司的创新产出和研发活动产生了重大影响，并且相比大企业，此类计划对小企业的激励效应表现得更为显著[82]。除了技术研发能够为企业带来竞争力外，遵守设计合理的环境标准也会激发企业开展一系列降低产品成本、提高产品价值的创新活动，并且可以使企业更具竞争力[83]。因此，技术创新对于医药企业的发展至关重要，需要引起企业的极大关注和学者们的深入研究。

也有学者针对供应链协调进行了研究。例如，有学者发现回购和收益共享这两个合同未能协调供应链，于是提出了一个新的计划，即质量补偿合同，其中由制造企业向零售企业补偿因后者疏忽而卖给消费者的有缺陷产品，结果表明质量补偿合同完全协调了供应链[84]。有学者采用批发价格和成本分担来构建供应链协调模型，并运用数值分析了该供应链模型的有效性[85]。有学者采用双头垄断的供应链博弈模型，以检验企业的水平和垂直公平问题如何影响三方供应链的协调性[86]。有学者设计了由期权和成本分担组成的合同，以调查由主导零售企业和规避风险的制造企业组成的供应链协调和风险分担问题[87]。有学者基于数量折扣政策设计了收益共享合同机制以实现供应链协调，并给出了合同参数需要满足的要求[88]。有学者提出，在零售行业中主要零售企业通常会限制供应企业的批发价格，并获得大部分供应链利润，这种不公平的利润分配可能会由于低利润而导致小型供应企业破产[89]。有学者认为，当需求不确定且受零售企业的销售努力影响时，完全回购的策略通常无法达到协调供应链的目的[90]。有学者通过建立基于区块链的场景应用模式，达成共识协同管理机制，此举可以实现缩短供应链管理时间，提高效率，满足需求的目的[91]。有学者则在分析了供应企业与多家零售企业合作的供应链中的竞争与协调后发现，无论零售企业的类型如何，供应企业都无法达到完全协调和竞争，而是希望通过折扣协调获得利润[92]。可见，从医药研发创新的视角来看，研发资本投入的不断增长对企业绩效产生了正向、非线性影响[93-94]，而研发创新对医药供应链成员及系统的影响和作用机理仍有待研究。原研药技术需要探索式创新能力，仿制药则需要利用式创新能力；传统观点将探索式创新与利用式创新简单地对立起来，双元观点则认为企业在现有技术条件下，同时进行探索式创新与利用式创新活动，更有利于提高其绩效水平[95-96]。技术创新能力不仅作为医药生产企业的核心竞争力，影响着消费者用药的效用和体验，而且在很大程度上影响着终端医院/药店的需求。因此，研究技术创新对医药供应链及其供应链成员活动有较大的价值和意义。

2.2.3 物流配送影响医药供应链决策的相关研究

物流配送影响着药品的可达性，对医药供应链决策有着重要的影响，对此不少学者关注了医药流通企业提供物流配送和能力和努力程度对医药市场需求和供应链影响[97]。例如，有学者认为无论在理论还是在实践中，提高物流配送能力都是医药部门需要关注的重点，其最明显的优点是在不影响患者用药质量的同时增加企业利润[98]。有学者在研究中提出，物流水平的提高在提高服务质量的同时提高了药品的质量[99]。有学者在其开发的模型中引入产品新鲜度作为因子，研究物流活动在供应链协调中的影响[100]。有学者指出，物流服务水平的提高将加强供应企业与零售企业之间的合作关系，物流服务的价格优化也推动了供应链利润的形成[101]。就医药行业特点来说，我国医药流通企业话语权较弱，相比美国医药流通企业三大巨头的市场占有率（约96%），我国医药流通行业集中度较低，需要加速整改以提高物流配送和其他增值服务能力。随着医药供应链中的信息流、商流和物流一体化程度加深，物流配送能力不仅是医药流通企业重视的核心能力，而且是终端医院/药店考虑的重要因素。

与其他行业供应链相关研究相比，目前国内外关于医药供应链协调问题的研究及相关文献偏少。但对于供应链协调问题已经有很多学者在研究和关注，区别在于他们所研究的供应链成员构成不同、供应链渠道不同、采取的激励方法不同等。最常见的激励方法有回购契约[102]、数量折扣契约[103]、收益共享契约[104]等，通过制定单个契约或者组合契约的方式来激励供应链成员努力实现各自利润最大化，从而达到优化供应链的目的。例如，有学者通过研究认为，当决策变量的参数满足约束条件时，数量折扣契约能够有效地协调三级供应链[105]。有学者在研究中建立了数学模型，主要从供应企业开展批量采购和给予一定的价格折扣两个方面进行研究，并提出数量折扣契约可以使供应企业和合作企业同时增加自身的利润[106]。有学者提出数量折扣策略可以协调供应链系统的利益，也可以使供应企业和卖方双方受益[107]。还有一些研究是有关收益共享契约的。有学者利用收益共享契约优化由生产企业、分销企业和零售企业组成的三级供应链利润体系[108]。有学者的研究结果显示，当不考虑缔约成本时，相比批发价格契约，收益共享契约可以更好地促进供应企业改善质量，也能更好地协调供应链，从而使供应链成员获得最大的效益[109]。有学者以三级供应链系统为研究对象，通过算例验证表明，当由于突发事件而造成市场需求发生改变时，基于数量折扣契约的收益共享契约可以对供应链起到协调作用[110]。也有学者采用双契约或多契约对协调供应链进行研究，如采用成本分担和收益共享策略降低参与者的成本，以使参与者获得最大的利润[111]。有学者提出以收益共享合同作为再制造企业和零售企业之间的协调机制，其研究表明无论参与者具有何种支配力，收益共享合同始终可以为所有参与者增加预期利润[112]。有学者认为风险分担和收益共享契约可以有效地协调供应链和风险中性的零售企业，但这并不总是能够帮助零售企业有效地规避风险，而是需要在风险参数满足一定的约束时才成立[113]。有学者提出，与其他契约策略相比，数量折扣和收益共享契约提高了供应链的性能并确保供应链利润随着价值的增加而增加[114]。基于以上文献，笔者在本书中设计了组合契约来对供应链进行优化和协调。

2.2.4 促销努力和消费者偏好影响医药供应链决策的相关研究

互联网技术的应用及行业市场需求的动态性倒逼供应企业选择双渠道来销售产品[115]，直销渠道和传统渠道也逐渐受到关注。双渠道不仅可以通过利润分享降低供应企业和零售企业的市场风险，而且可以借助互联网使零售企业和供应企业无缝链接以降低运输成本[116]，更重要的是它为消费者带来了快捷、便利、舒适的体验。因此，双渠道供应链的协调优化日益成为国内外学者关注的问题，当然他们对双渠道研究的侧重点有所不同。

一些学者重点探究了促销行为下的双渠道协调，他们研究的促销行为大都是关于零售企业的[117-118]；少数学者研究的是由供应企业主导的促销行为[119-120]。由供应企业主导的线上促销能拓展更大的利润空间，制造企业与零售企业对促销成本的共担也可以有效地协调供应链[121]。协调供应链的方法有很多，当需求受到销售努力的影响时，适当设计目标回扣契约也能够实现协调和双赢的结果[122]。当然，也有学者研究认为仅仅靠回购契约不能协调存在供应企业促销行为的供应链[119]。在单个契约不能实现供应链协调的情况下，引入收益共享和努力成本分担策略对原有模型进行修正，结果显示在收益分担率和努力成本分担率满足一定条件的情况下，修正后的契约可以实现供应链协调。有学者考虑了销售努力的搭便车行为对由线上和线下商店组成的双渠道供应链的影响，提出成本分担契约可以协调分散的双渠道供应链以达到双方利益均衡的结果[123]。有学者讨论了风险规避销售企业的最优订购和促销努力决策，认为成本分担机制有助于消除促销效应对契约可行域的影响[124]。有学者也提出只有当零售企业和制造企业都承担销售努力成本，并利用改进的收入共享契约来协调供应链时，才可以在两级或者三级供应链交易中实现供应链协调[125]。有学者研究了在需求不确定的情况下，分散式供应链中零售企业的销售努力承诺对企业均衡投资和定价决策的影响，认为在延迟承诺的情况下，销售努力会为零售企业和供应链带来更高的收益[126]。

一些学者关注的是双渠道供应中的异质产品。例如，有学者认为，客户对在线渠道的接受度取决于不同产品类别，产品特性决定了产品与网络的兼容性[127]；有学者构建了不同产品类别、不同客户偏好下的古诺模型，以研究双渠道供应链最优订货量和最优价格及客户偏好变化对最优策略的影响[128]。也有学者侧重于同质产品的渠道偏好研究。例如，有学者基于消费者对同种产品不同渠道偏好及渠道之间的竞争进行了研究，分析了消费者偏好系数不同对供应链及其成员企业利润的影响[129]。有学者通过构建由制造企业领导的Stackelberg博弈来研究零售渠道和网络渠道的定价问题，认为零售渠道与网络渠道之间存在着激烈的价格竞争，但可以利用利益分享机制解决渠道冲突问题[130]。有学者比较了有协调机制和无协调机制下的同质产品在不同渠道结构中的三级供应链，认为在某些条件下双渠道可能优于单渠道，通过双渠道可以得到协调一致的结果[131]。

根据以上文献可知，考虑到促销努力的实施主体不同，如涉及制造企业、零售企业等，而且大多学者的研究把促销努力和渠道偏好作为独立的影响因素分开来看，缺乏对两者共同作用下如何影响供应链的协调问题进行研究。为弥补现有文献的空白，笔者在本书中探究了制造企业实施促销努力且考虑渠道偏好因素对医药供应链的影响。

2.2.5 政府补贴影响医药供应链决策的相关研究

医药行业不同于其他行业，研发投入大，周期长，政府的补贴对于研发创新起到了关键的推动作用，在政府补贴对供应链的影响方面，已有很多学者做了研究。例如，有学者针对医药制造企业创新补贴如何影响企业的绩效进行了研究，其结果存在一定的差异性：对于当期来说，创新补贴能够促进企业研发投入，但是对未来一期的创新产出则呈正"U"形关系[132]。有学者则认为，政府的研发补贴能够明显地促进企业的创新活动[133]。还有学者认为，研发补贴确实可以促进企业的探索式创新，其中地方研发补贴的作用更为显著[134]。此外，政府的补贴有利于降低企业的研发风险，但是政府的直接和间接支持并不利于技术创新效率的提升[135]。有学者从供应链内企业技术创新的视角出发，综合考虑了政府研发补贴和消费补贴的影响，并构建了三阶段博弈模型[136]。其研究发现，政府实施研发补贴和消费补贴等措施，有助于提高企业创新水平和供应链价值。有学者提出，政府补贴有利于降低产品的价格，并有效地促进了产品的销售[137]。有学者以降低污染物排放量为目标，并将政府补贴考虑在内，构建了三阶段博弈模型，求解了不同竞合模式下加大企业生态技术创新研发投入和实施政府最优补贴政策时的最优研发投入、产量、利润和社会福利[138]。有学者研究了政府补贴下供应链的最优定价与期望销量等问题，结果显示，政府补贴能够增加供应链上所有成员的收益[139]。有学者分析了制造企业和零售企业在不同博弈情形下，其低碳研发成本分摊系数和政府低碳补贴对低碳供应链的影响，并得出不同博弈形式下的企业低碳研发合作和政府补贴策略[140]。有学者研究了闭环供应链协调问题，并分析了政府通过向供应链内成员提供不同的激励措施（如免税和补贴）来改善、协调供应链的作用[141]。有学者探讨了在环境约束条件下平衡供应链系统的经济可行性机制，其研究结果表明供应链内企业在运营环境友好型产品时会受到政府激励政策的影响，政府激励政策在监督供应链内企业面向可持续的发展过程中起主导作用[142]。有学者在生产成本和消费者需求模糊的条件下，建立了政府干预下的三种绿色供应链博弈模型，研究了价格、绿色水平和预期利润如何受政府干预的影响[143]。尽管这些研究考虑了政府补贴对供应链运营和管理的具体影响，但其中大多数研究仅单独考虑了来自研发补贴或消费补贴的影响，鲜有将二者进行综合考虑并进行对比分析，并且已有研究没有直接涉及供应链价值创造等方面。还有学者在已有研究的基础上，将技术创新纳入供应链价值创造体系中，着重分析了供应链内企业在进行技术创新时制造企业价值、供应企业价值、消费者价值以及供应链价值的变化情况[144]。尽管该研究取得了有益的成果，但主要还是从供应链价值系统内部出发来进行的，并没有考虑政府补贴的影响。

政府补贴对企业绩效影响的研究结果存在差异性，仅仅依靠政府补贴很难实现供应链的协调。供应链本身涉及多个独立决策者，除非采用适当的协调机制，否则每个成员获利的方案都比较复杂[145]。因此，如何设计合理的协调策略来激活研发创新、优化供应链就成为需要关注和解决的问题，对此学者们也采用了不同的方法对供应链协调问题进行了深入的研究[146-148]。例如，有学者采用了收益共享和数量折扣组合契约对医药供应链进行协调[149]。有学者采用批发价格和企业社会责任收益分享比例的方式实现渠道协调，以确保供应链中每个合作伙伴的利润最大化和制造企业、投资企业社会责任绩效的最大化[150]。有学者在制造企业体现了企业社会责任的 Stackelberg 博弈环境下，提出通过在渠道成员之间设计分配剩余利润和批发价格折扣的契约方法来解决渠道冲突[67]。有学者围绕体现企业社会责任的药品供应链协调问题，把访问间隔和安全库存水平纳入分散和集中决策情境，通过定期审查补充政策协调的方法确保整个药品供应链利润与服务水平之间的权衡以获得帕累托最优解[151]。有学者使用博弈论分析和比较了在政府补贴情况下集中式和分散式模型中具有/不具有公平性的最优决策，提出了企业社会责任成本分担的概念，并通过在供应链成员之间分配剩余利润来协调供应链[152]。有学者使用信用（延迟）支付选项和批发价格折扣优惠来研究两级供应链的协调问题，并通过公平的利润分享政策提高整体供应链盈利能力[153]。有学者考虑到产品的易腐性和可替代性，设计了具有供应和需求不确定性的多期药品供应链，并引入了一种新颖的鲁棒优化方法以分析药品供应链[34]。另外有研究显示，政府补贴在一定作用下能够促进企业的创新产出[80]，除了技术研发能够为企业带来竞争力外，遵守设计合理的环境标准也会激发企业开展一系列降低产品成本、提高产品价值的创新活动，从而使企业更具竞争力[83]。从以上研究可以看出，它们采用不同的方法对供应链进行了优化协调。笔者在本书中基于以上学者的研究，力图探究一种组合契约的方法，以期对医药这一特殊行业的供应链进行优化。

随着我国居民对健康的日益重视，家庭储备药量不断增加，过期药品也随之增多，家庭过期药品已被明确列入《国家危险废物名录》。过期和闲置药品如果得不到合理、安全的回收会严重影响市场秩序和居民身体健康，尤其是丢弃过期药品会对环境产生直接、严重的污染。为了减少污染，更好地利用资源，产品回收是一种可行的方法，而这也是保持可持续发展的迫切需要[221]。一些医药企业正在以多种形式开展药品回收活动,例如,在广州开设了家庭过期药品回收社区服务站,在北京增设了回收药店等,事实证明高效开展回收活动有助于节约企业成本[222]。为提高回收效率且顺应消费者对互联网的使用习惯,医药企业正逐步拓展线上回收渠道,如阿里健康打造的线上药品回收联盟等。但由于公众参与度低、回收成本过高等因素导致目前线上渠道的回收效果并不理想。可见,在考虑消费者行为特点的情况下,如何建立合理、规范、便捷、高效的药品双渠道回收机制是医药企业亟待解决的重要问题,如何设计有效的双渠道激励机制来刺激医药生产企业和医药零售企业积极参与回收活动对药品闭环供应链管理具有重要的意义。

2.2.6　消费者行为影响闭环供应链决策的相关研究

随着人们环境保护意识的增强,医药企业不仅面临提供环境友好产品的压力,而且面临对产品进行回收、处置、再利用的压力。学者们也逐渐从不同行业、不同视角对产品回收展开相关研究,比如电子设备[222-223]、电池[224-225]等产品的回收,但鲜有人对药品回收进行深入研究,且已有的研究视角大多侧重于回收定价与渠道的选择、渠道的竞争与渠道管理等方面。例如,有学者探讨了逆向供应链上回收竞争价格及直接/间接回收渠道的选择策略[226];有学者从制造企业与零售企业实现共赢的角度讨论了最优的回收渠道结构[227];有学者提出了由零售企业和第三方参与的双渠道闭环供应链优化策略,并认为在回收竞争力较弱的情况下双渠道相比单渠道占有主导地位[228]。但也有学者在研究闭环供应链的定价和逆向渠道决策问题时提出,无论渠道竞争程度如何,由原始制造企业和零售企业组成的双渠道回收模式是制造企业的最佳选择[229];有学者则分析了产品质量水平对二级闭环回收供应链定价决策的影响,并提出第三方参与回收活动不能总是增加供应链的收益[230]。还有学者比较了制造企业回收和零售企业回收这两种不同的渠道回收模式,其研究表明:当成本结构相同时,制造企业渠道的选择与零售企业竞争无关[231]。可见,该研究不考虑第三方参与线上和线下回收的情况,且有别于以往学者侧重对双渠道闭环供应链协调的研究。

从绿色供应链的角度出发,近年来一些学者逐渐重视对药品供应链的相关研究。例如,有学者采用了一个正式的医药案例,提出具有逆向流的结构序列规划与调度建模的方法,分析了闭环供应链运作、整合的问题[232];有学者设计了一个绿色药品供应链模式,以有效预防、减少药品浪费[233];有学者设计了药品逆向供应链,通过收益共享对供应链参与者进行协调[234]。但是,少有学者关注药品回收渠道的建立,以及对药品双渠道回收协调进行研究。与其他供应链不同,医药供应链注重效率优先,考虑到药物短缺会给患者带来严重的后果,药品消费者会尽可能采取保守的库存控制策略。可见,消费者行为会对药品回收供应链产生极大影响。有些学者关注了消费者因对再造产品偏好而产生的影响。例如,有学者构建了加入消费者对再制造产品偏好和政府补贴效应的决策模型,其研究发现如果再制造企业与消费者分享一定比例的补贴,则随着市场的扩大再制造企业可以获得更多的利润[235]。有些学者关注的是顾客讨价还价行为对回收闭环供应链的影响。例如,有学者利用 Stackelberg 博弈理论讨论了回收闭环供应链定价与协调问题,结果表明,零售企业和网络回收平台在考虑顾客讨价还价行为时会通过降低回收价格来维持自身利润[236]。有些学者则研究了顾客激励行为对回收供应链的影响。例如,有学者首次关注了患者参与药品回收的过程,探讨了药品逆向供应链的可持续性[237]。其研究结果表明,对顾客实施激励措施可以将未收集的药物比例从18%减少到6.5%。可见,探究消费者行为对药品回收闭环供应链的影响很有必要。

一些学者也运用了不同的策略以对绿色回收供应链进行协调。例如,有学者考虑了来自消费者渠道偏好的影响,设计了关税契约和利润分享契约,成功地协调了逆向回收供应链系统[222];有学者设计了药品逆向供应链并提出奖金共享方法对供应链参与者进行协调,并利用拉格朗日松弛方法加以验证,结果表明如果企业能有效地协调其业务即可增加收集多达 28%的产品,这说明奖金共享的方法对供应链的协调效果明显[234]。有学者利用收益共享激励具有内生性的特点,提出外部激励可以使制造企业和零售企业双方在特定的共享参数范围内获得更大收益回报[238]。此外,政府补贴在一定作用下能够促进企业创新产出[239],并且对于绿色供应链决策而言,协调补贴策略优于单一补贴策略和无补贴策略[240]。有学者探究了政府补贴作为外生变量对各渠道协调机制下再造供应链绩效的影响[241],结果表明,政府补助再制造企业可以激励零售商在收入共享的情况下收集更多的二手产品。有学者构建了考虑政府补贴和再循环费用的回收模型,通过使成本与收入达到均衡状态来确定最优的政府补贴[242]。有学者利用"数量折扣契约和政府补贴"对策来协调两级逆向供应链[243],结果表明,政府补贴制造企业的效果优于对零售企业的补贴效果。基于以上学者的研究,笔者在本书中设计了"政府补贴+收益共享"组合契约以协调药品双渠道回收闭环供应链。

2.3 研究述评

从以上文献综述可知，国内外对供应链的研究较多，但是涉及医药供应链的研究较少，关于医药供应链协调与优化的文献更是不多，针对医药供应链特性的量化研究尤其少见，可见对医药供应链的研究具有较大的空间。笔者总结了有关不同因素影响下的医药供应链决策的国内外相关研究后发现，至少还可以拓展以下研究视角。

第一，两票制政策等的实施推动了医药供应链结构的不断调整和重组，使原有的医药供应链管理模式发生了深刻变化，但从医药供应链管理的相关研究来看，涉及医药供应链的研究处于刚起步阶段（尤其是定量研究）。同时，医药供应链的复杂程度与供应链扰动因素有着直接关系，但对医药供应链协调和优化的研究尚处于起步阶段，仅有的研究成果大多建立在对医药供应链模式的研究上[36,39,99,101]，或是对医药供应链的简单建模和模拟，对求解方法有具体说明和阐述的文献比较少。可见，现在迫切需要学术界对医药供应链的性能和运作优化进行分析，为医药企业和医药供应链的有效管理提供参照和指导。因此，如何设计有效的医药供应链协调策略，是医药供应链管理中亟待解决的重要问题。

第二，已有研究社会责任的文献呈现了不同的结论[49,53,54,55]，且很少关注具有特殊性质的医药企业。但毕竟，承担社会责任是医药企业保持可持续发展和维护人民健康生活的重要推手和任务，因此，针对具有特殊性质的医药企业履行社会责任的情况进行研究，将医药制造企业作为承担社会责任的研究对象，结合医药产品的特性分析医药制造企业承担社会责任程度对其供应链决策的影响，对医药企业的发展和医药供应链的管理具有重要的意义。并且，通过设计供应链协调机制，考察供应链节点企业之间如何通过协调契约以实现供应链系统最优也是较为有意义的研究。

第三，根据已有文献可知，目前分析影响供应链决策的因素多数是单因素[50,70,101,127,142]，缺乏通过双因素或者多因素对供应链决策影响的研究。为了弥补以上空缺，笔者在本书中结合医药产品特性，挖掘扰动医药供应链决策的主要因素，并从医药供应链的不同参与主体出发，研究多因素扰动下的医药供应链决策问题。此外，为了拓展医药供应链的研究空间，还从价值创造和价值传递视角出发，将医药制造企业和医药流通企业分别作为承担技术创新和物流配送的主体，在研究药品价格影响市场需求的同时，分析其技术研发和物流配送能力对市场需求的影响。另外，如何设计组合契约模型来协调技术创新和物流配送影响下的医药供应链也是笔者在本书中的研究重点。

第四，网络平台这种直销渠道的引入不仅会增加医药制造企业的促销成本，而且会激发渠道间的冲突[154]。因而，对其的研究不仅需要引入来自消费者渠道偏好的影响，而且需要考虑其他的扰动因素，如促销努力、消费者意愿等对需求的影响，以分析它们对医药供应链系统及其成员利润的影响。现有文献大多仅考虑了销售努力或者渠道偏好对需求及利润的影响，尚未发现有学者研究销售努力和渠道偏好的共同作用对订购量和利润的影响，因此笔者在本书中将医药制造企业和消费者作为承担促销努力和消费者偏好因素的研究对象，以研究促销努力和消费者偏好共同影响下双渠道医药供应链的协调。另外，以往的研究大多使用单个契约方法来优化供应链，笔者在本书中则拓展了多个组合契约方法来协调医药供应链，以有效消除双重边际效应的存在。

第五，与其他产品供应链不同，医药产品因其特殊的社会属性，国家对医药制造企业提供了必要的研发补贴。不同于以往研究单纯考虑价格影响市场需求[68,136]，现在需要的是结合医药产品的特性，在考虑医保支付的基础上扩增其他影响因素的扰动，以分析不同影响因素作用下的医药供应链协调策略。因此，与已有文献不同，笔者在本书中将医药制造企业和政府作为承担技术创新和相关补贴的研究对象，探索政府提供专项研发和医保补贴的作用下的医药供应链决策和协调优化问题。在参考已有文献的基础上，笔者在本书中还采用设计组合契约的协调方法，以探究政府补贴的阈值在何种范围内会使医药供应链成员企业达到帕累托最优，这也是同时具有理论价值和现实意义的。

2.4 本章小结

笔者在本章中结合研究过程中运用到的重要理论，主要对博弈论和最优化理论进行了概述和研究综述。根据研究的主要内容和方法，针对影响医药供应链决策的研究进行分类，分别就社会责任、技术创新、物流配送、促销努力和消费者偏好、政府补贴等对医药供应链决策的影响进行了国内外文献综述，总结了已有文献的主要内容和观点，并发现已有对社会责任的研究呈现出不同的结果，所涉及的行业也不尽相同。例如，有的学者认为社会责任对企业的绩效呈现正向影响，有的学者却得出了完全不同的结论，因此需要针对具有特殊性质的医药企业履行社会责任的情况进行研究。此外，通过文献梳理也发现了已有研究的空白点，如缺少多因素扰动下的医药供应链决策研究，且鲜有研究关注医药供应链协调等。为了弥补这些不足，笔者在本书中提出了需要拓展的研究方向，为以下章节的研究提供铺垫、参考和理论基础。

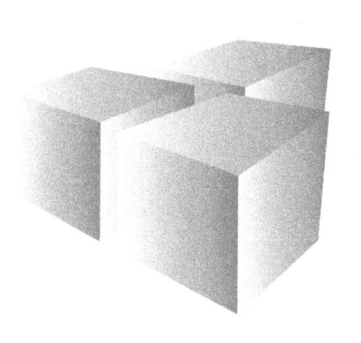

第3章
医药供应链决策的扰动因素分析

本章从医药供应链的内部性和外部性出发,将医药供应链企业成员——医药制造企业、医药流通企业、消费者及政府部门作为研究对象,分析医药供应链定价、利益协调与决策行为优化等。由于医疗机构的专业医疗服务特点和复杂性质,笔者仅将其作为供应链中的一员,暂不考虑医疗机构的内部复杂性对医药供应链决策的扰动。因此,本章主要从供应链参与主体角度探究能够明显扰动供应链效率、质量、效益及协调的内部因素,并分析这些因素对医药供应链及成员所产生的影响。

3.1 问题分析

由于药品需求和供应的独特性质,许多国家对药品市场进行了严格管制[155]。根据药品市场竞争的特点,政府必须兼顾临床利益和经济利益[156]。医药部门在医疗卫生体系中发挥着重要作用。在人口总量、老龄化、经济快速增长和慢性病(如心血管病、癌症和慢性呼吸系统疾病等)患病率不断上升的背景下,我国医药工业发展迅速[157]。为了提高医药供应链的效率,需要研究明显扰动供应链及其成员效率的内部因素,探究其对医药供应链及其成员所产生的影响。要想研究影响医药供应链及其成员效率的因素,先要确定医药供应链中都有哪些参与主体,对此具体分析如下。

3.1.1 医药供应链中的制造企业

随着医改的深入,创新依然是医药竞争中的核心优势。医药创新的主体为医药制造企业,而医药制造企业对创新的投入是影响医药供应链决策和效率的关键因素。作为医药供应链的上游企业,医药制造企业掌握着技术优势,技术创新能力又是医药行业发展的首要能力。医药制造企业的获利能力在很大程度上取决于其药品的研发能力,并且医药的研发对于医药行业的发展起着重要的推动作用。对此有学者开展了大量的研究,涉及药品的研发、技术的创新等[158-162]。很多学者也从制造企业的角度进行了大量的研究,如有学者对制造企业的创新研发进行了战略性的预期,认为制造企业加大对技术创新的投入会带来销售量的增加,此时销售商品的价格也较低[163]。也有学者研究了当供应企业和制造企业存在信息不对称时,制造企业如何通过设计不同的激励机制来推动供应企业对研发的能动性,结果发现采用线性激励的方式可以实现制造企业同供应企业的最佳合作,达到供应链效率的最优[164]。有学者选择了一个医药制造企业作为案例，分析了医药制造企业的技术研发过程，发现在医药供应链决策中，技术研发对内外部信息源起着决定性的作用，医药制造企业可以通过提高技术创新能力来缩短药品的研发和生产周期[165]。除此之外，也有学者研究了医药制造企业如何利用促销、广告等方式来增加社会各界对新药物研发的投资，并通过这种方式来调整市场的结构[166]。研究结果显示，对药物的研发投资需要控制在一定的范围内，过度的投资或者保护对于市场都有不利的影响。因此，研发投入不一定是越多越好，而是需要结合企业的实际情况来确定投入的比例，否则不仅会增加企业的研发成本，而且会影响供应链的绩效，降低供应链的效率。从以上研究可知，医药制造企业的研发投入对于医药供应链决策和供应链成员的效率有着重要的影响。

供应链运营最重要的目标在于降低成本和提高效率，医药供应链也是如此。随着"互联网+健康"的提出，医药制造企业开始不断地拓展线上营销业务渠道，提供线上问诊和送货到家服务，即致力于提高医药供应链效率。在激烈的市场竞争下，医药制造企业不断地探索新的分销方式来增加企业的经济价值。学者们也对线上渠道、双渠道等进行了研究，如有学者研究了线上渠道的药品管理和定价等，提出对药品的品牌、疗效、用药客户、数量等进行区分比较有利于对药品的线上管理[167-169]。有学者将医药机构作为研究对象，分析了药品双渠道供应链管理的最优策略[170]。有学者以调查问卷的方式收集原始数据，实证结果表明医院的声誉、患者的主观认识对用户的使用意愿有明显的正向影响[171]。线上销售作为促销方式的一种，其不同的促销方式对供应链产生的影响不同。有学者对促销的方式进行了分类，主要分为三种情况：第一种是从制造企业直接到终端客户的促销，第二种是从制造企业到零售企业的促销，第三种是从零售企业到终端客户的促销[172]。促销是顾客获得产品的有效方式，也是影响顾客感知价值的重要因素[173]。有学者从营销策略出发研究了其对顾客感知价值的影响，发现产品的外观、服务、质量、广告和宣传促销对顾客感知价值有着重要的影响[174]。有学者认为相比其他形式的促销策略，顾客更能够接受来自朋友和亲人的推荐，更喜欢在便捷的基础上获得服务[175]。在多种促销策略中，价格促销对消费者来说是更有力的措施，更能产生"双重边际化"效应[176]。有学者分析了价格促销对定价策略的影响，并推出了价格促销对定价方式的最优策略[177]。有学者研究了促销努力影响下的多级供应链渠道模型，发现当促销成本控制在一定的阈值内时可以维持供应链各方的利润，否则会削弱其自身和供应链成员的收益[178]。有学者设计了不同的折扣和促销努力契约协调机制并分析了这些机制对供应链的影响,结果表明:满足约束条件时,供应链成员可以通过这些协调策略获得更高的收益[179]。有学者比较了不同的促销模型后,得出了制造企业提供贸易折扣的最佳条件[180]。可见,制造企业强化促销努力举措或者拓展不同的促销方式也是提高顾客价值和供应链效率的重要因素。因此,制造企业作为供应链的上游企业,其所实施的不同活动策略对供应链决策和供应链的效率起着重要的作用。

医药产品是一种特殊性的商品,确保药品质量是医药产品的重中之重。但是近年来,假疫苗、假药品等安全问题频频发生,药品监管问题也时常被曝光,这些都是需要引起社会各界关注的。对于医药制造企业来说,积极践行社会责任就显得尤为重要。医药制造企业履行社会责任不仅能够提高企业的形象和口碑,而且能够带动医药行业的健康发展。如何改善因企业社会责任缺失所带来的社会问题,各界学者也进行了广泛的研究。例如,有学者对医药供应链进行了分析,关注了医药供应链的质量投入和政府监管问题,并指出在药品的整个流通过程中,政府实施分层监管有助于促进医药供应链质量的提升[181]。有学者选取了有关上市公司的4年数据作为研究对象,发现医药上市公司履行社会责任的情况与企业的财务绩效成正比关系,其中对员工、政府承担的社会责任与企业财务绩效的正相关性较强,对股东、社会和环境的社会责任与企业绩效的正相关性则比较弱[182]。有学者分析了我国医药制造企业履行社会责任的情况,并结合发达国家的经验,提出了加强落实我国医药制造企业社会责任的路径,即不仅要依靠政府的引导和监管,而且要依靠社会的监管,逐步提高医药企业对社会责任的认知,切实发挥企业履行社会责任的主动性和能动性[183]。有学者在研究中指出,企业积极履行社会责任能够为消费者创造价值,也能够增加企业对产品质量的投入,是促进企业可持续发展的重要手段[184]。还有学者指出,积极践行社会责任能够降低企业的负面影响,增加消费者对销售产品的黏性,提高消费者的满意度和认可度[185]。可见,认真履行社会责任能够为企业创造价值,为顾客提供质量高、满意度高的产品和服务,也直接影响了医药供应链的决策。

3.1.2 医药供应链中的流通企业

医药流通企业作为链接医药供应链上下游的中间企业,起到了协调上下游企业和机构的作用,在药品供应中发挥的作用不可小觑。医药流通企业对药品的配送和分配作用使其在供应链中处于特殊的地位，尤其是物流配送的专业化、标准化与物流的质量、成本和效率都有着紧密的联系。也就是说，医药流通企业提供的物流配送服务对药品的供应链效率有着关键的影响，因此，提高医药流通企业的运营效率对医药供应链效率的提升也有着重要的影响。目前国家已注意到医药流通企业发展的重要性，并实施了《医药冷藏车温控验证性能确认技术规范》、《体外诊断试剂温控物流运作规范》和《医院院内物流一体化服务规范》等规定，目的就是优化物流配送的服务水平，提高药品物流的专业化、标准化、规范化和信息化。有学者对医药流通企业进行了研究，如通过构建影响因素模型，运用问卷调查等方法对供应链风险因素进行了分析，提出流通企业对供应链的风险（尤其是配送风险）有着重要的影响[186]。此外，有学者分析顾客服务质量成本后发现，尽管医药流通企业提高物流配送服务会产生更高的服务成本，但却满足了顾客对更快收到药品的期待[187]。有学者提出为了满足消费者的期望水平，需要了解两种不同的期望水平，恰当服务水平（adequate service）和渴望服务水平（desired service）[188-189]。对于医药流通企业来说，由于流通过程而导致的药品短缺问题，将对其服务水平产生重要负面影响。可见，医药产品的供应能力、流通能力都是影响医药供应链的重要因素。除了物流配送服务外，医药流通企业的库存服务能力也是保证药品安全供应的重要因素。对此学者们也进行了一定的研究，如有学者构建了由医药制造企业和医院组成的药品库存模型[190]，该模型可以实现药品的检查、生产、分销业务，并且在库存的过程中考虑了温度限制、空间限制等药品特性来提高服务水平；通过对这些因素的分析来确定最优的交货期、交货量方案，最终实现供应链的成本最小、供应链成员利润最大化的目的。有学者将一家医院的药房供应链作为案例，探究了不同供应链利益相关者之间的关系和冲突，在考虑供应链整体利润的同时，于各自的决策过程中进行了最优的权衡[191]。毕竟，在供应链整体的决策过程中，个体也是重要的组成部分。可见，医药流通企业是影响医药供应链决策的一个重要环节，对于保证药品的供应、消费者的用药安全、供应链的效率等至关重要。

3.1.3 医药供应链中的消费者

消费者作为医药供应链的终端用户，在面对多种渠道选择的时候，往往把可靠性、可达性作为自己选择的基础，因此消费者行为等因素会对医药供应链效率产生极大的影响。例如，有学者将消费者作为研究对象，发现供应链中影响线上渠道最重要的因素为系统的质量、信息质量、信任、管理使用和互联网，其中前三个因素为最重要的影响因素[192]。从消费者的角度出发，供应链管理的目的是实现消费者收益的最大化。研究医药供应链需要认识医药的采购、分销和销售策略，对此有学者认为采购、分销和销售策略之间的选择关系是根据库存、供应链的可视化和服务水平等决定的[193]。为了满足消费者的需求，市场也不断推出多种优质销售渠道（如1药网、叮当快药等网店），以尽可能快速、高效地满足消费者用药需求。另外，为了维护消费者的安全需求，医药企业也对药品的安全技术进行了大量研究，如条形码技术的实施实现了从药品生产到药品使用整个过程的跟踪和监管，既确保了药品的安全性，也提高了医药供应链的安全性。有学者构建了由评估和测量水平组成的模糊模型，对所售药品从原材料采购到成药供应的整个过程设置了安全系统，以提高药品的可信度、可靠度和药品供应链的安全性[194]。那么，如果将生产企业的制造与消费者的偏好联系起来，会对销售市场生产怎样的影响呢？对此，有学者设计了由一个供应企业和多个零售企业组成的双渠道供应链[195]。随着客户对直接渠道偏好期望值的增加，供应企业的利润先下降后增加，零售企业的利润则随着客户对直接渠道的偏好期望值的增加而下降。有学者则根据消费者的偏好构建了多样性模型，并运用仿真学进行模拟仿真，结果发现制造企业对消费者偏好的考虑会增加其产品销售和利润，为企业带来价值的增值，该研究同时发现制造企业更加注重消费者对线上渠道的偏好[196]。可见，有关消费者行为偏好的研究对医药供应链价值的提升起到了重要的作用。

3.1.4 医药供应链中的政府机构

医药行业对研发创新和企业可持续发展的要求给医药供应链中的制造企业带来了压力——药物的研发周期较长，研发的成本较高，不能够快速地获得药品的利润。不仅如此，行业对环境的要求也在不断地提高，如降低碳排放，要求低能耗等，这些给医药制造企业的发展带来了进一步的压力。为了解决医药制造企业面临的问题，政府通过研发补贴、技术改进补贴、创新专项补贴等多项利好政策来扶持和激励企业的发展。政府补贴激励了医药制造企业加大对药物研发的投入，促进了企业对研发技术和研究能力的投入，给企业的发展提供了动力和支持。很多学者也对政府补贴进行了各种研究，如有学者提出，政府对供应链的补助行为激励了企业对原创性产品的研发，并且政府补贴的行为也改善了供应链成员之间的关系，使之能够通过协同创新的方式达到合作共赢[197]。也有学者认为政府补贴能够增加产品的市场占有率，扩大企业的获利空间，最终达到增加社会福利的目的[198]。有学者通过对由政府和两个竞争者组成的博弈模型进行研究，分析政府补贴是否能够实现改善技术的目的，对于均衡解的结果分析可知，政府补贴能够防止供应链中断和由于供应链受限而导致的问题[199]。有学者调查了在供应链中所使用的不同补贴计划，研究发现两种补贴的组合方式是一个有效的解决方案，能够降低企业污染的排放，增加产品的销售量，增加消费者剩余[200]。因此，政府采用混合补贴计划并制定合理的补贴率以实现最大的社会福利，这种做法有助于实现政府、消费者和企业多赢的局面。

3.2　案例分析

医药供应链涉及主体较多，这里仅考虑医药制造企业、医药流通企业和医药零售企业三个核心主体，分别从技术创新能力、社会责任、物流配送和促销几个方面进行研究。以下案例中的某医药企业，其经营业务比较广泛，涉及范围较大，覆盖了医药生产、医药分销和医药零售等环节，该医药企业在发展过程中，坚持进行以供应链和产业链为核心的企业集聚，加强内部扩张，外部延伸，在国内同类企业中居于领先地位。该企业的发展定位是为消费者提供安全有效的药品，包含多个类别，如保健类、化学类、中药类等；涉及多个领域，如心脑血管、消化系统、免疫类药品等。该企业以消费者需求为导向，致力于高端仿制药和创新药两个方向，同时设置科研中心，注重药品创新，以最大限度地符合临床需求，形成具有创新优势和技术优势的供应链。

3.2.1　技术创新

3.2.1.1　注重研发创新，追求产品质量

随着我国医药健康产业的发展，2020年国家制定了多项政策，如增加带量采购试点，修订《药品注册管理办法》，出台《关于深化医疗保障制度改革的意见》等文件，为医药行业的健康发展提供了良好的空间。在推动药品创新发展尤其是高质量仿制药的发展方面，一致性评价等政策的实施，限制了一些仿制药进入市场，一方面使普通的仿制药趋于淘汰，另一方面使具有创

新技术的药品得到了相应的支持，制药企业也由此不断向开发新药和高技术仿制药方向发展、转型，企业创新能力得到明显提升，创新药市场也因此呈现利好趋势。在国家颁布多项创新药品利好政策和消费者对创新药品需求不断增加的基础上，我国医药行业的发展迎来了重大的变革，医药供应链结构也在不断地调整，两票制政策的实施使得发展能力较弱的中小型医药零售企业面临转型和被并购的风险。与此同时，我国医药市场正在向更具有竞争力的国际市场迈进，医药行业的集中度不断提升。总之，我国医药企业在面临机遇的同时也面临着诸多的挑战。

具体到本案例，该企业在药品的创新方面，不仅集中资源以提高自身的研发能力，而且通过与外部科研中心的合作来提高创新能力，在创新产品和技术方面持续发力，不断更新产品，提高药品疗效。该企业不断开拓创新路径，从普通仿制到改良、自创来提高企业创新发展能力。另外，该企业通过二次开发，深入挖掘并提高产品更新迭代的速度，扩大药品的品类，提升药品的价值。近年来，该企业提供的药品品类日益增多，研发创新工作也在多阶段进行当中，不论是在仿制药还是在创新药领域都取得了突破性的进展。截至2020年，该企业有多达20种品类的药品通过了一致性评价。同时，该企业还在不断开拓新的合作研发模式，如与高校医学院、成熟的研发中心合作成立研发创新成果孵化平台，加快成果转化的效率，推动研发创新成果的落地和实施。对于未来企业的发展而言，其研发团队也设置了多条产品线来保持企业的品牌和声誉。从医药企业的研发经验来看，医药行业的研发存在较大的风险，因此企业的产品和研发团队必须对新产品有一定的判断力和认知度，才能尽可能地降低研发风险。该企业在对人才培养的过程中，不仅注重技术的培养，而且重视培养高级管理人员对新产品的判断和识别能力，对企业发展环境优劣势的分析和对企业战略规划的分析等相关能力。事实上，该企业通过设计产品的多样化方案，弥补了很多损失，其制定的产品线上、线下销售策略，也促进了医药企业在互联网时代的发展。

3.2.1.2 拓展研发业务，加快成果转化

该企业致力于自主研发和临床研究，且在此方面具有一定的人员基础和研究实力。为了医药领域创新业务的拓展，推动健康中国战略的实施，该企业开展了多种形式的协同创新合作，通过搭建创新、研发、孵化和电子交易为一体的平台，构建药品研发、生产和销售一体化的生态圈，实现了治疗和疗养的紧密结合，涉及预防、治疗和康复等业务领域，促进了产学研医的多

方合作和医疗生态领域的发展。另外，该企业成立了科技创新理事会，共同商议和制定医药行业发展目标，推动科技创新成果的落地和实施，提高医药行业的持续竞争能力和国际竞争水平。例如，该企业与高校医学院启动了科技创新孵化平台，此孵化平台由高校、医院、基金会、投资人联合创办，通过协同创新的方式，建立科技创新研发团队，共享平台的资源和知识，从而充分发挥临床人才的优势，共享高校的科研设施等资源，实现资源和人才的深度结合与互补，集中能力推动创新合作与融合。该平台涵盖从药品研发到销售的全过程，包括药品研发、临床研究、市场运营、商业投资、法律保护等方面，目的是激发科研人员的创新热情和积极性，探索由医院牵头引导的科技创新之路，为科研人才提供集聚平台，协同推动医药行业的高质量发展和医药领域的科技创新水平，而这正是多元合作创新的一种新思路。该企业为实现持续发展的协同发力，加快创新成果的转化，与科研单位和医药投资企业携手共建这一创新成果孵化平台，凭借创新成果的转化能力和优势，通过加快科研成果的转化速度，缩短药品的研发周期，实现各方的知识共享，互利共赢，共同发展，从而有利于与利益相关者达成长期的战略合作。此举也为其他科研创新成果的转化和科技成果的孵化提供了方案，从而加速了科研成果投入市场的速度，能尽快让消费者获得最先进的科研创新成果。

3.2.1.3 建立多领域、多平台的合作新模式

为助力战略性新兴产业的发展，推动我国医药行业的进步，该企业也在不断拓宽企业战略布局，以实现国内医药布局的全面化、产业化、平台化。随着我国老龄化程度的加剧，生物医药发展存在巨大的空间，国家也颁布了多项促进该领域创新的政策文件。面对医药行业正处于转型的关键时刻，医药企业要抓住新的机遇对业务进行扩张，最大程度地满足消费者的需求，积极与外部的科研中心合作，促进医药产业的机构升级和优化，为企业提供创新动能和创新积极性。面对突如其来的疫情，该企业依托原有基础业务，开展疫苗的研发、生产和销售，确保每个环节紧密衔接，实现疫苗供应的安全化、高效化。该企业还积极建设生物医药的生产基地，为我国生物医药的发展贡献了自己的力量，为我国全民的身体健康提供了保障。面对严峻的疫情形势，需要国内各个医药企业协同发力，加大对疫苗等药物的研发力度，努力实现高效的采购和物资供应。该企业也在疫情防控和药品采购方面提供了有效的方案，积极开展疫情期间物资的供应，为国家健康事业作出了贡献，体现了企业的社会责任和价值担当。该企业利用自身作为供应企业合作伙伴

的优势资源，加强与国外供应企业的沟通合作，保障了相关物资的供应，落实了全球采购、多方采购的战略布局，为全面防控疫情提供了良好的解决方案，开启了主营业务之外的合作模式。在与外资企业合作形成全渠道推广模式方面，该企业积极与外资企业达成战略合作协议，促使与之相关的医药产品落实全渠道营销，并在合作中持续推进该项目的落实，在合作伙伴中提供医院和零售药品的全渠道市场营销。事实证明，该项目的实施很好地满足了消费者的需求，作为把医药销售业务作为主营业务之一的企业，该企业抓住了转型升级的优势，凭借外资企业的药品专利优势，借助自身的营销网络，满足了患者的用药需求。该企业还与专科医院合作，携手推进专项疾病的诊断、治疗和后期康复等全医学周期服务项目，通过多次沟通与交流，双方结成战略合作伙伴，为患者提供数字化的管理档案，搭建疾病管理系统，及时掌握患者的治疗信息和康复进度，为患者提供良好的治疗、用药、康复训练一体化服务。该企业还与医药公司达成战略合作，深度服务患者。例如，与医药公司针对特殊药品进行深度合作，获取药品的进口总经销代理权，并构建了为患者服务的专业化服务平台。总之，该企业通过多种创新合作，将国外医药企业的优质药品引进国内，服务于国内有实际需求的患者，为患者带来了切实的福利。

3.2.2 社会责任

2020年，该企业开展了多个公益项目，涉及领域非常广泛，如人才培育、科研支持、推进扶贫工作、关爱儿童等，具体包括未来之星计划、生命科学奖计划、儿童罕见病关爱行动计划。企业开展公益项目的目的是关爱生命，践行社会责任，提高企业经营生产的力度和知名度。该企业在进行社会责任披露的时候，不仅关注了消费者的社会责任，而且关注了整个供应链的利益相关者的社会责任，包括员工的责任、环境和社区的责任、客户的责任等，为社会发展作出了力所能及的贡献。该企业在医疗产业健康方面也发挥了重要的作用，取得了一定的进展。

3.2.2.1 注重员工职业发展

第一，制定完善的薪资体系。医药产业属于特殊行业，生产的是关系国计民生的药品。为了推动"健康中国"国家战略的实施，该企业不断努力追求创新、追求卓越、追求质量，为消费者、员工谋福利。该企业注重对员工实施全方位管理，持续提升药品质量和安全性，同时为员工制定了完善的薪资体系和福利体系，为员工的晋升，为员工能力和积极主动性的提高提供了诸多机会。该企业根据岗位变化和岗位分配，为不同职能类别的员工，如市场营销人员、产品开发人员、技术管理人员、生产人员等制定了差别化的薪资体系，在充分发挥员工的能动性和工作积极性的同时提高了企业的发展能力和核心能力，助力企业可持续发展。除了基础的差异化薪资体系外，该企业还为员工提供了商业保险、医疗保险、养老保险等基本保险之外的补充医疗保险，为员工提供全面健康保障。该企业制定了全面的员工薪资体系和福利体系，为激发员工的工作积极性提供了制度保障。该企业根据实际发展情况，构建多种形式的薪酬支付机制，尽可能地满足员工发展的需求，并制定合理的收入增长机制，确保员工的收入稳定性，为员工长远的发展提供目标和方案。

　　该企业为员工提供良好的发展通道，为不同职位和不同发展方向的员工设置了不同的上升通道。对于管理人员，该企业为他们制定了专属的上升通道，员工可以通过岗位竞聘、领导推选等多种方式，扩大升职空间。对于专业技术人员，该企业根据技术职称的评定制定了符合技术人员发展的上升通道，对于符合技术等级的人员给予其应有的升职机会。该企业设置了通畅的反馈机制和推优机制，对于优秀的人才，企业有完善的内部选拔机制，使优秀人才有充分发展的空间。对于外部人才的引进，该企业设置了合理的培养机制，如通过股权激励计划、年度分红、年度奖金等多种形式，吸引国内外优秀的人才加入。另外，该企业开展了多种形式的招聘，充分利用线上、线下相结合的方式，使异地就业的人才有机会加入企业；同时实施了高校联盟招聘计划，确保应届毕业生的就业问题得到保证，为优秀毕业生提供了多种岗位，如专业技术岗位、管理岗位、研发岗位等，通过线上、线下的宣讲为毕业生提供了投递简历的机会和通道。对于即将毕业的大学生，该企业还提供了多种形式的学习机会，如实习、培训等，在高校和企业之间搭建了人才共享平台。对于优秀的实习生，可直接纳入本年度的企业招聘计划当中，从而缩短了毕业生进入企业的培训周期，使毕业生能够迅速适应企业分配和安排的工作。总之，该企业通过多种形式的招聘和激励手段，吸引人才、储备人才、培养人才，助力企业人才的健康发展，提高企业的核心竞争能力。员工的健康发展是企业履行社会责任的重要体现，该企业特别注重员工的健康发展，致力于培养一批具有竞争优势的人才，通过设置以能力、技术、市场为导向的工资制度，建立完善的人才培养体系等，使员工有明确的发展方向和成长通道，得以共享企业的发展成果。

第二，设置完善的人才培养体系。该企业不断完善人才培训体系，制订了动态的人才培养和培训计划，针对大型项目、专业项目，邀请高级管理人员和高校教授等开展多项讲座，为员工的成长和发展提供了良好的氛围。例如，对于专业项目类人才，设置了7个层次的成长路线，员工可以根据这个成长路线，不断提升自己的专业能力，满足条件的即可予以升职，这样能够激励员工的工作积极性和学习主动性，同时也提高了员工对企业的归属感和认同感。该企业为新入职的员工提供了一对一的指导，由老员工一对一地带领新入职员工成长，同时对新员工有严格的培训计划，他们在每个周期内都要掌握相应的专业技能和知识。该企业注重员工的发展和成长，定期开展专业的培训和学习机会，给出了多种员工学习路径，并为员工的学习提供了良好的平台（如企业医药大学），提供各种管理培训、专业知识的学习课程（包括企业的战略计划和商业模式的创新过程，以及战略性方案的形成等）。通过这些资源的共享，员工能够快速了解企业的发展目标和自身的任务，不同类型的人才也能够很好地对接自己需要补充的业务和知识。

为了更好地开展人才培养项目，该企业积极建设产教融合基地，组织员工参与继续教育项目和人才培养项目，以组建一支能够支持企业发展的高技能人才队伍，提高企业的研发创新能力和核心竞争能力。在企业的带动下，通过系统的培训，企业内涌现出了一大批优秀人才，包括技术和管理类的企业领军人才。企业对领军人才也进行了重点的培养，使之对产品的研发、生产、销售、临床等阶段都有深入的了解和认识，能够迅速研判产品的发展和定位，确保领军人才拥有良好的医药背景和扎实的医药知识，充分了解企业所处的外部环境，全面分析企业的发展趋势，有能力带领员工不断创新。只有企业走在正确的发展轨道上，才能够得到长久的发展。为此，该企业在以仿制药为核心业务之外，还加大了自主研发的力度。近年来，该企业已申请了十几项技术和产品专利，对创新药品越来越重视，越来越重视药品的品质和质量，企业也从原有因仅运用硬件设施而导致的低效管理更新到了信息化、智能化的高水平管理。这些都保证了企业能够提供高质量、高水平的产品和服务。

3.2.2.2 积极开展公益和扶贫工作

公益和扶贫工作是国家倡导的重点内容，也是企业应该履行的社会责任，为了响应国家号召，越来越多的企业已在开展公益和扶贫工作，积极落实企业的社会责任。为了顺利推进精准扶贫，落实国家决策部署的扶贫工作，2020年，该企业在社会责任的投入和精准扶贫工作的推进方面投入了将近1 100万元，通过多种形式积极开展扶贫工作并取得了一定的成效。目前，该企业的公益和扶贫工作主要侧重于教育、健康、社会扶贫和兜底保障方面。

在教育方面，该企业积极与各大高校进行合作，拓展了未来之星计划。一方面，鼓励高校教师积极开展科研项目；另一方面，同多个大学联合开展奖学金项目，以此鼓励高等学校的人才培养。校企奖学金的设立增进了企业与高校之间的交流合作，在人才的培养和输出上作出了很大的贡献。另外，该企业还设置了科研奖励计划，鼓励科研人员集中精力投入科研，为国家科研人才后备力量储备和科研人才的科研能力提高作出了贡献。该企业还同其他医药企业成立联合基金会推进乡村医疗的扶贫工作，迄今为止共投入资金约300万元。为扶助贫困地区人民的生活，该企业帮助医疗文化机构提供了完善的医药相关课程，为多个学校的学生提供了社会实践的机会，并开展了多个医药主题的学习活动。

在健康方面，该企业实施了"双千行动计划"项目。该项目救助了贫困地区的肺结核和肿瘤患者将近4 000人，覆盖了全国30多个省份。在这个项目中，除了企业之外，员工也积极地参与，多个公益团队专家对贫困地区的肺结核和肿瘤患者进行了诊断、救治、用药关怀。在这个项目中，充分体现了企业的医疗健康公益意识。该企业还在多个省份为一些经济条件差、无力承担高昂医疗费用的家庭提供了援助计划，并定期在贫困地区开展义诊活动，为这些地区提供医疗支持。在义诊过程中为患者免费进行诊断，免费进行手术，对符合条件的贫困人员开展免费救治。定点扶持多个贫困县区，对具有普遍性的疾病进行预防控制和用药宣传。为当地社区的居民开展公益科普活动，普及用药常识，并开展义诊活动，捐赠保健类药品，使周边居民更加了解健康用药的需求，养成健康用药的习惯。为更好地开展公益活动，该企业还帮助了一些残障人士，提供了一些特殊的医疗辅助器材，提高他们的生活质量。

该企业在社会扶贫方面也作出了一定的贡献。例如，对广西南宁某村进行了捐助活动，用于该村敬老院活动中心的建设。同时，为了助力乡村振兴乡村，该企业积极响应扶贫工作的号召，开展"百企帮百村"帮扶行动，在了解当地贫困地区的真实需求之后，积极解决了一些地区的村民困难。例如，对重庆市某村进行了重点帮扶活动，设置助学金、救济金，对贫困人员进行资助。对需要救治的老人、儿童，实施了以扶老、关爱儿童为主题的公益活动。例如，开展了关爱儿童的行动计划，为儿童送去了生活、学习等物资；对贫困儿童、贫困老人进行了一对一的帮扶慰问工作，开展了多次公益募捐活动，并鼓励员工为振兴乡村尽自己的一分力量。此外，该企业还在贫困地区设立医疗卫生服务站，为当地医药服务点提供免费的药品和医疗用品等。2018年到2021年期间，该企业加大了扶贫工作的力度。为了带动当地经济的发展，指导当地群众种植药材以增加收入，提高生活质量，该企业通过交流和沟通了解当地村民的真实需求，并结合企业的专业能力进行现场培训，同时构建了脱贫工作的长效机制，为当地经济的可持续发展提供帮助。2019年，该企业将药材种子、化肥等原材料捐赠给当地的困难户，在明确了当地环境对药材的适应性后，指导他们有针对性地种植高质量的药材，以培养当地的种植特色，并为药材的种植提供服务，提供销售渠道，提供技术支持。该企业在定制药材种植方案后进行试点管理，实施全过程的追溯，指导当地群众进行专业种植，并定期开展相关专业培训，定期对种植户进行指导和帮助，到收获期时再高价回购这些种植药材。2020年，该企业拓展了更多的药品原材料种类，增加了对困难户的帮扶工作。同时向他们提供医药和医疗的支持。在该企业和当地政府的关怀和帮助下，多个县市摘掉了贫困的帽子。除此之外，该企业还结合实际情况，对河北一些地方的群众进行了资助和帮扶，为当地的贫困学生提供了4.2万元的爱心基金。此外还与内蒙古等地对接，通过实地调研了解贫困地区的真实情况后，为当地的贫困户发放了棉衣、棉被等，此外还为当地村民置办了浇灌设备，捐赠了6万多元的爱心基金，以教育资源和物资资源为载体，给贫困地区提供帮助和支持。

  在该企业持续开展的定点扶贫工作中，企业内部员工也以多种方式参与了扶贫工作。例如，组织开展培训、捐赠等活动，众多员工都积极投入定点扶贫工作中。企业对在扶贫工作中表现优秀的员工予以鼓励和表扬，以推动扶贫工作进一步深化。2020年，该企业积极响应国家的扶贫号召，召开了脱贫工作交流会，以为乡村振兴提供力量，满足人民需求为出发点开展帮扶项目和扶贫工作，最终获得了极大的成功，帮助了当地经济的发展，推动国家脱贫攻坚工作的开展。

  该企业还积极做好兜底保障工作，2020年为8名残疾人士提供了兜底保障。该企业还邀请了国际知名专家，通过网络为将近700名在国外务工的人员开展了一次疾病诊治活动。在此次线上活动中，相关领域专家向孕妇和儿童讲授了一些疾病预防和基本用药知识，并就患者的提问进行了线上互动和回答，为国外务工人员提供了一个学习和了解相关疾病信息的平台。在此次活动中，不同国家的医生、药师和卫生部门的管理人员也进行了线上交流，探讨了医学学术以及如何针对当地环境进行医学诊断和诊治的议题。该企业开展的公益活动和学术培训，一方面使患者更加了解了疾病的发病原因和用药方法，另一方面也使医生更加了解了患者在当地的生活环境以及医疗整治环境，并加强了国内外的学术交流、沟通，提高了国外一些地区的医疗水平。该企业借助自身的健康产业优势，为国外一些地区提供援助物资，尽可能地为在那里的患者提供医疗救治方案，在降低国外一些地区的疟疾死亡率等方面作出了很大的贡献。同时，该企业还积极参与国家药品监管领域的研讨活动，推进药品生产管理活动在政府监管下的顺利开展。

3.2.2.3 内部控制和质量管理

第一，风险及内控管理。随着国家医药政策的陆续发布，医药企业面临快速转型的关键时期，医药企业需要匹配完善的内部控制体系来维护企业发展和外部环境之间的平衡。为了应对外部环境的变化，该企业构建了完善的风险评价体系，通过该体系进行风险识别、评估等，并根据外界环境的变化和风险的具体情况确定风险的应对方案。此外，企业的内部控制体系也影响着企业的发展。随着外部环境对医药企业内部控制体系的影响越来越大，需要企业建设更加稳健的内部控制体系，从做好风险评估到环境评价等各个方面提高内部控制体系的效率。该企业在内部控制体系落实方面积极主动地适应互联网时代的发展，充分利用信息技术手段提高内部控制体系的效率，从内部员工的控制、内部管理者的控制等方面来强化企业员工的责任行为，并随环境变化适时调整组织架构，以落实医药企业的发展目标，实现医药企业的高效运转。

多年来，该企业一直重视内部各项管理规定，在产品质量和消费者行为偏好上不断发力。针对消费者对线上渠道的偏好日益增加，该企业也开展了多渠道销售模式，制定了多样化的内部管理规定。根据线上和线下销售的需求，在内部商业模式和管理控制上也进行了动态调整，在以往经验管理的基础之上开展了新的战略方案和战略目标。该企业把企业内部管理的主要问题归为风险识别、质量审查、应急管理等方面，围绕供应链的各个环节进行全方位管理，在物流、信息流、产品流三个方面实现了持续改善。该企业在不同的管理模块上持续发力，推动每个管理模块尽量做到高效运行，并在此基础上由企业进行统一整合。在内部控制的动态运行中，该企业制定了新的目标和方向。所有的组织活动都以产品质量为目标，以内部组织为载体，在流程上进行严格管控。同时，利用信息手段来提升管理的可视化、高效化，充分发挥企业内部控制的积极作用，从而提高企业的价值。尽管国内外环境发展形势严峻，但该企业不仅在国内开拓出了自己的一片天地，而且在国外也占有一席之地。为了提高国际竞争力，该企业加大履行社会责任的力度，在营销体系建设、内部管理体系的建设等方面不断发力，为实现企业的国际化而努力。

第二，安全生产与智慧生产。该企业严格按照国家法律和企业规定制定相关产品的生产责任制度，严格开展安全事故风险控制等各项风险控制工作。积极落实产品的管、制、责相统一原则，做到岗责匹配、人责匹配；生产部门设置了专职、监管等多项安全岗位进行管理，确保安全生产、责任到人；医药产品的生产严格遵循企业的规章制度，重点抓风险程度高的产品生产线，对其进行严格控制和审查，全面提高安全生产的质量。该企业在复审工作中也严格遵守规章制度，确保安全生产的标准化、全面化、高效化。除了制定规章制度之外，该企业还对生产员工进行了统一的安全培训，规定只有通过安全教育和岗位培训的员工才允许上岗，由此提高了员工安全操作的正确率，员工对相关的安全知识也有了一定程度的掌握。此外，该企业为了全面保证生产安全，定期开展安全风险的排查和评估，对存在安全隐患的地方及时加以整改和更正，以确保安全生产的顺利开展。该企业为了激励员工对安全生产的认识和学习，还开展了学习安全知识评比活动，鼓励所有员工都参与，对评比优秀的员工给予一定的表扬和奖励，并授予荣誉称号。该企业还定期开展安全生产演练活动，以提高生产员工和管理类员工对应急事件的处理能力和安全防控能力。仅在2020年该企业就开展了约60次安全演练活动，从而使企业生产部门的员工能够较好地应对突发状况和紧急情况的发生。该企业还设计了分级分类的风险防控机制，对不同产品制定了差异化的规章制度，从生产产品的特性、保存条件、生产流程、运输流程、物流配比等多角度进行规定和限制；对企业的生产设计了双重预防机制，做到生产和治理并进，从而确保企业生产的安全性、可控性。

该企业主动采用智能制造新模式，坚持智慧生产理念，与高校和科研机构合作研发了智慧生产技术，构建了智慧制造平台。通过该平台可以进行全过程的质量控制，对生产设备进行智能管理，形成药品制造知识图谱等。该项成果还在多种品类中得到广泛应用，企业运营成本下降了64%，生产效率得到了大幅度提高，产品的破损率降低到5%。此外，运用自动智慧化生产模式后，企业每年节约用水约5万吨，销售额则达到了近3.6亿元。在《十四个五年规划和二零三五年远景目标纲要》的指导下，该企业积极探索多元化的创新模式，采取了自主创新，产、学、研、医协同创新和创新平台合作创新等多种创新方式，成为实现药品企业提质增效的有力措施。总之，该企业结合现代互联网管理技术，实现云计算和人工智能的融合，从经验生产制造到智慧生产，实现了医药生产的跨越式增长，标志着该企业医药生产智慧时代的开启，对推动医药产业的发展具有重要的实践意义。

第三，公司治理与质量监管。随着国家政策的不断调整和互联网技术的广泛应用，医药企业正在发生翻天覆地的变化，传统的组织模式已然不适应现实的需求。为了更好地适应互联网背景下的企业发展，该企业制定了完善的公司治理机制和治理体系，在该体系下，所有的利益相关者（包括员工、投资者）都要依照法律和公司规定规范行事。同时，该企业根据外界环境变化和相关法律规定，不断完善公司治理体系和治理机制。在证监会颁布了相关信息披露规定之后，该企业更加重视公司的治理和管控工作，并根据公司法等相关法律规定，制定了比较完善的组织治理架构。目前，该企业拥有完善的公司治理体系，规定了相关法人的行为，始终坚持企业行为应以用户的需求为目的，以法律规定为准则。该企业还在环境责任、社会责任、公司治理等多方面主动进行信息披露，以多种方式开展创新活动，确保信息的可视化和准确性。同时，对相关利益者的信息披露进行了严格的规定，包括相关股东的信息、投资者的行为、企业内部相关的证券交易信息等。目前，该企业设计了四个季度的汇报规定，每个季度都需要对相关内容进行汇报以及信息披露，以确保企业治理制度化、透明化。

该企业在药品生产和流通过程中严格遵守药品管理法的规定，严格地执行《药品生产监督管理办法》和《药品流通监督管理办法》等，按照医药行业生产的规定，坚持为消费者提供安全、可靠、放心、有效的药品。在该企业制定的生产管理文件中明确规定，一切生产以安全为准；在生产实施过程中也制定了严格的办理办法，如员工生产手册、设备使用方法、安全生产原则等，以确保药品生产的安全和质量。这不仅是企业的内部守则，而且是对消费者和客户的质量承诺。除此之外，该企业还进一步规范了药品的生产和经营活动，在坚守法律法规责任的同时，持续增强自身提供高质量产品的能力，目的是使企业不仅能够实现经营活动的顺利开展，而且具备履行社会责任的意识和能力。为了落实企业的社会责任，该企业在履行安全质量生产责任的基础上，重点关注企业对员工和客户的责任，确保药品生产和流通等各项工作的顺利完成，对药品质量进行严格管控，对企业的实际情况进行实时监管，将企业生产评价和经营者的绩效纳入考核范围，普及相关法律法规和公司规定，确保每位员工都能熟知企业对安全生产的规定。在安全生产过程中，实施风险管控和风险提示，强化员工的风险意识，加强企业质量监管工作。对企业的核心环节进行重点监管，开展生产前准备、生产中检查、生产后追踪等管理工作，以多种方式收集生产产品安全和质量的相关信息，提高企业的质量管理意识和质量管理水平，并定期提供每个月、每个季度的审计报告。

国家实施仿制药一致性评价政策以来，该企业多种高质量仿制药获得了批准，仅 2020 年就有多达 20 个品种通过了质量和疗效的一致性评价。目前，该企业在有序推进一致性评价工作方面持续发力。首先，根据关键点控制的原则，参照企业内部的质量审查制度，对企业的生产经营活动进行重点监管。为此该企业成立了质量管理监管委员会，对生产质量进行审查，采取不定点、不定时的方式采集产品质量和安全信息，对企业生产的产品进行质量排查，结合实际生产过程中的质量管理情况予以风险提示，对存在风险的地方责令及时进行整改。其次，定期培训员工，使其具备安全和质量防控意识，定期进行自查自纠，以实现对整个生产过程的有效控制，提高企业的质量管理能力。医药流通两票制政策的制定，极大影响了医药流通企业的发展，医药供应链各个环节去中心化情况严重；供应链的结构以及市场结构也随之发生了很大的变化，两票制甚至一票制成为医药交易的主要形式。面对政策的不断调整，医药企业的发展正处在转型升级的关键时刻。这对企业的内部管理和风险控制提出了更高的要求，加之互联网技术的发展，也对企业内部控制的高效性提出了新的要求。为了积极顺应互联网技术的发展要求，该企业不断提高信息技术的利用水平，在内部管理控制上结合互联网技术，以实现医药全过程的监管和控制。

第四，生产布局与质量管理。在药品生产过程中，该企业优化生产布局，实现药品生产的集约化、一体化、智慧化、绿色化、自动化。集约化，是指生产基地管理的集约化；一体化，是指化学原材料和制剂的一体化；智慧化，是指生产全过程的信息管理；绿色化，是指绿色生产、低碳减排；自动化，是指药品生产的自动化。该企业通过对药品生产供应的优化和整合，使药品从原材料采购到生产过程再到销售到患者手中，实现全过程的可视化和可追溯，从而提高生产能力和效率，推动生产制造的高质量绿色发展。

该企业注重产品的全方位管理，积极构建质量管理体系，提高企业对产品安全和质量的关注度，严格执行国家制定的法律法规，并按照企业制定的相关质量管理规定和要求落实企业各部门、各员工的责任。根据企业生产、经营管理等制度，严格落实产品的安全和质量工作，对产品生产过程的重点环节进行考核和评价，并纳入企业考核范围。建立质量管理和监督评审标准，提高药品生产的有效性和高效性，合理分配资源，在构建质量管理体系的基础上，充分落实每个员工的责任，确保药品生产的安全性和高效性。该企业在经营管理过程中，坚持以关注质量，控制成本，绿色发展和智慧化制造为原则，以实现企业全方位、全链条管理为目标，不断创新业务发展模式，拓展业务范围，目前已经覆盖了制造、销售和商业等业务，构建了以医药创新为核心的生态圈。其中，制造业务以追求提高质量，降低成本为目标；对于营销业务来说，以缩短库存周转天数，提高营销效率，增强营销团队的责任意识为主要目标；对于商业业务来说，以提高整个医药供应链运营效率为目标，通过提高物流配送的效率和供应链成员之间沟通的效率，实现整个供应链链条的高效率运转。该企业不断扩大集中采购的范围，对统一使用的原材料、设备设施进行集中采购，通过实地调研进行质量和价格对比，选择行业内品牌知名度高、资源和经济实力强的企业进行战略合作。尽可能实行集中采购，通过集中采购的方式降低采购成本，提高企业的竞争能力和优势。在采购时，严格按照企业相关的管理制度和采购标准对供应企业进行质量审查，确保采购流程和采购质量符合企业的要求，从而保证企业的稳定生产，保证药品的可持续供应。

3.2.2.4 环保与节能

该企业针对环境保护工作制定了规章制度，以此开展企业的环境保护与管理工作。针对企业环境保护，出现较多的关键词为"绿色生产""环境管理""环境保护""低碳生产""减少浪费"等。该企业一直提倡保护环境和节约节能，并把这种理念贯穿企业的生产和管理全过程，不仅关注企业自身的环境保护要求，而且对供应链上游企业如供应企业的环境制度进行了严格的审查，通过资格审查的企业才能够进入企业的采购备选名单中。该企业对自身的环境保护，还体现在每日清洁审查、定期环境宣传、废弃物投放和治理、规范生产等方面，此外还开展了定期的环境工作交流会，实施环境相关活动的评比和考核，并给予考核和评比优秀的部门一定的奖励和表扬。这些治理措施起到了良好的效果，使企业的环境治理和节能控制工作一直在制度化和常态化地进行。

由于废弃物处理问题严重影响了绿色管理的效率，为了加强绿色生产和环境治理，2020年初，该企业下发了新的关于加强废弃物管理的通知，通知强调了废弃物生产、废弃物管理等规定，并对员工进行了培训和教育，以尽可能减少废弃物的产生。通知强调，对于废弃物要进行严格管理，不能随便处理，一定要严格按照企业规定进行分类整理。对于一般废弃物，如生活垃圾、无害边角材料、废弃包装材料、药品无害残存等，要严格按照企业制定的一般垃圾管理原则，坚持分类处理、合法处置的原则，进行日常统计和管理；对于有害垃圾、有害剩余角料等废弃物要严格执行销毁规定。在废弃物管理方面也配备了专门的管理人员，对这方面的管理工作进行专项检查。对于不按照规定的人员，制订整改计划，全员落实专业处理废弃物的相关规定；对全体员工进行生产教育，减少材料浪费，减少废弃物的产生，积极开展精益生产活动。

为了有序开展环境管理活动，该企业制定了"一张表格"式管理，企业的生产活动都体现在这一张表格里，包括对环境工作的记录、对生产管理的记录、对使用物料的记录、对生产信息数据的记录等，保证一张表内可以展示清晰的数据和管理活动，并通过表格来记录管理的要求。除生产部门外，其他如管理、后勤、职能等部门也要参与完成该表格的编制和数据生产工作。该企业还下发了关于防止污染的标准化管理通知，此项管理规定用于指导企业可持续地开展污染防治活动，指导单位各项制度规定和方案的制定，指导企业污染防治设施的运行，是企业落实污染治理活动的重要制度，起到了消除环境治理隐患的重要作用，减少了企业违规现象的发生。该企业要求各部门重点进行自我审查，并对审查结果进行严格登记，形成各自部门的台账。如果有部门出现违反此类规定的情况，则必须在规定时限内进行整改，如果下次再发生此类情况，即对该部门实施一定的惩罚措施。

该企业严格履行安全生产和绿色生产原则，按照国家法律和企业制度规定，在生产过程中注重员工安全和环境保护。做到全覆盖、全过程管理和监督，以提高企业的安全生产、环境保护能力，并加大技术和环境投入，以确保产品安全最大化，环境保护最优化。同时，持续监管生产过程中的能源消耗、资源节约情况，降低碳排放，在产品生产的全过程、产品供应链的全链条中实施并实现联合减排的目标。2020年，该企业开展环境保护工作目标责任书工作，每个部门都在目标责任书上签字，从而确定每个部门的目标责任，并在年度目标内落实相关责任规定。同时落实每个部门的环境责任要求，设置专门的审计人员进行考核，对考核通过的部门进行奖励，对考核没有达标的部门进行一定程度的惩罚。为了保证目标责任的落实，每个部门的经营和管理者均担负着实现目标、履行责任的任务。尤其是在疫情期间，企业更要保证防治污染工作的正常运营，企业相关管理部门对生产的污染防治工作进行巡查，发现问题及时进行记录，确保污染防治工作顺利开展。同时强化企业员工的安全意识，尽量节约能源，责令污染排放超标的部门或者员工进行严格整改，并予以严肃处理。在这种情况下，每个部门都要不断进行自查自纠工作，及时发现在污染防治和环境管理方面存在的各种问题。就这样，通过企业的监督和考核，以及各部门自身的纠察工作，不断提高企业环境治理的管理水平。

为了确保企业防治污染工作的正常运行和环境保护工作的顺利开展，该企业在进行严格的论证之后发布了相关的排污许可证申领工作通知，要求下属各单位完成国家级排污许可，顺利完成的单位可以取得排污许可证并进行登记备案。根据国家相关的排污规定，需要做到规范企业的主体责任，规范企业的排污行为，规范企业履行法律规定、自行监测行为，规范企业环境管理档案登记，制定规范企业环境行为报告等。为确保企业内各个单位都能够严格遵守国家防污规定以开展环境保护工作，增强企业的环境保护意识，落实环境保护责任，加强企业污染环境的管理工作，该企业落实了各项规章制度的基本要求，如环境污染操作方面的规程、环境污染防治实施标准工作的要求等，并在现有规章制度的基础上加以修订、完善和整理，使每项规定都有法可依、有据可查；对于每项规定的执行记录，都能够展示给企业内部的管理部门。同时，该企业在规定的期限内进行多样化的宣传，以环境治理和防治污染为主题开展了多次活动，以促进企业所有员工积极承担环境治理和防治污染的主体责任，加强每位员工的环境保护和防治污染意识。

3.2.2.5 搭建健康社区

该企业逐步与国际制药公司达成战略合作，为我国患者提供治疗和供药服务，提高了患者的治疗服务水平，搭建了健康社区。与国内的研发中心合作开展跨境电商业务，业务范围涵盖了药品进口、代理销售、库存管理等，能够提供一站式服务。该企业还在进出口业务上开展战略合作，如积极参与跨国企业的合作，并提出集中带量采购方案，寻找合适的供应商战略采购合作。此外，为了保障药品的供应和流通，还与当地的物流中心合作，建设医药物流中心，增加物流智能化设备，以实现药品物流的自动化和智能化管理，实现药品使用和流通的高效运转。尤其是疫情期间，社会各方对应急物资和药品的需求较大，对应急物资的供应也成为该企业核心能力的体现。

该企业依托本地庞大的物流中心，构建能够保障应急物资储备和应急物资供应的医药物流中心，从而有利于企业真正实现高水平、高质量发展，彻底落实药品储备、药品物流、药品供应链一体化的综合保障。面对转型升级的关键点，该企业也成立了国际供应链公司，搭建了国际供应链服务平台，拓展除了药品生产、研发、经销之外的业务，为医药企业提供专业的供应链管理服务，携手合作伙伴和投资伙伴打造行业内首屈一指的国际供应链服务平台，为国内医药企业提供具有一定持续能力和创新优势的进出口平台和销售平台，为国内外供应链合作伙伴提供全流程、专业化的服务。

3.2.3 物流配送

随着4+7带量采购政策、两票制政策和药品零加成等国家政策的不断实施和推进，医药流通企业面临着巨大的挑战。两票制政策的推进不断提高了医药流通企业的集中化程度，医药流通的中间环节不断被压缩。医药健康产业的变革也影响着医药物流配送的发展。随着线上售药渠道的发展，医药配送的需求越来越个性化，客户要求设置固定的收货时间、收货地点、收货方式，要求医药配送企业将药品送到门诊药房、急诊药房等不同地点，配送时间的差异也非常明显，这对医药配送企业来说是巨大的挑战。不同于一般的产品物流，医药产品对物流配送要求较高，由于药品对保存温度、规范性等的特殊要求，有些药品需要实施冷链配送，普通快递公司对于配送药品的专业化能力不足，难以满足需要。就目前来说，医药物流配送的信息化程度尚不足以支撑医药物流的发展，在面临复杂环境的变化时尚未做到全程可视化配送。

互联网的发展使医药企业的竞争压力越来越大，当前医药企业的信息化主要体现在生产制造和财务方面，营销信息化和配送信息化的建设水平则不够高，无法满足现实中互联网发展的需求，而这也是医药企业亟待提高的一个方面。在激烈的竞争状态下企业必须构建快速敏感的物流配送体系和营销体系，对市场需求作出快速反应，以患者的需求带动营销体系的动态调整，提高企业的营销能力和物流配送能力。随着消费者个性化需求的凸显，其对配送的时效性要求也越来越高，为了保证客户的需求，需要设置合理的调配路线，对紧急用户进行优先配送。对此，企业自身的配送能力远远满足不了市场的需求，需要与第三方物流配送机构紧密配合，以满足配送的时效性，降低配送费用，提高配送质量。因此，医药管理的自动化和信息化越来越成为医药物流企业需要规范和纳入企业重点管理的问题。

3.2.4 销售服务

3.2.4.1 销售网络覆盖范围广，处于转型升级关键时刻

该企业的销售网络覆盖了31个省、直辖市、自治区，包括北京、天津、河北、上海、深圳等地。其销售服务覆盖了全国3万多家医疗机构，并与多家跨国公司合作，布局了高效、快速、智慧的供应链体系，开展了供应链的延伸服务、线上药品的配送服务、药品的第三方物流服务、药品库存的信息化管理服务和药品供应链的一站式服务等，在国内处于领先地位。该企业的销售规模较大，自身品牌连锁药店超过了2 000家，在线下售药的同时开展了线上互联网+医药模式，线上可以购买处方药、保健药等，还可以享受线上问诊、线上购药等服务，形成了药品零售的生态圈，为消费者提供方便、快捷、安全的购药体验。为了扩大发展和整合优势资源，该企业不断吸引外部资金的投入，以扩大资金优势，构建零售科技平台，拓展销售范围。2020年，面对新冠疫情的突然来袭，该企业积极备战，做好医疗防疫物资和药品的生产、供应等工作；在疫情得到一定控制后，该企业又快速投入生产状态，做到了安全防控、安全生产、安全供应，顺利推进各项工作，为疫情防控作出了一定的贡献，该企业在行业的地位也得到了进一步的提升，首次进入了全球制药50强。在当前环境下，该企业进一步加快自身的转型发展，在药品创新、新药引进、协同合作、创新平台建设、供应链内外拓展等方面取得了一定的阶段性成果。同时，该企业在技术研发、医药制造、医药流通相关核心环节等方面加速了基础产业的布局工作，为助力高质量可持续发展提供支持，奠定基础，以加大转型发展的创新力度，提高在国内医药行业中的竞争力和影响力，推动医药企业的国际化进程。

3.2.4.2 市场竞争有序化，销售模式多样化

随着经济的发展，医药流通企业从复杂无序的竞争状态转向有序的竞争

状态，竞争模式和竞争方式均有了较大的变化，尤其是营销方式发生了很大的变化，出现了临床学术推广、广告营销模式、第三方合作推广和商业联合推广等多种形式。药品零加成政策实施之后，医药的价格越来越规范化、透明化，而这也给医药企业带来了利润挑战。医药销售的信息化有利于提高医药企业开发市场并完成销售任务和目标。医药营销的战略和方法有很多，包括医药市场的细分化策略、医药市场的竞争策略、医药市场的发展策略、医药市场的多元化经营策略等。

第一，医药市场的细分化策略。医药企业可以通过不同类型的患者需求对消费者进行分类，根据消费者的不同需求把营销市场分成若干个区域作为目标细分市场，并在其中找到最有利于发展的细分市场作为其医药销售的目标市场。根据目标市场的需求和消费者的偏好制定营销策略，以此提高企业的市场营销能力；对缺少的药品及时高效调度，可实现企业的利益最大化，并有利于根据环境需求对营销策略进行动态调整。

第二，医药市场的竞争策略。医药市场的竞争策略不仅要考虑药品市场的目标顾客，对医药市场进行集中化的细分，而且要根据目标患者的需求选择确定同行业的竞争对手，以便对竞争对手进行客观分析，根据不同的竞争者制定差异化的竞争策略，并利用自身的优势资源制定相关策略来实现自身的竞争目标，促进企业的生存和发展。这就要求企业了解自身的竞争优势，掌握资源情况和药品的成本情况、研发情况、服务情况等，有重点地提高自身优势。

第三，医药市场发展策略。医药企业在进行营销的过程中，首先，应选定目标市场，对目标市场进行研究和划分以制定医药企业市场发展的可行性策略。其次，要根据企业自身的业务情况和经营状况进行深入分析，对有竞争性的产品和盈利性的产品进行评估。最后，要在原有医药产品的基础上进行不断改进和创新，形成新的产品，开拓新的市场业务，并继续制定新的发展策略。

第四，医药市场多元化经营策略。多元化经营也是医药企业选择的一种重要且普遍的方式，多元化经营的初衷是满足消费者需求而制定营销方案，根据药品的不同来制定不同的营销方式。以保健类药品为例，由于我国药店规模比较大，市场比较分散，盈利能力不够高，多元化经营也是医药企业促进零售的主要方式，但是随着互联网的发展，医药企业的零售业务受到了极大的冲击。缺乏现代化的营销策略是很多药店现存的重要问题，因此它们亟待改变营销策略,而这需要医药企业开展多元化的营销方式以满足消费者的个性化需求。

3.2.4.3 确保全程监管,构建线上线下销售体系

随着国家提出互联网+医疗健康的发展策略,由该企业扶持的大健康业务也积极参与互联网医院的搭建,把电子处方和药品与医院内部的管理系统和互联网医院平台连接起来。消费者在进行完整的医疗问诊之后,进入处方药购买支付环节,处方自动上传到云药房上;医护人员对药品进行复核、整理和分配后,由专业的物流人员送达患者手中。为了保障处方的安全性和及时性,该企业结合区块链技术,实施电子处方的流转追溯,使电子处方在患者、医院和政府监管部门三方可视化流转,通过追溯技术也可以防止处方在流转的过程中出现随意更改、随意删除等问题,同时也可以有效避免药品送错、漏送的现象,确保药品从源头开药到终端用药的安全流转。政府监管部门可以随时核查、实时监测、动态监管,一旦发现问题随时可以采取中断药品流转的手段,有效监管药品供应链的全过程,从而改善患者的用药体验,保障患者的用药安全。

第一,线上线下相结合,提供便利的医药服务。随着互联网的普及,线上问诊+药品配送越来越成为受消费者欢迎的购药模式。尤其是疫情期间,医保支付技术逐步上线,送药到家成为药品销售的新兴趋势,消费者通过线上问诊,线上支付,就可以享受医药上门配送的服务。同时,这种线上问诊+线下配送的模式也解决了线上购药面临的不能用医保支付的问题,使消费者在家就可以享受医疗服务,也满足了很多消费者的不同需求,缓解了门诊医疗资源紧张的压力。科学技术的发展提高了医疗问诊的效率,互联网接入医疗领域也给医药行业带来了新的机遇和挑战,改变了传统的问诊和医疗模式。对于很多行动不便的患者来说,线上问诊、拿药、支付和配送模式为其提供了良好、便利的服务,不仅使患者免于路途奔波,而且缓解了陪护者的压力,居家护理、网络问诊已成为很多特殊病人的刚性需求。可见,互联网+医疗的模式使资源的配置和使用得到了很大程度的优化。

第二,拓展线上医疗,构建全过程追溯体系。线上医疗的发展,除了为患者提供便利之外,还实现了实时追踪的管理。每次问诊时的档案管理、问诊后的用药和身体健康情况追踪都可以很好地展示在医生和患者面前,从而给医生和患者提供了一个良好交流的平台。远程交流、远程问诊、远程检测

等，可以让更多患者享受优质的医疗资源，也可以帮助患者提高看病的效率，进一步解决看病难的问题。信息化、智能化、可视化等技术为患者提供了看病、支付、用药的一站式服务，使医生每次为患者看病时都能够精确地查询患者的既往病史、用药情况，从而提高看病的准确度和效率。医生可以在线上检测患者的用药情况，接入物联网等设备之后可以精确地看到慢性病患者的健康数据，从而便于对患者及时用药；患者也可以对自己的健康情况进行监测，并把检测结果上传到平台，方便主治医生对其进行监测。另外，患者还可以通过线上平台对医生进行客观评价，逐步打破患者和医生之间信息不对称的问题。近年来，线上问诊平台逐渐增多，如京东互联网医院、1药网平台等。目前来看，很多患者反映只有一些处方药和保健类药品可以在线上购买，且线上问诊医生的水平尚未完全达到患者需要的水平。对此，互联网平台应该加大引进优质医生资源的力度，将更多优质的医生团队、优质的医疗资源纳入互联网平台。总之，要以患者的需求为出发点，提高平台的质量和可靠性，从而推动互联网医疗健康行业的发展，充分发挥互联网医疗健康的作用。

3.2.5 政府补贴

3.2.5.1 资金补贴政策

政府对医药企业补贴的种类比较多，包括重大创新药补贴、专利优秀奖补贴、顶层设计研究奖补贴、高质量资金扶持补贴、医药产业政策奖励补贴、设备升级改造专项补贴、信息化监管专项补贴、创新标杆企业补贴等。该企业在2020年获得政府补贴将近两亿元，包括重大贡献关系技术研究奖、创新战略专项奖、技术改造项目奖、资金扶持项目、领军企业专项资金奖、创新创业团队资金补贴等多种形式。政府补贴是企业研发创新资金的主要外部来源。为了鼓励企业的创新，政府构建了完善的补贴体系，不仅侧重于产品的研发，而且考虑了项目的创新测评与技术的改进。医药企业研发周期长、研发成本高，因而政府补贴能够为其缓解资金压力，使之在充分整合和利用现有资源的基础之上，借助政府的研发补贴积极投入创新与研发之中。

3.2.5.2 税收优惠补贴政策

政府给予医药企业的补贴，既有直接的资金支持也有相关的税收优惠政策。如果是与资金相关的补贴，企业可将其直接纳入当期损益；如果是与收益相关的补贴，企业可将其充当当期损益或者直接冲减相关研发成本。国家除了给予医药企业研发创新支持之外，疫情期间还加快了对医疗器械应急性审批、相关的注册和研发创新项目补贴等。对于公益性社会组织部门和企业用于慈善活动、公益事业捐赠的支出部分，政府也会给予一定的纳税补贴，如对于防疫进出口物资给予退税补贴，对于罕见病药品在生产环节和流通环节免征增值税补贴，等等。除了国家给予的扶持政策之外，地方也出台了各式各样的医药企业发展扶持政策。例如，扶持临床性急需药品，对于积极配合疫情防控的药品生产企业给予支持，对进口防疫物资实行税收优惠，提供快速审批通道等。无论是直接的资金补贴还是增值税、所得税的减免，都极大地鼓舞和支持了医药企业，促进了医药企业的快速发展。

3.2.5.3 保费补贴政策

国家对于药品的生产、流通和销售环节的安全责任管控，进一步完善了药品的安全监管体系。对于注重药品安全管理的企业，政府给予保费补贴政策等金融扶持，鼓励医药企业逐步采用商业保险；对于设置药品上市许可持有人制度试点的医药企业，国家也给予保费补贴政策。为了试点地区工作的顺利开展，政府一方面通过提供商业保险的形式提高持有人的补偿能力，另一方面通过保费补贴减轻医药企业费用支出较大的压力。这些做法的目的是鼓励企业积极构建双重保险体系，增买商业保险，实现双赢的局面，这样不仅保证了企业的稳定健康发展，而且避免其由于经营不善导致破产危机，并最终减轻了政府的压力，提高了政府处理事件的效能。政府对医药企业的补贴采取了不同的策略，设置不同的额度，如在医药企业处于不同的成长阶段时，政府给予的补贴程度也不尽相同，从而最大化地鼓励医药企业开展创新活动。

3.3 数据收集

为了提高数据的可靠度和可信度，笔者在本书中运用深度访谈和焦点小组访谈两种方式收取资料和数据。选择访谈对象的限制条件有两个，一是要对企业经营情况有广泛的了解；二是同意对访谈的内容进行录音和记录。本章运用扎根理论，对收集的访谈资料进行整理、归纳、总结和分析：先使用一部分样本进行分析，再对剩余的样本进行理论饱和度检验。根据理论饱和度检验原则，当剩余样本不能提取、归纳或抽象出新的概念和范畴时，即达到了理论饱和。笔者于2018年12月到2019年3月期间完成了此次访谈工作，历时4个月。通过中国医药协会专家的介绍和推荐，选取了15名医药制造企业员工、12名医药流通企业员工和6名医药消费者总共33名样本对象进行访谈，其中包括线上访谈16次、线下访谈5次（总共深度访谈了21次），焦点小组讨论6组（7人组1组、6人组1组和5人组4组）。对每位访谈对象的深度访谈时间设定在25分钟~45分钟之间，每组焦点小组讨论时间设定在20分钟~50分钟之间，对访谈的过程全程记录、备份。在此基础上，运用访谈资料中2/3的访谈记录（含深度访谈14次、焦点小组讨论4次）进行编码分析，剩下1/3的访谈记录则用于理论饱和度检验。样本基本情况统计见表3-1。

表3-1 样本基本情况统计

名 称	分 类	频 次	占比（%）
性 别	女	14	42
	男	19	58
年 龄	30岁以下	5	15
	30~45岁	16	49
	45岁以上	12	36
学 历	本 科	11	33
	硕士研究生	13	40
	博士研究生	9	27
工作年限	5年以下	4	12
	5~10年	11	33
	10年以上	18	55

3.4 数据编码与分析

3.4.1 主轴编码

笔者除了把医药供应链成员即医药制造企业、医药流通企业、医药产品消费者作为医药供应链决策的主要影响因素之外，还考虑了政府补贴对医药供应链决策的影响，从而构建主轴编码的数据分析表。其中，医药制造企业的社会责任、技术创新和促销努力是扰动医药供应链决策之中的三个主范畴，医药流通企业的物流配送能力是扰动医药供应链决策之中的一个主范畴，再考虑政府补贴支持和消费者偏好对医药供应链决策的扰动，一共总结了6个主范畴，24个对应范畴，并在表中列出了每个范畴的含义，见表3-2。

表3-2 主轴编码

主范畴	对应范畴	范畴含义
社会责任C1（A1~A4）	A1 药品质量管理	遵守质量管理体系，提高药品质量，符合质量监督管理条例
	A2 生态环境	在生产过程中所体现的环境管理水平，如碳排放、污水处理等
	A3 员工责任	员工能力的提升与培养工作开展情况，具有激励机制的薪酬体制实施情况
	A4 公益活动	定期开展公益捐赠、扶贫支持等公益活动、行为
技术创新C2（A5~A8）	A5 企业规模	企业的总资产、企业的人数处于行业水平的情况
	A6 创新能力	企业不断增加研发投入的行为，不断追求增加申请专利的行为
	A7 创新环境	政府给予企业创新扶持或税收补贴等良好的创新环境
	A8 研发资源优势	企业拥有的研发人员，所处的地区有利于创新研发活动
促销努力C3（A9~A12）	A9 市场情况把控	对销售市场的整体把控，对消费对象行为的了解
	A10 销售人员水平与培训	对销售人员进行专业的售药培训，以及考察销售人员专业背景的工作开展情况
	A11 促销多元化	为了增加销售量而进行的各类销售行为
	A12 销售策略	为了增加销售量而选择不同的销售方式或策略
物流配送C4（A13~A17）	A13 基础设施能力	企业引进的智慧化物流设施、物联网设备等增加配送效率的设施设备
	A14 配送系统能力	企业拥有高效化的系统，能够满足客户的需求和应急要求
	A15 物流人才培养	对物流人才进行培训和培养，以提高物流效率
	A16 物流信息服务能力	物流配送的速度、质量满足客户的需求
	A17 仓储能力	满足特定药品的储存条件，具有较高的周转率

续表

主范畴	对应范畴	范畴含义
消费者偏好C5（A18~A20）	A18 消费者对渠道选择偏好	消费者的购买习惯，面对不同销售渠道时的态度
	A19 感知渠道风险能力	消费者在不同渠道企业处所感受到的货物潜在风险，对安全渠道的选择偏好
	A20 感知渠道价值	选择的渠道能够带来安全感，获得更高的价值
政府补贴 C6（A21~A24）	A21 国家研发补贴支持	政府的创新补贴和对创新行为的支持
	A22 产业支持	对医药产业的特殊补贴或支持行为
	A23 高质量企业补贴	对获得高质量称号的企业所给予的支持和奖励行为
	A24 区域政府补贴	地方政府额外给予的创新补贴或者创新支持行为

3.4.2 开放式编码

笔者基于访谈和讨论的情况对原始资料进行三级编码。首先，根据所收集的原始资料，使其概念化为一级编码。例如，对于"公司严格落实企业主体责任，内部设有质量管理责任考核体系，并且将其纳入企业绩效考核范围"，可以归纳为"质量责任体系"这个概念；又如，对于"公司定期开展节能减排监测和技能培训，定期维护保养防污设备以保证其稳定运行，同时积极推进设备的优化和技术革新，降低污染物的排放总量"，可以归纳为"节能环保"。以此类推，归纳出一级编码86个。其次，在一级编码的基础上再加以分析，发现各个编码之间的关系，并根据其各自的关系分类为二级编码，对应范畴分类。最后，在二级编码的基础上再抽象、总结和分析，形成三级编码，对应主范畴。因此，三级编码主要包含6个，二级编码包含24个。开放式编码表见表3-3。

表 3-3 开放式编码

三级编码	二级编码	一级编码	部分原始资料
C1 社会责任	A1 药品质量管理	B1 质量责任体系 B2 质量监督 B3 生产布局 B4 精益质量管理 B5 质量安全生产	公司严格落实企业主体责任，内部设有质量管理责任考核体系，并将其纳入企业绩效考核范围（B1）

续表

三级编码	二级编码	一级编码	部分原始资料
C1 社会责任	A2 生态环境	B6 环境管理 B7 节能环保 B8 绿色生产	公司定期开展节能减排监测和技能培训，定期维护保养防污设备以保证其稳定运行，同时积极推进设备的优化和技术革新，降低污染物的排放总量（B7）
	A3 员工责任	B9 专业能力的培养 B10 员工的职业发展 B11 员工的安全教育 B12 员工合法权益 B13 员工绩效管理 B14 员工专业培训 B15 企业文化	公司设立发展培训中心，并于2017年成立企业大学，通过建立资源整合和共享平台，员工可以从工作中获得学习和成长、发展（B9）
	A4 公益活动	B16 公益捐赠 B17 扶贫攻坚 B18 开展公益用药宣传	公司积极开展抗癌、扶贫、心脏疾病及大手术治疗、癌症防治研究等公益捐赠活动，积极参与未来星计划公益专项项目（B16）
C2 技术创新	A5 企业规模	B19 企业总资产情况 B20 企业总人数 B21 企业技术人员数量 B22 企业管理人员数量 B23 企业成立年限	良好的运营环境使得公司的资产逐年增加（B19）
	A6 创新能力	B24 科技进步奖数量 B25 研发投入比 （研发投入/销售额） B26 申请专利总数情况 B27 研发人员占比	公司在2019年的研发投入比2018年增加将近40%，在提高生产安全系数的同时，原材料成本压降超过30%并申请了专利（B25）
	A7 创新环境	B28 国家政策支持 B29 研发补贴 （研发补贴/销售额） B30 市场竞争情况 （同类企业数量）	在国家实施创新药准入政策后，药品的审批速度得到了大幅度的提升（B28）

续表

三级编码	二级编码	一级编码	部分原始资料
C2 技术创新	A8 研发资源优势	B31 产学研合作 B32 开放研发 B33 自主研发 B34 地区优势	公司目前和多家高校及医院、科研院所等机构达成协议，分别在原料药、中药、新产品新工艺开发、细胞治疗、创新转化等多个领域开展全面合作（B31）
C3 促销努力	A9 市场情况把控	B35 竞争对手情况 B36 受众群体	公司每年会进行竞争优势分析，通过市场部了解同类产品竞争对手的营销区域、价格范围等（B35）
	A10 销售人员水平与培训	B37 促销人员专业度 B38 销售人员的教育背景 B39 销售人员的培训	公司在招聘销售人员方面看中其所学的专业和教育背景（B38）
	A11 促销多元化	B40 现场促销 B41 打折促销 B42 带量促销	在销售过程中会不定期地参与节假日促销活动，通过一定的优惠券折扣增加销量（B41）
	A12 销售策略	B43 线上销售（电商平台、线上业务） B44 医院合作 B45 实体店、连锁店销售 B46 分销代理	公司目前采取多种销售策略并行的做法，如好药师零售业务、好药师线上业务等，现有直营店200多家，加盟店将近900家（B43，B45）
C4 物流配送	A13 基础设施能力	B47 智能化物流设备 B48 智慧化信息实施能力 B49 物联网设施 B50 车辆和基础设备调度	公司上线了自有的物流管理系统，通过大数据核算，全面监控作业量，掌握实时监控情况（B48）
	A14 配送系统能力	B51 信息系统构架 B52 系统维护 B53 系统安全 B54 系统功能与设计	包含与业务公司仓储物流数据的对接功能，实现数据共享，方便及时调配和监控（B54）
	A15 物流人才培养	B55 物流人员的管控能力 B56 物流人员的专业化操作能力 B57 物流人员的培养	公司对新招聘员工进行专业化物流培训，设置双向升职通道，维护与专业物流机构人员的长期关系（B57）

续表

三级编码	二级编码	一级编码	部分原始资料
C4 物流配送	A16 物流信息服务能力	B58 配送的速度 B59 配送质量 B60 配送服务 B61 沟通成本	根据客户配送距离的差异，划分为不同的供应圈，利用运输管理系统，优化配送线路，实现城市订单24小时、医院紧急1小时送达的快捷配送目的（B58）
	A17 仓储能力	B62 仓储空间 B63 仓储安全 B64 药品周转效率 B65 药品缺货率	因为生产该品类药品的特殊性，公司有自己的仓库储存（B63）
C5 消费者偏好	A18 消费者对渠道选择的偏好	B66 消费者对渠道选择的态度 B67 消费者购药习惯 B68 消费者购买意向	通常情况下，我一般会去医院买药，这样能够获得更精准、更加专业的治疗（B67）
	A19 感知渠道风险能力	B69 感知价格风险 B70 感知质量风险 B71 感知产品售后风险 B72 感知销售人员服务态度风险	我感觉去药店直接买价格会高一些，在不紧急的情况下我会选择在美团买药（B69）
	A20 感知渠道价值	B73 渠道可视化程度高 B74 渠道更加方便 B75 选择渠道可以更加低价	我感觉在京东购药可以接受寻医问药的指导，还可以通过平台比价，也可以看到对药品的评价（B73）
C6 政府补贴	A21 国家研发补贴支持	B76 专项经费支持 B77 创新研发平台搭建支持 B78 产学研协同支持 B79 创新研发联盟支持	公司在2019年年度重大新药创制个性化抗体药物及分子诊断试剂研发方面获得国家科技重大专项支持（B76）
	A22 产业支持	B80 产业专项资金补助 B81 产业集聚支持	公司在"原料药国际化产业基地"项目中获得了政府的补贴资助（B81）

续表

三级编码	二级编码	一级编码	部分原始资料
C6 政府补贴	A23 高质量企业补贴	B82 产业园建设支持 B83 企业兼并扶持	公司在 2018 年和 2019 年都获得了发展扶持基金项目补助（B83）
	A24 区域政府补贴	B84 地方资金补贴 B85 地方政策支持 B86 地方税收减免	公司 2019 年在仿制药一致性评价上获得第一批重庆市工业和信息化转型资金项目（B84）

3.4.3 饱和度检验

理论饱和度是指即使有更多的额外数据资料也归纳不出新的范畴，也不能产生新的关系或理论[201]。为了检验医药供应链决策扰动因素的理论饱和度，笔者将剩下 1/3 的访谈资料进行了开放编码、主轴编码和选择编码，在整个编码过程中并没有发现一些新概念、新范畴，相关的概念或范畴之间也没有产生新的关系，说明医药供应链决策的扰动因素已经被充分挖掘。因此，可以认为该理论模型已经达到饱和。

3.5　模型的构建

基于以上对医药供应链决策扰动因素的分析可知，扰动医药供应链决策的因素主要为技术创新、社会责任、促销努力、物流配送、消费者偏好和政府补贴。以下从医药供应链的参与主体——政府部门、医药制造企业、医药流通企业、消费者四个方面，围绕价值诉求、价值创造、价值传递、价值获取分析扰动因素对医药供应链的价值增值贡献。

一是价值诉求。国家对医药行业的发展提出价值诉求，并通过政府补贴对医药行业的发展给予支持，而医药企业处于转型升级的关键时期，也离不开政府的引导和扶持，因此政府补贴有利于医药行业的快速发展。单从 2020 年来看，我国有 50 多家上市医药企业享受到了政府的补贴，包括白云山医药集团、复兴医药、步长制药等，其中白云山医药集团仅在 2020 年下半年即累计收到各类政府补贴达 38 535.27 万元。国家还对多种医药行为进行补贴，如为重大新药开发、高质量发展提供的资金支持，以及产业政策奖励、技术改造专项支持、地方创新战略专项支持等。这些补贴直接减轻了企业的资金负担，激活了医药行业的创新动力,为医药企业的创新活动提供了良好的环境,为医药行业的发展提供了有力的支撑,推动了医药行业的健康发展。

二是价值创造。对于医药制造企业来说,主要通过提高技术创新能力、增强社会责任感、提高促销努力水平来实现价值创造的过程。这三种类型的内部因素都会给医药供应链带来一定的影响,增加医药供应链的价值。

首先,技术创新是医药企业价值创造的重要源泉。由于医药产品属于技术驱动型产品,在医保控费改革、两票制、招标限价等政策压力下,医药产品的降价成为常态趋势,医药行业的增速有一定程度的放缓,这种形势下医药行业的集中化程度在不断上升。对于仿制药来说,因为其利润空间比较小,所以高质量的仿制药和创新药才是未来发展的主要趋势。高质量仿制药凭借价格优势和疗效的一致性,能够为医药企业实现价值增值,而创新药所具有专有的技术优势也能够创造巨大的价值。因此,研发技术是医药企业价值创造的最重要源泉。其次,社会责任是医药企业价值创造的重要路径。医药企业提供的产品与人民健康息息相关,医药企业正确履行社会责任也是其可持续发展的内在要求,在医药企业履行的社会责任中,提高药品的质量是重要内容之一。履行社会责任要求医药企业在关注经济效益的同时也要考虑社会效益,包括对消费者的责任、对员工的责任、对环境的责任、对社会的责任等,这些虽然会使企业增加一定的责任成本,但是长期来看会使其收获良好的口碑、信誉和形象,为企业带来无形资产,可见其能为企业创造的价值是不可忽视的。最后,促销努力是医药企业价值创造的重要策略。药品作为一种特殊性产品,自带技术和医药知识属性。对于一种新药的上市,即使是经验丰富的临床医生也需要加以学习,医药企业要想抢占市场,无疑需要通过一定的促销和推广手段,使药店、医生和消费者快速、全面地了解药品的特性和疗效。此时促销就是医药销售行为中很重要的一种手段,通过推广把药品的使用方法、作用机制等信息传递给销售对象,从而扩大市场需求。如果是仿制药的推广,那么同样需要通过促销来传递制造企业的品牌,使医生和消费者了解产品的附加价值,从而起到塑造医药企业形象,增加企业竞争能力,为企业创造价值的目的。

三是价值传递。从医药流通企业内部影响因素视角出发,物流配送对医药供应链效率起到了至关重要的作用。从供应链的角度出发,药品的价值通过医药流通企业传递,药品从医药制造企业最终到达消费者或者医药终端(医院/零售药店)的过程要经过多个环节,这是一个不断传递价值的过程。

作为上下游企业的传递者和连接者，医药流通企业提供的物流配送服务逐步实现信息化，通过智能化物流配送连接从药品源头到终端的全过程，实现价值传递的互联互通。这不仅实现了产品的传递，而且实现了数据和信息的传递；不仅可以可视化监控整个运输配送过程，而且可以优化配送路径，提高物流整体效率，同时降低物流成本。因此，医药流通企业可以通过提高物流配送能力来提高货物、信息、数据、价值传递的效率。

四是价值获取。消费者渠道偏好影响医药供应链的动态结构。药品通过最终到达消费者手中而实现其价值，而消费者面对不同的渠道时会根据自身的偏好选择不同的销售渠道。尽管线下渠道自带专业医疗服务、医生问诊等优势，但是互联网的发展也催生着处方外流现象的产生，而这将会对线上购药渠道产生巨大的影响。另外，目前线上药店如京东健康互联网医院、叮当快药等均提供互联网药事咨询服务、在线问诊服务，实现了"医+药+送"的药品供应，这给偏好线上渠道的消费者带来了很大的便利和吸引力。因此，对于医药企业来说，拓展销售渠道也是实现价值增值的另一种方式，通过线上和线下互联互通提高运营效率、企业品牌和服务水平。

基于以上分析，由政府补贴（价值诉求）—医药制造企业（价值创造）—医药流通企业（价值传递）—消费者（价值获取）这样的一个过程，构成了多因素架构。医药供应链决策的扰动因素结构逻辑如图3-1所示。

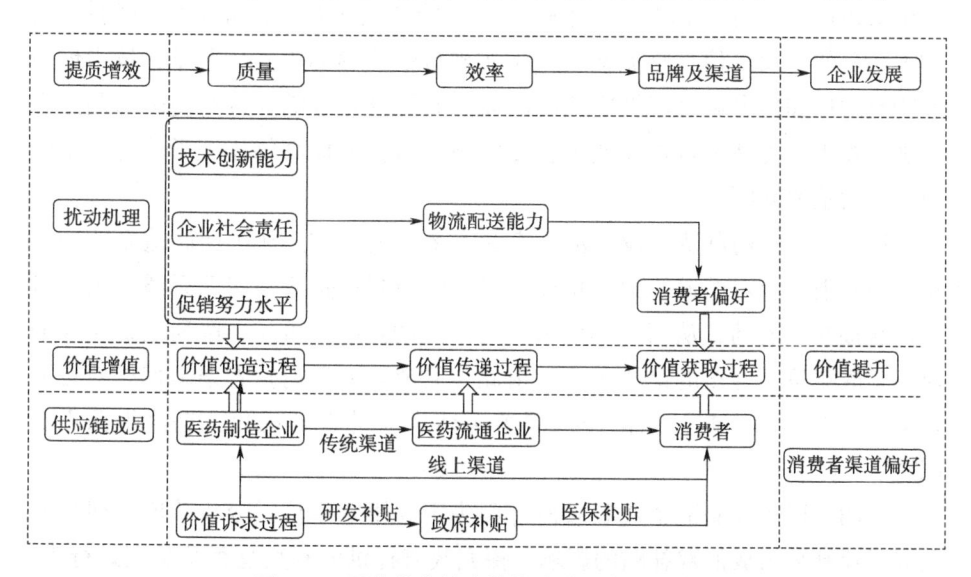

图3-1 医药供应链决策的扰动因素结构逻辑

近年来，医药政策频出推动着医药产业的大变革。面对转型升级的重要时刻，医药供应链面临不断调整，同时也面临着亟须解决的问题。例如：如何从关注市场转型转为关注产品创新以满足药品的供给？如何提高药品的质量，提高仿制药的疗效，增加创新药的研制？如何提高药品的可及性？如何维持医药行业的可持续发展？在复杂环境下如何提高医药供应链的决策效率？等等。为解决这些问题，笔者分析了在复杂环境下医药供应链决策的影响因素，那么这些因素会对医药供应链决策起到何种作用呢？以往的研究大多分析的是单因素的影响，缺乏就双因素或者多因素对供应链的影响进行分析，尤其是缺乏多因素对医药供应链决策和协调问题影响的研究。面对多因素扰动下医药供应链决策的问题，笔者根据不同影响主体对多因素扰动下的医药供应链决策进行了量化分析，具体如下。

第一，以医药制造企业为主要影响主体。从医药制造企业通过履行社会责任为医药供应链创造价值的角度出发，不仅考虑医药制造企业的社会责任，而且考虑医药供应链整体的社会责任对医药供应链成员及其系统决策的影响。换言之，如何设计合理的策略使医药制造企业能够最大限度地履行社会责任，是当前需要解决的重要问题。

第二，以医药制造企业和医药流通企业为主要影响主体。从医药制造企业的技术创新能力和医药流通企业的物流配送能力角度出发，实现价值创造和价值传递的过程。其中，技术创新能力能够实现药品质量和疗效的提升，增加药品的使用价值；物流配送则是实现价值传递的方式。可见，技术创新和物流配送如何影响医药供应链的决策，如何设计最优的策略使医药制造企业加大投入，提高技术创新能力，使医药流通企业提高物流配送能力，是值得研究的重要问题。

第三，以医药制造企业和消费者为主要影响主体。从医药制造企业的促销能力和消费者对渠道的偏好角度出发，医药制造企业拓展双渠道使消费者可以直接线上购药，从而增加消费者对渠道的选择。可见，医药制造企业面对的是既竞争又合作的渠道关系。由此，促销努力和消费者渠道偏好对订购量会产生怎样的影响，如何使双渠道医药供应链得到优化，是值得深思的问题。

第四，以医药制造企业和政府部门为主要影响主体。分析政府的研发补贴和医疗补贴组成的双补贴的影响，探究政府提供的补贴是否总是利好行为，医疗补贴会对医药供给产生怎样的影响，以及政府提供不同的补贴方式和不同的补贴额度会对医药供应链成员和医药供应链系统产生怎样的影响。

3.6　本章小结

本章首先分析了影响医药供应链决策的主要参与主体。其次，基于扎根理论从政府部门、医药制造企业、医药流通企业和消费者四个方面探究主要的影响因素，通过深度访谈和对访谈小组的多次访谈，抽象、概括、归纳了政府补贴、技术创新、社会责任、物流配送、促销努力和消费者偏好这六个主要的扰动因素。最后，构建以这六个因素为基础的多因素扰动下的医药供应链决策优化模型，并从不同的扰动因素主体角度，提出待量化的医药供应链决策研究方向。

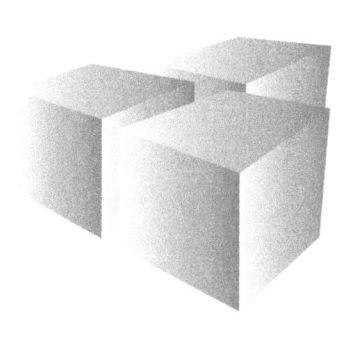

第4章
社会责任扰动下的医药供应链决策

本章从价值创造的角度出发，将医药制造企业履行社会责任作为医药供应链决策扰动的因素。笔者基于医药制造企业关注消费者剩余的视角，同时考虑了医疗机构公益性特点，将研发创新和医保支付作为影响消费者效用的内生因素，从而刻画了不同决策模型中社会责任对均衡结果的影响。同时，构建了合作决策、非合作决策和组合契约决策三种模型，并对比、分析不同决策下社会责任对医药供应链决策和协调的影响。

4.1　问题分析

医药产品的创新性和安全性是实施健康中国战略的关键点，随着我国人口老龄化的加剧，居民消费的升级，健康意识的驱动，对高质量、可负担的创新药的需求强烈，医药市场也从销售型主导逐渐转变为产品型主导。近年来，假疫苗等药品安全问题屡屡发生，这体现了企业利益与公众健康的冲突，也严重制约了医药行业的健康发展。消费者及利益相关者越来越希望医药制造企业对其运营的环境及道德行为负起责任[202]，医药制造企业的社会责任成为消费者关注的焦点，如何激励医药制造企业切实履行社会责任成为当前面临的重要问题。随着以提质量、促创新为目的的多元化研发补贴、医保支付改革等相关鼓励政策出台，医药行业迎来了创新发展的新时代，包括恒瑞医药、康弘药业等在内的医药企业纷纷加速研发创新以掌握核心技术，突破同质化竞争的束缚，满足消费者用药的可及性[203]。公众用药的安全性主要归于社会责任，公众用药的可及性关键在于创新，药物安全和创新关系到医药产业的可持续发展，也关系到公众健康权益的保障。那么，企业社会责任会对研发创新和医药供应链核心节点企业产生怎样的影响？如何提高医药制造企业履行社会责任的主动性，投入更多研发创新所需的人力和资金来培养企业的核心竞争优势，追求社会效益和经济效益的协同发展？哪种决策模型能创造更大价值，带来更多的社会福利？这些都是亟待解决的问题。

根据已有文献可知，学者们已分别对企业社会责任或供应链协调展开了一定的研究，但是鲜有学者探究企业社会责任影响下医药创新与供应链定价协调的社会问题。笔者在本章中构建了合作决策、非合作决策、"政府补贴+协同创新+集采低价"组合契约三种决策模型，从经济效益和社会效益角度出发分析企业社会责任对医药供应链决策的影响，弥补了研究的空缺。本章的贡献主要为：首先，结合医药产品的特性及我国开展医保支付的特点，将研发创新和医保支付作为影响消费者效用的内生因素，将影响企业声誉的社会责任视为对消费者剩余的关注，构建合作、非合作、组合契约协调三种决策模型。其次，根据决策下的均衡结果，探究供应链整体和医药制造企业社会责任的履行对研发创新能力、药品价格、供应链成员利润及社会福利的影响。再次，从经济和社会效益方面比较三种决策模型中哪种决策对医药供应成员和消费者更为有利。最后，构建政府补贴下简单且操作性强的"集采低价+协同创新"组合契约对医药供应链进行协调和优化。笔者认为，上述研究结果对医药供应链系统及其成员企业的可持续发展具有重要的理论和实践意义。

4.2 模型描述与假设

接下来，研究由一个医药制造企业、一个医疗机构和需要药品诊疗的消费者组成的三级医药供应链。由于我国医疗机构在面向行政和医疗服务市场时处于双重垄断地位，在供应链中处于主导地位[204]，使得消费者对药品缺乏选择权，因此设定以医疗机构作为医药供应链领导者，优先决定边际利润 b，医药制造企业根据研发创新能力和生产成本确定批发价格 w，消费者获得药品的零售价格为 $p = w + b$。

医药制造企业作为研发创新偏好型企业决定了其研发创新努力程度 e，其中 $e > 0$。参考相关学者的研究可知，加大研发创新会带来一定程度的成本增加[205]。研发成本为 $c_e = \eta e^2 / 2$，$\eta > 0$，η 表示研发创新成本系数。随着研发创新投入的增加生产成本由 c_0 增加至 $c_0 ev$，其中 v 表示研发创新对制造成本的影响系数，且满足 $c_0 \leq c_e$。

结合我国开展医保补贴的特性并借鉴相关学者的研究[206-207]，设定消费者的效用 $U = \theta e - (1-\alpha)p$，其中 θ 为服从 (0, 1) 的均匀分布函数，表示消费者对药品研发创新能力的敏感度；α 为药品医保支付率，$\alpha \in [0, 1]$，$1 - \alpha$ 为消费者享受医保后对药品的支付比率。上述函数表示，消费者如购买此种药品时，则其购买每单位研发创新能力为 e 的药品时所带来的效用，当消费者效用大于 $\theta' = [(1-\alpha)p]/e$ 时消费者选择购买。根据边际效用规律，市场需求函数为：

$$D = M \int_{\theta'}^{1} d\theta = 1 - [(1-\alpha)p]/e \qquad (4-1)$$

不失一般性，$p_{\max} = e/(1-\alpha)$，设定 M 标准化为 1，则消费者剩余为：

$$cs = \int_{p}^{p_{\max}} D\mathrm{d}p = [e-(1-\alpha)p]^2 / [2e(1-\alpha)] \qquad (4-2)$$

参考一些学者将企业社会责任量化为对消费者剩余的关注这一做法[208-209]，令供应链整体社会责任程度为 $\omega \cdot cs$，$\omega \in [0,1]$，ω 越大表示企业社会责任程度越高。企业履行社会责任可以激发消费者购买该企业产品的意愿[210]，消费者不仅对异质药品偏好不同，而且对企业履行社会责任也尤为关注，企业的声誉越高、品牌越完整，消费者对其的认知度和信任度也越高。令医药制造企业承担的社会责任占供应链整体的比例为 β，医疗机构承担社会责任的比例为 $1-\beta$，由于我国医疗机构具有强制性、公益性的特点，因此 $\beta \in [0,1]$。为了鼓励医药制造企业研发创新活动，政府从供给侧和需求侧实施了利好政策。从供给侧角度来看，政府为了激励医药制造企业开展研发创新活动而给予其一定的研发补贴支持 t；从需求侧角度，为了增加消费者的购买能力而给予其一定的医保补贴 α。医药供应链结构如图4-1所示。

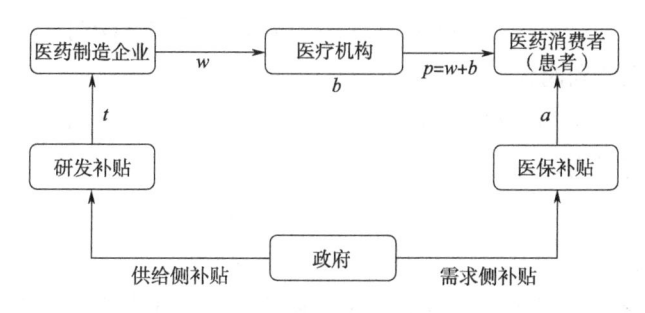

图4-1 医药供应链结构

设定 Z_m^X、Z_r^X、Z_s^X、Z_g^X 分别表示三种不同决策模型中医药制造企业的利润、医疗机构的利润、医药供应链系统的利润、社会福利，以 S_m^X、S_r^X 分别表示医药制造企业和医疗机构的效用函数。此外，X 代表 C、N、R，分别表示合作、非合作、组合契约协调决策模型。

4.3 模型构建与分析

4.3.1 合作决策模型

合作决策模型用符号 C 表示。由医药制造企业和医疗机构组成一个的完整医药供应链系统，并设定医药供应链整体承担社会责任程度为 ω_{cs}，那么合作决策下医药供应链系统的效用函数为：

$$\max S_s^C = (p - c_0 ev)[1 - (1-\alpha)p/e] - \eta e^2/2 + \omega_{cs} \qquad (4-3)$$

其中，供应链系统利润为 Z_s^C，社会福利 $Z_g^C = Z_s^C + cs^C$。

定理 1：在合作决策模型中，存在最优的研发创新能力为 $e^{C*} = [1 - (1-\alpha)c_0 v]^2/[2\eta(1-\alpha)(2-\omega)]$。当 $e < e^{C*}$ 时，医药制造企业效用与研发创新能力成正比；当 $e = e^{C*}$ 时，医药制造企业的效用达到最优状态；当 $e > e^{C*}$ 时，医药制造企业的效用与研发创新能力成反比。当研发创新的成本超过医药制造企业的盈利水平时，企业将处于亏损状态。

定理 2：合作决策模型下均衡结果为：

药品零售价格为：

$$p^{C*} = [1-(1-\alpha)c_0 v]^2 [1-(1-\alpha)c_0 v - \omega]/\{2\eta [(1-\alpha)(2-\omega)]^2\}$$

消费者剩余为：

$$cs^{C*} = [1-(1-\alpha)c_0 v]^4/[4\eta(1-\alpha)^2(2-\omega)^3]$$

供应链系统利润为：

$$Z_s^{C*} = [1-(1-\alpha)c_0 v]^4(2-3\omega)/[8\eta(1-\alpha)^2(2-\omega)^3]$$

药品的销量为：

$$D^{C*} = [1-(1-\alpha)c_0 v]/(2-\omega)$$

社会福利为：

$$Z_g^{C*} = [1-(1-\alpha)c_0 v]^4(4-3\omega)/[8\eta(1-\alpha)^2(2-\omega)^2]$$

证明：由于 $\partial^2 s_s^C/\partial(p^C)^2 = (\beta-2)(1-\alpha)/e < 0$，说明 s_s^C 是关于 p 的凹函数，那么当 $\partial^2 s_s^C/\partial pc = 0$ 时，存在 $p^C = e[1-(1-\alpha)c_0 v - \omega]/[(2-\beta)(1-\alpha)]$；把 p^C 代入式 (4-3)，可知 $\partial^2 s_s^C/\partial(e^C)^2 = -\eta < 0$，$s_s^C$ 也是关于 e 的凹函数。因此，当 $\partial s_s^C/\partial e^C = 0$ 时，最优的研发创新能力即可得证，结果如定理 1 所示；把 e^{C*} 代入 p^C 中，可知 p^{C*}，进而可知均衡结果如定理 2 所示。

定理 1 和定理 2 表明，在合作决策模型中，研发创新能力与创新成本系数密切相关，除此之外还取决于社会责任程度和医保支付率。在阈值范围内增强研发创新能力有利于提升医药制造企业的效用，过度的研发投入则将增加医药制造企业的研发成本，降低医药制造企业整体效用。存在唯一均衡的策略令医药供应链成员及系统达到最优状态，从而使社会福利最高。

推论 1：$\frac{\partial e^{C*}}{\partial \omega} > 0$，$\frac{\partial cs^{C*}}{\partial \omega} > 0$，$\frac{\partial D^{C*}}{\partial \omega} > 0$，$\frac{\partial Z_g^{C*}}{\partial \omega} > 0$，$\frac{\partial p^{C*}}{\partial \omega} < 0$，$\frac{\partial Z_s^{C*}}{\partial \omega} < 0$

证明：由于 $\partial e^{C*}/\partial\omega = [1-(1-\alpha)c_0v]^2/[2\eta(1-\alpha)(2-\beta)^2] > 0$ 显然成立，同理，其余参数关于 ω 的结果可证。

推论 1 表明，研发创新能力、消费者效用、市场销售量和社会福利与 ω 成正比，药品零售价格和供应链系统利润与 ω 成反比。可见，供应链整体社会责任感的增强会激发医药制造企业加大研发创新的动力，增加消费者使用药品的剩余价值，药品的零售价格也将会得到有效控制。消费者对低价和高效产品偏好的增加，提高了药品的销量。对消费者剩余价值关注的增加会降低供应链系统利润，而增加整体社会福利。

4.3.2 非合作决策模型

非合作决策模型用符号 N 表示。由医药制造企业负责研发创新的投入，医疗机构作为医药供应链的领导者掌握着主动定价权，优先确定边际利润 b，再由医药制造企业根据研发创新能力、生产成本和医疗机构的边际利润制定批发价格 w。此种决策下的社会责任由两部分组成，一部分由医药制造企业承担，其社会责任程度为 $\beta\omega_{cs}$；另一部分由医疗机构承担，其社会责任程度为 $(1-\beta)\omega_{cs}$。医药制造企业、医疗机构的决策可以表示为：

$$\begin{cases} \max_{w} S_m^N = (w-c_0ev)[1-(1-\alpha)p/e] - \eta e^2/2 + \beta\omega_{cs} \\ \max_{b} S_r^N = b[1-(1-\alpha)p/e] + (1-\beta)\omega_{cs} \\ \text{s.t. } p = w+b \end{cases} \quad (4-4)$$

其中，医药供应链成员的利润分别为：

$$Z_m^N = (w-c_0ev)D - \eta e^2/2$$

$$Z_r^N = bD$$

医药供应链系统利润为：

$$Z_s^N = Z_m^N + Z_r^N$$

社会福利为：

$$Z_g^N = Z_m^N + Z_r^N + cs$$

定理 3：非合作决策下最优的研发创新能力 $e^{N*} = [1-(1-\alpha)c_0v]^2(2-\beta\omega)/[2\eta(1-\alpha)(4-\omega-\beta\omega)^2]$。当 $e < e^{N*}$ 时，医药制造企业的效用随着研发创新能力的增强而增强；当 $e = e^{N*}$ 时，医药制造企业达到最优状态；当 $e > e^{N*}$ 时，医药制造企业的效用会随着研发创新能力的增强逐渐降低，研发成本过高会造成企业亏损。

定理 4：非合作决策模型下的均衡解结果为：

医疗机构的边际利润为：

$$b^{N*} = [1-(1-\alpha)c_0 v]^3(2-\beta\omega)(2-\omega)/[2\eta(1-\alpha)(4-\omega-\beta\omega)^2]$$

药品的批发和零售价格分别为：

$$w^{N*} = [1-(1-\alpha)c_0 v]^3(2-\beta\omega)[c_0 v(1-\alpha)(3-\omega)+1-\beta\omega]/$$
$$[2\eta(1-\alpha)^2(4-\omega-\beta\omega)^3]$$

$$p^{N*} = [1-(1-\alpha)c_0 v]^2(2-\beta\omega)[3-\omega(1+\beta)+(1-\alpha)c_0 v]/$$
$$[2\eta(1-\alpha)^2(4-\omega-\beta\omega)^3]$$

药品的销量为：

$$D^{N*} = [1-(1-\alpha)c_0 v]/(4-\omega-\beta\omega)$$

消费者剩余为：

$$cs^{N*} = [1-(1-\alpha)c_0 v]^2(2-\beta\omega)/[4\eta(1-\alpha)^2(4-\omega-\beta\omega)^4]$$

医药供应链成员的利润分别为：

$$Z_m^{N*} = [1-(1-\alpha)c_0 v]^4[4-\beta\omega(8+3\beta\omega)]/[4\eta(1-\alpha)^2(4-\omega-\beta\omega)^4]$$

$$Z_r^{N*} = [1-(1-\alpha)c_0 v]^4(2-\beta\omega)(2-\omega)/[2\eta(1-\alpha)^2(4-\omega-\beta\omega)^4]$$

医药供应链系统及社会福利分别为：

$$Z_s^{N*} = [1-(1-\alpha)c_0 v]^4[3\beta\omega(\beta\omega+4\omega-16)-8s+20]/[8\eta(1-\alpha)^2(4-\omega-\beta\omega)^4]$$

$$Z_g^{N*} = [1-(1-\alpha)c_0 v]^4[3\beta\omega(\beta\omega+4\omega-18)-8s+24]/[8\eta(1-\alpha)^2(4-\omega-\beta\omega)^4]$$

证明：由于医疗机构作为医药供应链领导者而优先决定边际利润，运用逆向求解可知，由于 $\partial^2 s_m^N/\partial(w^N)^2 = (\beta\omega-2)(1-\alpha)/e < 0$，$s_m^N$ 是关于 w^N 的凹函数。

当 $\partial s_m^N/\partial w^N = 0$ 时，$w^N = \{(1-\alpha)(b+c_0 ve)-\beta\omega[e-(1-\alpha)b]+e\}/[(2-\beta\omega)(1-\alpha)]$。

接下来，把 w^N 代入式（4）中的 s_r^N 可知：

$$\partial^2 s_r^N/\partial^2 b^N = -[2\eta(1-\alpha)^2(2-\omega)(4-\omega-\beta\omega)]/\{(2-\beta\omega)^2[1-(1-\alpha)c_0 v]^2\} < 0$$

这说明 s_r^N 关于 b 的凹函数，因此，当 $\partial s_r^N/\partial b^N = 0$ 时，可知 b^N。然后把 w^N 和 b^N 代入 s_m^N 中，$\partial^2 s_m^N/\partial(e^N)^2 = -\eta < 0$，当 $\partial s_m^N/\partial e^N = 0$ 时，最优的研发创新能力即可得证，如定理 3 所示。把 e^{N*} 代入 p^N、b^N 中可知 p^{N*}、b^{N*}，进而可知均衡结果，如定理 4 所示。

定理 3 和定理 4 表明，在非合作决策下，最优的研发创新能力与研发创新成本系数、医保支付率、社会责任程度有密切的关系。除此之外，供应链成员承担社会责任的比重对研发创新也有重要的影响。随着研发创新能力的提高，医药制造企业的效用函数呈现先增加后降低的趋势。存在最优的研发创新能力，可使医药制造商达到最优状态。同样，存在唯一均衡策略，可使医药供应链成员及系统达到最优状态，社会福利最高。

推论 2：

A. 对于任意 ω，以下条件均成立：

$\partial e^{N*}/\partial \omega > 0, \partial b^{N*}/\partial \omega > 0, \partial p^{N*}/\partial \omega > 0, \partial D^{N*}/\partial \omega > 0, \partial cs^{N*}/\partial \omega > 0, \partial Z_r^{N*}/\partial \omega > 0, \partial Z_g^{N*}/\partial \omega > 0, \partial Z_s^{N*}/\partial \omega > 0$。

B. 设定 $\lambda_1^* = [2\beta(1-\omega-\beta\omega)+6][c_0 v(1-\alpha)(3-\omega)-\beta\omega+1]-(2-\beta\omega)[4-\beta(\omega+1)][\beta+c_0 v(1-\alpha)]$，当 $\lambda_1^* > 0$ 时，$\partial Z_m^{N*}/\partial \omega > 0$，当 $\lambda_1^* < 0$ 时，$\partial Z_m^{N*}/\partial \omega < 0$。

设定 $\lambda_2^* = [3\beta^2\omega^2(\beta+1)-12\beta\omega+8(1-\beta)]/[4\eta(4-\omega-\beta\omega)]$，当 $\lambda_2^* > 0$ 时，$\partial w^{N*}/\partial \omega > 0$，当 $\lambda_2^* < 0$ 时，$\partial w^{N*}/\partial \omega < 0$。

C. 对于任意 β，以下条件均成立：$\dfrac{\partial e^{N*}}{\partial \beta} > 0, \dfrac{\partial b^{N*}}{\partial \beta} > 0, \dfrac{\partial D^{N*}}{\partial \beta} > 0, \dfrac{\partial_{cs}^{N*}}{\partial \beta} > 0, \dfrac{\partial Z_r^{N*}}{\partial \beta} > 0, \dfrac{\partial Z_s^{N*}}{\partial \beta} > 0, \dfrac{\partial Z_g^{N*}}{\partial \beta} > 0, \dfrac{\partial p^{N*}}{\partial \beta} < 0, \dfrac{\partial w^{N*}}{\partial \beta} < 0, \dfrac{\partial Z_m^{N*}}{\partial \beta} < 0$。

证明：

$\partial e^{N*}/\partial \omega = [4-\beta\omega(1+\beta)][1-(1-\alpha)c_0 v]^2/[2\eta(1-\alpha)(4-\omega-\beta\omega)^3] > 0$

$\partial e^{N*}/\partial \beta = [\omega^2(1-\beta)][1-(1-\alpha)c_0 v]^2/[2\eta(1-\alpha)(4-\omega-\beta\omega)^3] > 0$，其余参数同理可证。

由推论 2 中的 A 和 B 可知，从供应链整体社会责任这方面来说，供应链整体社会责任程度对研发创新能力有着正向的影响。这说明增强供应链整体社会责任能够激发医药制造企业付出更多的创新努力来提高产品质量，使消费者获得安全放心的产品，同时消费者也更愿意为社会责任感强的企业产品买单，市场销量随之增加。并且，由于存在阈值 λ_1^*，使得医药制造企业的利润随着 ω 的增加而呈现先增加后减少趋势；存在阈值 λ_2^*，使得批发价格随着 ω 的增加而呈现先上升后下降的趋势。这说明供应链整体社会责任增加到一定程度后会削减医药制造企业的利润空间，但对于医疗机构总是有利的。当 ω 达到一定程度时，医疗机构利润的增加超过了医药制造企业利润的减少，最终医药供应链系统利润仍会增加，社会福利也会得到增加。因此，增强供应链整体社会责任能够引导、激励医药制造企业更加重视创新，通过关注药品的质量或者服务来扩大市场影响，提高药品的零售价格，增加消费者剩余价值，扩大医疗机构和供应链系统的利润空间，增加社会福利。

由推论2中的C可知，从医药制造企业承担社会责任这方面来说，医药制造企业承担的社会责任越大，越有利于其研发创新能力的提高。研发创新能力的提高会增加消费者对药品的偏好，医疗机构由于"搭便车"行为会带来利润的增加，药品的零售价格和批发价格随着β的增加而降低，医疗机构的边际利润则随着β的增加而增加。这说明医药制造企业承担的社会责任越大，其需要考虑的消费者剩余价值越高，从而造成自身利润的降低。假设医疗机构利润的增加大于医药制造企业利润的减少，则会带来医药供应链系统利润的增加。假设医药制造企业利润的减少不足以抵消消费者剩余和医疗机构的利润增加，则会带来社会福利的增加。因此，加强医药制造企业社会责任有助于提升企业的形象、口碑，增加消费者对其所生产药品的忠诚度和黏性，进而提高市场销量，并可有效控制药品的批发和零售价格，增加消费者剩余价值，提高供应链系统利润和社会福利水平，但对医药制造企业的自身收益会产生一定影响。

4.3.3 "政府补贴+协同创新+集采低价"组合契约协调决策

"政府补贴+协同创新+集采低价"组合契约协调决策，用符号R表示。为了激发非合作下研发创新能力的提高，使供应链的效率达帕累托最优，考虑由医药制造企业和医疗机构组成协同创新模式。医疗机构凭借强大的临床研究能力和优质的医疗资源给予医药制造企业支持，医药制造企业凭借协同创新支持降低k比例的研发成本，并给医疗机构集采低价折扣τ作为回报。另外，政府为了激励医药制造企业增加研发投入会给予其一定的研发补贴，补贴率为t。因此，笔者在此设计了"政府补贴+协同创新+集采低价"组合契约机制对医药供应链进行协调。组合契约协调模型中医药供应链成员的决策为：

$$\begin{cases} \max_{w} S_m^R = [w(1-\tau) - c_0 ev][1 - (1-\alpha)p/e] - (1-t-k)\eta e^2/2 + \beta\omega_{cs} \\ \max_{b} S_r^R = b[1 - (1-\alpha)p/e] + (1-\beta)\omega_{cs} - k\eta e^2/2 \\ s.t.\ p = w + b \end{cases} \quad (4-5)$$

其中，$p = w(1-\tau) + b$，$Z_m^R = (w - c_0 ev)D - (1-t-k)\eta e^2/2$，$Z_r^R = bD - k\eta e^2/2$。医药供应链系统的利润$Z_s^R = Z_m^R + Z_r^R$，社会福利$Z_g^R = Z_m^R + Z_r^R + cs - t\eta e^2/2$。

设定$\varphi = (4-\omega)(1-\tau) - (1+\tau)\beta\omega$，$\sigma = 1 - \tau - (1-\alpha)c_0 v$，$\xi = 2(1-$

$\tau) - \beta\omega$，$\delta_1 = (1-\alpha)^2(1-\tau)(1-k-t)$，$\delta_2 = (1-\alpha)^2(1-\tau)(1-k-t)^2$。

定理5：组合契约协调策略下的均衡结果为：

研发创新能力为：
$$e^{R*} = \sigma^2\xi/[2\eta(1-\alpha)(1-k-t)\varphi^2]$$

医疗机构的边际利润为：
$$b^{R*} = \sigma^3\xi[(2-\omega)(1-\tau) - \beta\omega\tau]/(2\eta\delta_1\varphi^3)$$

批发价格和零售价格分别为：
$$w^{R*} = \sigma^2\xi[(1-\alpha)(1-\tau)(3-\beta)c_0v - \beta\omega(1-\tau) + (1-\tau)^2 - (1-\alpha)\beta\omega c_0v\tau]/(2\eta\delta_1\varphi^3)$$
$$p^{R*} = \sigma^2\xi[(\omega-3)(1-\tau) - (1-\alpha)c_0v + \beta\omega(1+\tau)]/[2\eta(1-\alpha)^2(1-k-t)\varphi^3]$$

市场需求和消费者剩余分别为：
$$D^{R*} = [1-\tau - (1-\alpha)c_0v]/\varphi$$
$$cs^{R*} = \sigma^4\xi/[4\eta(1-\alpha)^2(1-k-t)\varphi^4]$$

医药制造企业和医疗机构的利润分别为：
$$Z_m^{R*} = \sigma^4[3\omega^2\beta^2 - 8(1-\tau)\beta\omega + 4(\tau-1)^2]/[8\eta(1-\alpha)^2(1-k-t)\varphi^4]$$
$$Z_r^{R*} = \sigma^4\xi[4k\omega + (8-4\omega)(1-t)](1-\tau) - 2k(\tau+5-6\tau^2) + \beta\omega k(1+3\tau) - 4\beta\omega\tau(1-t)/(8\eta\delta_2\varphi^4)$$

医药供应链整体和社会福利分别为：
$$Z_s^{R*} = \sigma^4\xi[12k + \omega(4-4t-4k)(1-\tau) + 10t + 12\tau + \beta\omega(3+\tau)(1-t) - 4\tau(4k+3t) + 4k\tau^2(2k-1+t) - 4\beta\omega k - 10)]/(8\eta\delta_2\varphi^4)$$
$$Z_g^{R*} = \sigma^4\xi\{[14 - 4\omega(1-\tau+\beta) - 18\tau + 4\tau^2](k+t) + 4\omega(1-\tau) + \beta\omega(3+\tau) + 14\tau - 2\tau^2 - 12\}/(8\eta\delta_2\varphi^4)$$

证明：与定理3和定理4证明步骤相同。

定理5表明，在组合契约协调决策下，最优的研发创新能力不仅与研发创新的成本、医保支付率、社会责任程度、供应链成员承担的社会责任有密切关系，而且与政府补贴率和协同效率有着重要的关系。存在唯一均衡策略，可使医药制造企业的研发创新能力达到最优状态，并使医药供应链成员及系统效率最高，社会福利最大。

推论3：

组合契约协调的条件：
$$\begin{cases} k < 1 - t - \dfrac{\sigma^4[2(1-\tau) - \beta\omega](2-\omega)}{[1-(1-\alpha)c_0v]^2\varphi^4} \\ k > 1 - t - \dfrac{\sigma^2[2(1-\tau) - \beta\omega][(3-\omega)(1-\tau) + (1-\alpha)c_0v - \beta\omega(1+\tau)](2-\omega)^2}{[1-\omega-(1-\alpha)c_0v][1-(1-\alpha)c_0v]^2\varphi^3} \end{cases}$$

证明：满足价格和供应链系统利润的条件 $p^{R*} = p^{C*} \geq p^{N*}$ 和 $z_s^{R*} = z_s^{C*} \geq z_s^{N*}$，其中 k 取决于医疗机构的协同创新能力，τ 取决于两者的谈判能力，t 有赖于政府部门对医药研发创新的政策支持。k 满足阈值范围时，可使组合契约协调下的供应链成员利润高于非合作决策，从而激活医药制造企业研发创新的积极性。

推论 4：不同决策下的医药供应链最优定价和绩效对比结果：

A. $e^{R*} = e^{C*} \geq e^{N*}$，$p^{R*} = p^{C*} \geq p^{N*}$，$b^{R*} \geq b^{N*}$，$w_m^{R*} \geq w_m^{N*}$，$D^{R*} \geq D^{N*}$，$cs^{R*} \geq cs^{N*}$

B. $z_s^{R*} = z_s^{C*} \geq z_s^{N*}$，$z_g^{R*} \geq z_g^{N*}$，$z_r^{R*} \geq z_r^{N*}$，$z_m^{R*} \geq z_m^{N*}$

证明：由于 $\Delta e = e^{R*} - e^{N*} > 0$，$\Delta p = p^{R*} - p^{N*} > 0$，$\Delta b = b^{R*} - b^{N*} > 0$，$\Delta w = w^{R*} - w^{N*} > 0$，$\Delta D = D^{R*} - D^{N*} > 0$，$\Delta cs = cs^{R*} - cs^{N*} > 0$；$\Delta Z^s = Z_s^{C*} - Z_s^{N*} = Z_s^{R*} - Z_s^{N*} > 0$，$\Delta Z^m = Z_m^{R*} - Z_m^{N*} > 0$，$\Delta Z^r = Z_r^{R*} - Z_r^{N*} > 0$，$\Delta Z^g = Z_g^{R*} - Z_g^{N*} > 0$，可知推论 4 成立。

推论 3 和推论 4 表明在满足协调条件时，组合契约下的研发创新能力高于非合作决策。由于组合契约中的医疗机构和政府部门分担了医药制造企业创新成本的压力，使得医药制造企业更加有动力整合资源，加大研发创新的力度，从而增加了消费者对药品的需求，提高了医药制造企业的收益。组合契约下的批发和零售价格以及医疗机构的边际利润高于非合作决策，医药制造企业给予医疗机构一定低价优惠的做法增加了医疗机构的利润空间，使医疗机构的利润高于非合作决策。此外，与非合作决策相比，组合契约增加了消费者剩余，扩大了医药供应链成员的利润空间，同样也增加了供应链系统的利润。因此，组合契约能够激励医药制造企业提高研发创新能力，可以优化和协调医药供应链，为医药供应链成员带来更多的利润，并提高消费者剩余，增加社会福利。

4.4 算例分析

此处结合某医药制造企业处方药实例进行算例分析。该企业集医药制造、零售、批发于一体，研发投入总额占营业收入比例约为 0.17%，制造成本占总成本的比例约为 10.00%，研发成本占比约为 30.00%。考虑到医药产品研发周期较长、研发成本高等特性，设定参数 $c_0 = 0.1$，$\eta = 0.1$，$v = 0.03$，以分析三种决策模型中均衡结果随医药供应链整体社会责任的变化。在非合作决策下，按照医药制造企业所承担社会责任比例的不同设定三种状态：当 $\beta = 0$

时，为社会责任完全缺失状态（用Ⅰ表示）；当 $\beta = 0.5$ 时，为社会责任公平状态（用Ⅱ表示）；当 $\beta = 0.8$ 时，为社会责任较高状态（用Ⅲ表示）。药品的批发和零售价格、医药供应链系统及其成员利润、社会福利随 ω 的变化情况如图4-2、图4-3和图4-4所示。

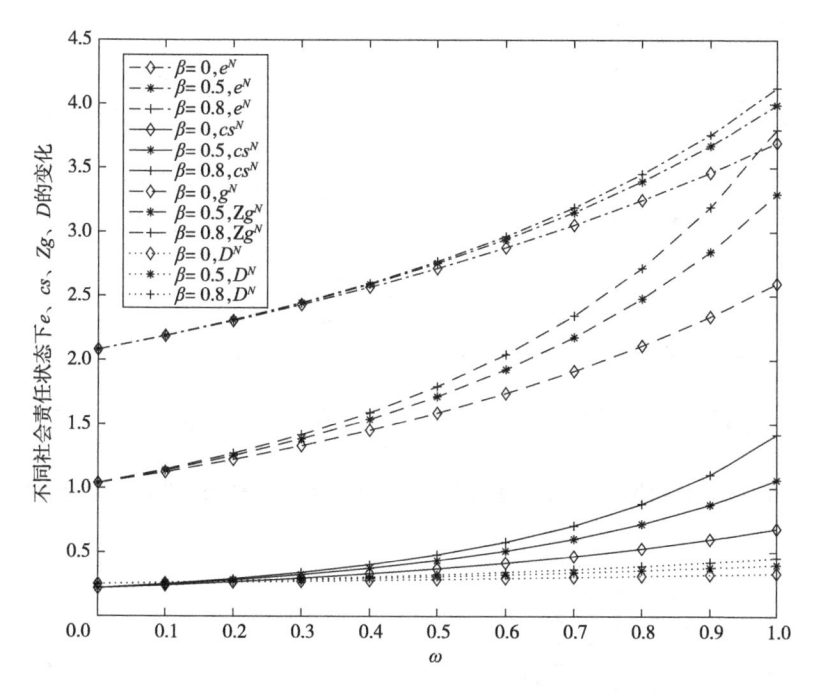

图4-2　不同参数随社会责任的变化而变化的情况

通过在图4-2、图4-3和图4-4中比较Ⅰ、Ⅱ、Ⅲ三种状态可知，在状态Ⅰ下，研发创新水平最低，与之相应消费者剩余最低，市场销售量也最少。由于此时医药供应链整体社会责任由医疗机构承担，造成医疗机构的边际利润和净利润较低，此种状态下药品批发价格和零售价格最高。虽然医药制造企业的利润处于较高水平，但是医药制造企业所增加的利润不足以抵消医疗机构因承担社会责任而被压缩的收益，造成医药供应链系统的利润和社会福利较低。在状态Ⅱ下，研发创新水平高于状态Ⅰ，但低于状态Ⅲ。药品的批发价格、零售价格及医药供应链及其成员的绩效也介于社会责任完全缺失和社会责任较高的状态之间。在状态Ⅲ下研发创新水平最高，药品的批发价格和零售价格最低，消费者对低价、高效药品的偏好程度较高，引起市场销售量较大，此种状态下消费者所获得的剩余价值也是最高的。尽管医药制造企业

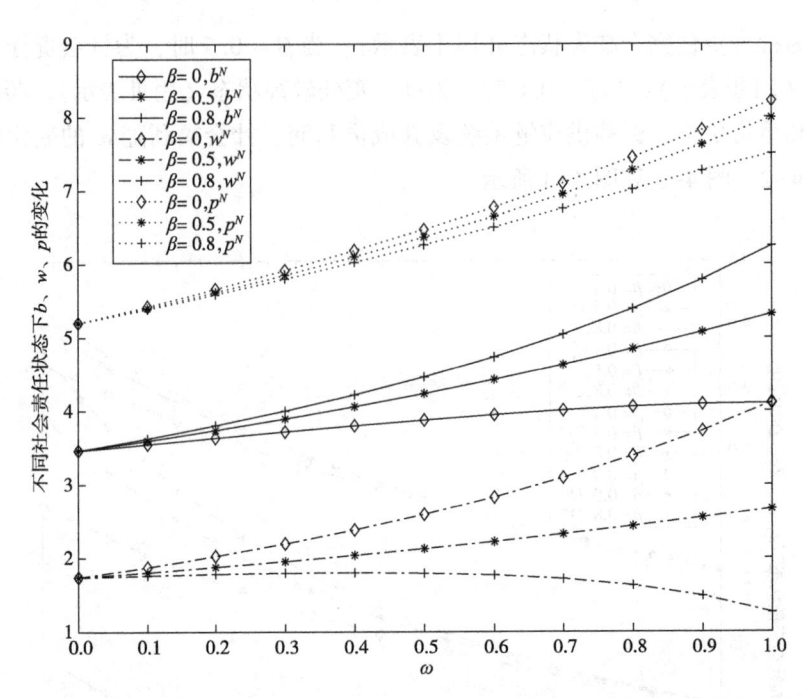

图 4-3　医疗机构边际利润、批发和零售价格随社会责任的变化而变化的情况

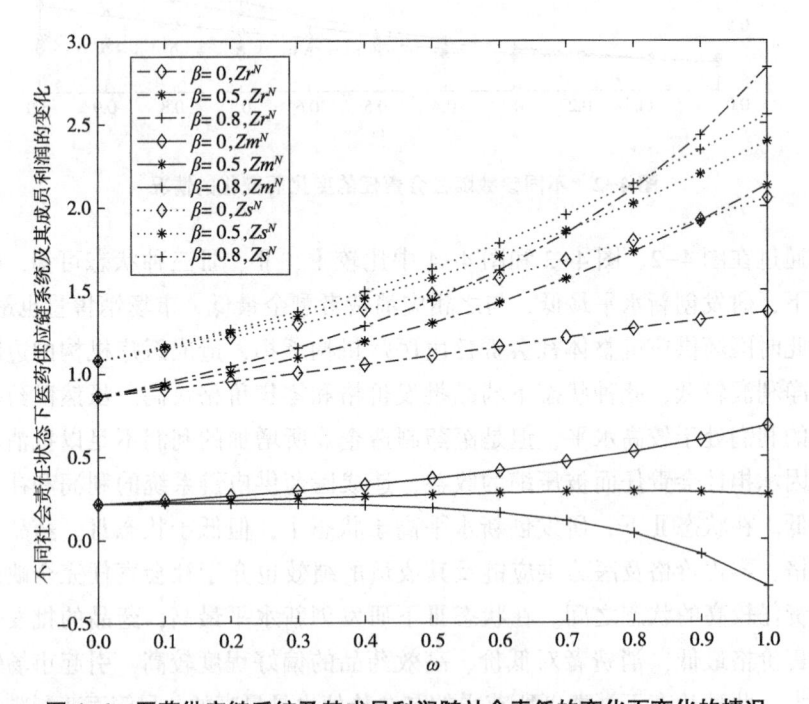

图 4-4　医药供应链系统及其成员利润随社会责任的变化而变化的情况

的社会责任程度较高影响了其利润,但医疗机构增加的利润超过了医药制造企业降低的收益,造成医药供应链整体利润及社会福利较高。因此,加强医药制造企业的社会责任能够激发研发创新主动性,提升企业的形象和口碑,为消费者带来更多的剩余价值,消费者也愿意为研发创新能力强的产品买单,以此获得更高的安全感和满意度。同时,强化医药制造企业社会责任有效地控制了药品的批发价格和零售价格,增加了医疗机构的边际利润,提高了医疗机构和医药供应链系统的利润,增加了社会福利,但是这会削弱医药制造企业本身的盈利能力。例如,2019 年云南白药集团携手白求恩公益基金会成立康复联盟,助力深入公司专业化科研学术与创新,同时通过对口帮扶形式提高诊疗服务的水平和效率,让患者切实受益。此举提高了客户对企业品牌的关注度和信任度,增加了消费者市场需求和患者剩余价值,进而提高了供应链的整体效率及社会福利。

在 Ⅰ 和 Ⅱ 状态下提高医药供应链整体社会责任程度有利于提高药品的研发创新能力,提高药品的零售和批发价格,增加药品的市场份额,提高医疗机构的边际利润,增加消费者剩余价值,使医药供应链系统及其成员的利润和社会福利均得到增加。在 Ⅲ 状态下,随着 ω 的增强研发创新能力也得到明显的提高,由于消费者对药品疗效的偏好,药品的销售量得到一定提升,同时药品零售价格、医疗机构的边际利润上升,消费者剩余增加,但是药品批发价格和医药制造企业的利润则先上升后降低。由于医疗机构增加的利润高于医药制造企业降低的利润,医药供应链系统利润得到增加,社会福利也会增加。存在阈值 $(\beta, \omega, w) = (0.8, 0.5, 1.8015)$ 时,药品批发价格会随 ω 先提高后降低;存在阈值 $(\beta, \omega, Z_m) = (0.8, 0.3, 0.2205)$ 时,医药制造企业的利润会随 ω 先增加后减少。在阈值范围内强化社会责任不仅会提升医药制造企业的自身盈利能力,而且会增加消费者剩余和社会福利。因此,强化供应链整体社会责任有利于消费者获得更安全、更有保障的产品,增加消费者剩余价值,激励医药制造企业付出更多的创新努力来提高药品的质量和疗效,使消费者获得安全放心的产品,消费者也更倾向于社会责任感强的企业。例如,上海医药集团股份有限公司(以下简称"上海医药")投入资源致力于共筑责任价值链,带动供应链上下游成员共同履行社会责任,通过联合医疗机构发起"患者援助联盟",助力患者诊疗与创新服务,推动医药行业健康发展,在患者中形成口碑,提升企业的美誉度和知名度,提高患者对药品的可及性和依从性,提高生命质量,造福社会。

比较分析合作、非合作及组合契约协调三种决策模型中最优研发创新能力、批发价格、零售价格及消费者剩余等参数关于供应链整体社会责任程度 ω 的灵敏度情况，如图4-5、图4-6所示；组合契约下协同创新分担成本率 k 随 t、τ 的变化情况如图4-7所示。

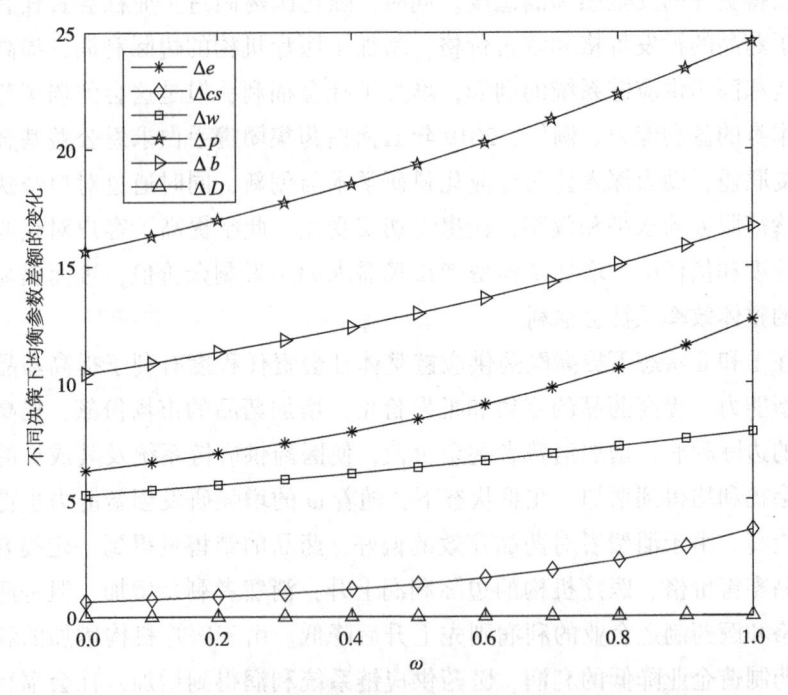

图4-5 不同决策下研发创新、价格、消费者剩余的差额随社会责任的变化而变化的情况

由图4-5和图4-6可知，研发创新能力的差额为正，并且随着医药供应链整体社会责任的增加差额变大。这说明组合契约协调下研发创新能力高于非合作决策下的研发创新能力，协同创新和政府研发补贴缓解了企业研发的资金压力，激活了其研发创新的能动性。除此之外，消费者剩余、医疗机构的边际利润、药品批发和零售价格的差额均会随着 ω 的增加而增加。医药供应链系统、医药制造企业和医疗机构利润差额均为正，表明组合契约可以促使医药供应链系统及其成员实现优化。随着 ω 的增加，过度投入社会责任会使医药制造企业和医疗机构的收益受到损失，医药制造企业和医疗机构的收益差额先增加后降低，由此医药供应链系统利润和社会福利差额也是先增加后降低。因此，政府补贴下的协同创新和集采低价可以促进医药供应链系统

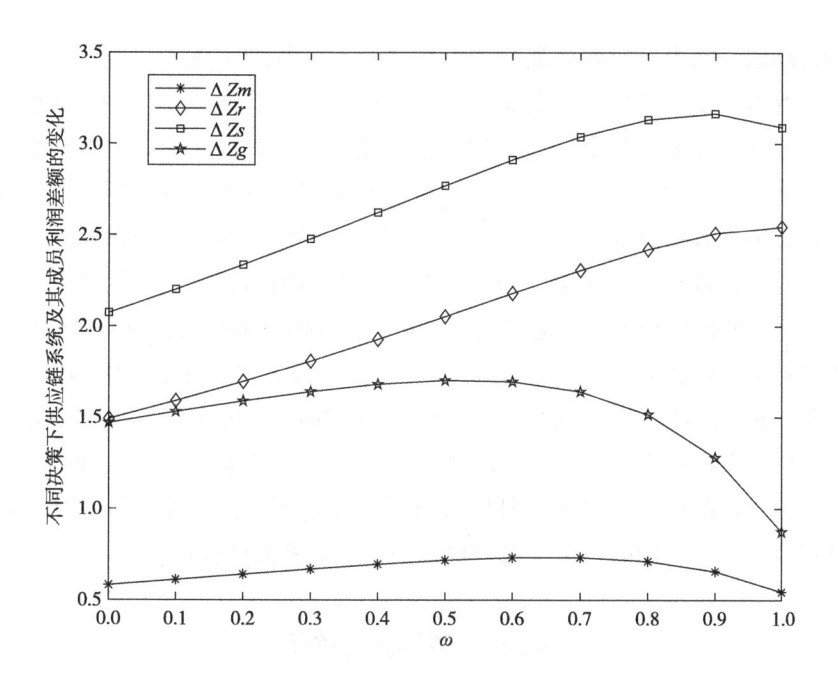

图 4-6　不同决策下供应链及其成员利润、社会福利的差额随
社会责任的变化而变化的情况

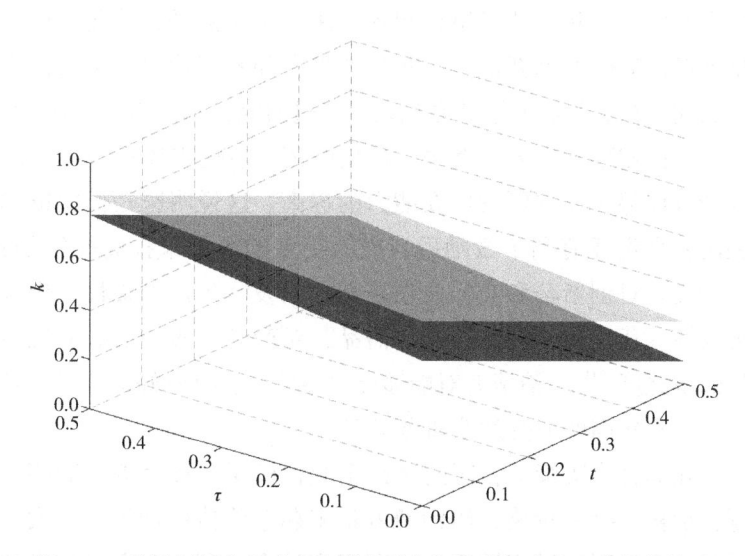

图 4-7　协同创新分担成本率随补贴和折扣率的变化而变化的情况

及其成员的价值增值，并可以增加社会福利，即组合契约能够优化和协调医药供应链。例如，鲁南集团在创新补贴政策支持下为了提高药品的可及性，

持续提高创新能力，先后与湘潭中心医院和河南肿瘤医院搭建医企协同创新联盟，致力于临床研发，医药企业依托医院强大的临床研发能力，医院借助医药企业在科技创新和市场开拓的优势，双方通过深度合作充分利用彼此的优势资源深入研发，加快创新产品的落地和应用，携手推进创新专利和成果的转化，为患者提供更高质量的产品及更好的临床服务，从而获得更高的社会效益和经济效益。由图 4-7 可知，在组合契约的协调下，协同创新分担比例 k 与集采低价折扣率 τ 呈正相关，协同创新分担成本越高，越有机会享受低价优势；协同创新分担比例 k 与折扣率 t 呈负相关，政府补贴与成本分担率呈负相关，最优的折扣率 k 的变化范围为 ［0.097 2、0.868 0］~［0.090 2、0.787 9］。当政府补贴过高时，医药制造企业主要依靠政府研发补贴来降低研发成本过高的风险；当政府补贴过低时，医药制造企业主要依靠协同创新来分担成本压力，同时也给予医疗机构一定的集采低价折扣。

4.5　本章小结

本章结合我国医药企业的特点，刻画了社会责任对研发创新及医药供应链均衡结果的影响，并设计了组合契约对医药供应链进行优化，比较了三种决策模型下最优的研发创新能力、药品的批发和零售价格、医药供应链系统及其成员利润、社会福利和消费者剩余。通过研究，总结出以下几点结论。

第一，无论在哪种决策模型中，强化医药供应链整体社会责任及医药制造企业社会责任都会促进研发创新能力的提高。这说明医药供应链和医药制造企业关注社会责任有利于激励后者投入更多的资源来提高研发创新能力，从而有效激发其对创新药和高质量仿制药的研发、生产积极性，更好地实现药品的可及性。药品属于特殊性的必需品，对产品高质量的必要性需求会削弱对价格的敏感度[211]，消费者对能够提供高质量、疗效好的药品且社会责任感强的企业具有较高的消费黏性和忠诚度。

第二，在非合作决策下，医药制造企业积极履行社会责任能够有效地控制药品零售价格和批发价格，给消费者带来剩余价值的增值，扩大医疗机构的利润空间，增加医药供应链系统的利润和社会福利，但会对自身的收益产生一定的影响。医药制造企业不仅要关注经济效益，而且要注重社会效益的培养，要加大对社会责任治理的投入，充分利用技术资源和社会资源保持企业持续、健康地发展。同时，应借助政府在供给侧和需求侧提供的政策优势，积极、踏实地践行社会责任，不断致力于创新以提供高品质的药品，提升企业的声誉、口碑和形象。例如，广州医药、上海医药等企业，切实履行社会责任，助推医药行业的可持续发展，缓解由于医疗费用支付和医保基金而带来的压力。

第三，无论是合作决策还是非合作决策，医药供应链整体社会责任的增强均有利于扩大药品的销量，提高消费者剩余价值，增加社会福利，但药品零售价格和医药供应链系统及其成员的利润在不同的决策模型中则呈现出不同的结果。合作决策下，关注供应链整体社会责任有利于控制药品的价格，但削弱了医药供应链系统利润；在非合作决策下，关注供应链整体社会责任会扩大医疗机构的利润空间，增加医药供应链系统利润，但不能为医药制造商带来利润，且不利于控制药品零售的价格。医药制造企业根据自身承担社会责任程度的不同，其批发价格和利润随着整体社会责任能力的履行而先提高后降低。因此，医药制造企业要同时关注自身和供应链整体的社会责任协同，从而实现整个医药供应链的可持续发展。

第四，在组合契约协调决策下，满足约束条件时医药供应链系统及其成员的利润高于非合作模型中的利润。这说明组合契约对医药制造企业和医疗机构而言都是有利的，组合契约对医药制造企业起到了一定的激励作用，有利于其提高研发创新努力程度，增加消费者剩余和社会福利。因此，医药制造企业要积极借助产研医协同创新，持续提高药品的质量和安全性，保障药品的可及性。同时，应将社会责任纳入企业竞争力，提升自身社会责任的履行意识和管理水平。此外，政府从供给侧和需求侧给予适当补贴的做法均是利好行为，使得医疗机构能够集中资源提高医疗技术和服务水平，增强自身履行社会责任的能力，提高药品的可及性。

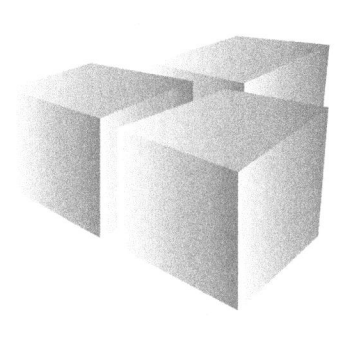

第 5 章
技术创新和物流配送扰动下的医药供应链决策

第5章　技术创新和物流配送扰动下的医药供应链决策

本章从价值创造和价值传递的角度出发，将医药制造企业提供技术创新能力和医药流通企业提供物流配送能力作为医药供应链决策的扰动因素。为了确保药品的高效、及时、持续供应，笔者在本章中研究了由一个医药生产企业、一个医药流通企业和一个药店/医院组成的三级供应链的医药定价与协调问题。考虑到市场需求受医药制造企业技术创新和医药流通企业物流配送的影响，笔者以合作决策的市场价格和最优利润为基准，采用"收益共享+数量折扣"组合契约作为激励机制，建立了分散决策下的供应链组合契约协调模型。通过分析医药制造企业技术创新能力和医药流通企业物流配送能力两个内生变量对医药需求、医药供应链及其成员的影响，比较合作决策、分散决策和契约协调决策三种模型，并得出协调机制下相关参数的阈值；以医药供应链作为研究对象，运用操作性强而又简单的"收益共享+数量折扣"组合契约激励机制来协调医药供应链。

5.1　问题分析

两票制政策推动了医药供应链结构的不断调整和重组，压缩了医药流通企业的流通环节，改变了医药生产企业的商业环境，使原有的医药供应链管理模式发生了深刻变化。在两票制政策的影响下，医药流通企业将向业务集中化、企业规模化、物流专业化、管理现代化、服务多元化的方向转变，医药制造企业也面临着"强者愈强、弱者消亡"的激烈竞争。两票制政策打破了医药供应链的利益分配格局，为了防止由于供应链重组的不稳定而造成供应链脱节现象发生，探究合理的医药供应链协调策略，给予医药制造企业和医药流通企业以适当的激励，对于提高供应链管理效率，提高供应链敏捷性与和谐度，提高药店/医院销量，拓宽成员企业的利润空间都有重要意义。两票制政策的实施使医药供应链管理模式发生了重大变化，也使供应链成员的决策更加复杂。因此，如何设计有效的医药供应链协调策略，已经成为医药供应链管理中亟待解决的问题。

参考供应链协调与优化的文献，本章将"收益共享+数量折扣"这种组合契约应用于医药供应链的协调与优化研究中，运用 Stackelberg 博弈及逆向推导方法，在考虑了技术能力和物流配送能力作为内生变量对医药需求的影响后，探究"收益共享+数量折扣"这种组合契约对于提高医药制造企业技术创新的努力程度、医药流通企业提供物流水平的努力程度和增加供应链各成员利润的作用。与目前的文献相比，笔者在本章中的研究有三个创新点：一是探究了医药制造企业的技术创新能力和医药流通企业的物流配送能力这两个内生变量对医药需求及医药供应链成员的影响；二是比较了合作决策、分散决策和契约协调决策三种模型并得出协调机制下相关参数的阈值；三是以医药供应链作为研究对象，运用操作性强而又简单的"收益共享+数量折扣"组合契约激励机制来协调医药供应链，从而为改革中的医药供应链成员企业提供良好的参考价值。

5.2 模型描述与假设

5.2.1 医药供应链新模式

医药供应链具有特殊性，这由医药产品的质量、配送标准等要求较高且关系到人民生命健康的特殊性质决定。医药供应链具有冗杂性，医药类别不同造成流通条件不同，加之多级流通，导致行业集中度较低。医药供应链具有低效性，参与主体多导致流通费用高，销售利润低。与其他供应链不同，医药供应链还具有垄断性，医院作为终端市场的垄断者，往往造成参与主体之间的相互沟通和协调困难。国家发布的两票制政策改变了医药供应链的管理模式，使之从冗长低效的链条式升级为简短高效的两票制，加快了信息流通的速度，提高了整个供应链的响应效率，为增强医药供应链竞争力提供了有力的政策支持。两票制政策实行前，从医药生产企业到药店/医院需要经过多级流通环节，这种供应链管理体系冗余、低效、不透明。两票制政策实行之后，从医药生产企业到药店/医院形成了高效、低成本、可追溯的医药供应链新模式，医药流通效率得到大大提高。医药供应链新模式适应了两票制改革下重组的医药供应链，通过协调机制使医药供应链中各主体在激烈的市场竞争中获得难得的发展机遇。两票制政策实施前后医药流通模式变化如图5-1所示。

由图5-1可知，两票制政策实施前，医药流通模式为多层代理模式，存在不规范的过票公司层层加价等"搭便车"现象，药品流通也比较慢，这种模式导致医药价格攀高。两票制政策实施后，医药流通模式由原来低价低开的多级代理模式转型为低价高开的佣金代理模式或者合同销售组织（contract sales organization，CSO）模式，医药供应链向精简、高效、透明的新模式发

第5章 技术创新和物流配送扰动下的医药供应链决策

```
两票制政策实施前的医药流通模式
医药生产企业 ⇄ 过票公司1 ⇄ 过票公司n ⇄ 医药流通企业 ⇄ 药店/医院
                                                          ⇅
                                                         患者

两票制政策实施后的医药流通模式
医药生产企业 —Pm、Cm→ 医药流通企业 —Pd、Cd→ 药店/医院 —Pr、Cr→ 患者
            ←Pm1、ε                ←Pd1、μ            ←Q

药品流：——  信息流：- - -
```

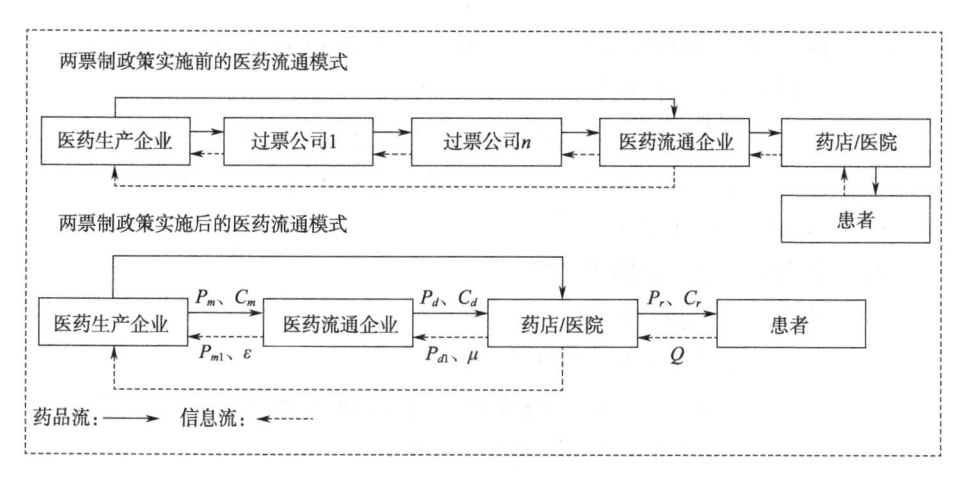

图 5-1　两票制政策实施前后的医药流通模式

展。但是这种模式下的医药制造企业承担了较高的财务风险，医药流通企业面临动态行业整合的风险，药店/医院则面临回款问题。为了缓和医药供应链成员的压力，笔者于本章开展了医药供应链协调研究。本章的研究对象为两票制政策下的三级医药供应链，在考虑技术能力和物流配送能力的努力程度影响医药需求的情况下，利用博弈论、契约理论等方法研究三级供应链成员间的激励和协调问题。制定"收益共享+数量折扣"组合契约的协调机制来增加供应链参与成员的利润，消除双重边际效应，最终实现帕累托最优。

5.2.2　模型描述

假设医药市场上由一个医药生产企业（M）、一个医药流通企业（D）、一个药店/医院（R）组成了完整的三级供应链利润体系，其最终目的都是追求自身利润最大化，药店/医院对药品订购量受技术创新能力和物流配送能力的影响，同时忽略其他因素影响。基于此，设置以下参数和定义。

P_r：药店/医院根据市场需求和批发价制定的单位销售价格；

C_r：药店/医院的单位销售成本；

Q：患者对药品的市场需求量；

P_d：医药流通企业制定的单位批发价格（无数量折扣情况下）；

P_{d1}：医药流通企业制定的单位批发价格（有数量折扣情况下）；

C_d：医药流通企业的单位管理和配送成本；

P_m：医药制造企业制定的单位出厂价格（无数量折扣情况下）；

P_{m1}：医药制造企业制定的单位出厂价格（有数量折扣情况下）；

C_m：医药制造企业的单位生产成本；

μ：医药流通企业和药店/医院的收益共享分配比例，$\mu \in (0, 1)$；

ε：医药制造企业和流通企业的收益共享分配比例，$\varepsilon \in (0, 1)$；

Z_m：医药制造企业的期望利润；

Z_d：医药流通企业的期望利润；

Z_r：药店/医院的期望利润；

Z_x：医药供应链系统的整体期望利润。

参考一些学者在研究中采用线性需求函数来描述市场对药品的需求[211-212]，笔者设定患者对药品的需求量 Q 为：

$$Q = a - bP_r + \lambda_1 e_1 + \lambda_2 e_2 \tag{5-1}$$

其中，a、b、λ_1、$\lambda_2 > 0$，且为常数；e_1、$e_2 > 0$。a 为患者对药品的市场需求量，b 为需求对零售价格的弹性指数；λ_1 表示需求量对提高技术创新能力努力程度的敏感度，e_1 表示医药制造企业提供技术创新能力的努力程度；λ_2 表示需求量对物流服务能力努力程度的敏感度，e_2 表示医药流通企业提供物流配送能力的努力程度。

5.2.3 模型假设

假设1：市场上存在由一个医药制造企业（M），一个医药流通企业（D），一个药店/医院（R）组成的三级供应链系统，在此不考虑药品缺货情况，同时假定医药供应链成员决策行为理性且风险中性。

假设2：技术创新能力的努力程度影响药品效用及医药制造企业的生产成本，在一定程度上也影响市场的需求量，在产能范围内提高技术创新能力有助于扩大需求量。医药制造企业技术创新能力越大，效用越明显，需求量越高。反之，药品技术创新能力越弱，需求量越小。药品的研发能力越强，消耗的研发技术成本越高，这也符合医药市场的实际情况。在 $h_1 = \theta_1 (e_1 - m)^2 / 2$ 中，h_1 表示技术创新成本，e_1 表示技术创新能力的努力程度，m 表示为保证药品质量而对研发能力的最低要求，θ_1 表示基本的技术创新能力价格，技术研发成本随着创新能力的变化而变化，同时 $\theta_1 > 0$，$m > 0$，且为常数。

假设3：物流配送能力的努力程度影响药品市场的需求量，并且物流配送能力有助于促进医药需求量的增加。一般情况下，医药流通企业所能提供的物流配送能力越强，市场的需求越高，药店/医院的订购量也随之升高。反之，物流配送能力越弱，市场的需求越低。此外，医药流通企业提供的物流配送能力越强，其消耗的物流成本越大。在 $h_2 = \theta_2 e_2^2 /2$ 中，h_2 表示物流配送成本，θ_2 表示基本的物流配送服务能力价格，e_2 表示物流配送能力的努力程度，物流配送成本随着配送能力的提高而增加，同时 $\theta_2 > 0$ 且为常数。在一般市场规律下，药品的销售价格与市场需求呈反比例关系。假设药品市场处于完全竞争的状态，药品定价在政府宏观调控政策下完成；同时，参数满足 $P_m > P_{m1} > C_m$，$P_d > P_m + C_d$，$P_r > P_d + C_r$。

5.3 模型构建与分析

5.3.1 合作决策模型

在合作决策模型中，医药制造企业、医药流通企业和药店/医院形成了一个医药供应链系统，同时医药供应链成员努力使医药供应链系统利润最大化，此时医药供应链系统的利润函数可表示为：

$$Z_x = (P_r - C_m - C_d - C_r)(a - bP_r + \lambda_1 e_1 + \lambda_2 e_2) - \frac{1}{2}\theta_1(e_1 - m)^2 - \frac{1}{2}\theta_2 e_2^2 \tag{5-2}$$

公式（5-2）对 e_1 的二阶偏导小于零，即 $\partial^2 Z_x / \partial e_1^2 = -\theta_1 < 0$，说明 $Z_m = (P_m - C_m)Q - \theta_1(e_1 - m)^2/2Z_x$ 关于决策变量 e_1 是凹函数。令 $\partial Z_x/\partial e_1 = (P_r - C_m - C_d - C_r)\lambda_1 - \theta_1(e_1 - m)^2/2 = 0$，使医药制造企业努力提升技术创新能力的程度达到最优：

$$e_1^* = \frac{(P_r - C_m - C_d - C_r)\lambda_1}{\theta_1} + m \tag{5-3}$$

公式（5-2）对 e_2 的二阶偏导小于零，即 $\partial^2 Z_x / \partial e_2^2 = -\theta_2 < 0$，说明 Z_x 关于决策变量 e_2 是凹函数。令 $\partial Z_x/\partial e_2 = (P_r - C_m - C_d - C_r)\lambda_2 - \theta_2 e_2 = 0$，使医药流通企业努力提高物流配送能力的程度达到最优：

$$e_2^* = \frac{(P_r - C_m - C_d - C_r)\lambda_2}{\theta_2} \tag{5-4}$$

公式（5-2）对 P_r 的二阶偏导小于零，即 $\partial^2 Z_x / \partial P_r^2 = -2b < 0$，说明 Z_x 关于决策变量 P_r 是凹函数。当 $\partial Z_x/\partial P_r = a + \lambda_1 e_1 + \lambda_2 e_2 + (C_m + C_d + C_r)b - 2bP_r = 0$ 时，药店/医院销售价格达到最优：

$$P_r^* = \frac{a + \lambda_1 e_1 + \lambda_2 e_2}{2b} + \frac{C_m + C_d + C_r}{2} \quad (5\text{-}5)$$

将式（5-5）代入式（5-1），可以求出最优订购量：

$$Q^* = \frac{a + \lambda_1 e_1 + \lambda_2 e_2 - b(C_m + C_d + C_r)}{2} \quad (5\text{-}6)$$

因此，将式（5-5）、式（5-6）代入式（5-2）中，可以得到合作决策下的供应链系统最大化利润为：

$$Z_x^* = \frac{[a + \lambda_1 e_1 + \lambda_2 e_2 - b(C_m + C_d + C_r)]^2}{4b} - \frac{1}{2}\theta_1(e_1 - m)^2 - \frac{1}{2}\theta_2 e_2^2 \quad (5\text{-}7)$$

5.3.2 分散决策模型

在分散决策下，由于医药供应链成员都努力追求自身利润的最大化，造成双重边际效应的存在。假定医药制造企业拥有供应链的优先定价权，医药流通企业根据自身服务成本和由医药制造企业制定的出厂价来制定药品批发价，药店/医院则根据由市场需求和技术创新能力带来的效用成本和由物流配送能力带来的管理成本、时间成本等制定销售价格。采取逆向推导法计算：

药店/医院的期望利润为：

$$Z_r = (P_r - P_d - C_r)Q \quad (5\text{-}8)$$

医药流通企业的期望利润为：

$$Z_d = (P_d - P_m - C_d)Q - \frac{1}{2}\theta_2 e_2^2 \quad (5\text{-}9)$$

医药制造企业的期望利润为：

$$Z_m = (P_m - C_m)Q - \frac{1}{2}\theta_1(e_1 - m)^2 \quad (5\text{-}10)$$

分散决策下供应链系统的整体期望利润为：

$$Z_x^{**} = Z_r + Z_d + Z_m \quad (5\text{-}11)$$

依据 Stackelberg 博弈模型，医药制造企业作为医药供应链的领导者，率先确定医药产品的批发价格 P_r，并根据技术创新能力 e_1 确定药品的效用。医药流通企业作为医药供应链的跟随者，根据批发价格、现有物流配送能力及药品的性能需求情况确定提供物流技术能力的努力程度 e_2，并制定价格 P_d。药店/医院根据市场需求、药品的效用及物流配送效率确定订购量。运用逆向推导法，假定 P_m、P_d、e_1、e_2 为给定的值，先确定最优订购量，再确定 P_r，使药店/医院达到自身利润最优。

第5章 技术创新和物流配送扰动下的医药供应链决策

由式（5-1）可知：

$$P_r = \frac{a - Q + \lambda_1 e_1 + \lambda_2 e_2}{b} \tag{5-12}$$

将式（5-12）代入式（5-8）可得：

$$Z_r = \left(\frac{a - Q + \lambda_1 e_1 + \lambda_2 e_2}{b} - P_d - C_r\right)Q \tag{5-13}$$

式（5-13）对 Q 求偏导：$\partial Z_r/\partial Q = [a + \lambda_1 e_1 + \lambda_2 e_2 - b(P_d + C_r)]/b - 2Q/b$，其二阶偏导 $\partial^2 Z_r/\partial Q^2 = -2/b < 0$，说明 Z_r 是决策变量 Q 的凹函数。当 $\partial Z_r/\partial Q = 0$ 时，达到最优订购量：

$$Q^{**} = \frac{a + \lambda_1 e_1 + \lambda_2 e_2 - b(P_d + C_r)}{2} \tag{5-14}$$

将式（5-14）代入式（5-12），此时药店/医院制定的销售价格达到最优：

$$P_r^{**} = \frac{a + \lambda_1 e_1 + \lambda_2 e_2}{2b} + \frac{P_d + C_r}{2} \tag{5-15}$$

命题1：当物流配送能力的努力程度固定时，技术创新能力在一定范围内的增长可以增加医药制造企业的利润，同时增加订购量和提高供应链成员的利润。当 $m \leq e_1 \leq e_1^{**}$ 时，医药制造企业的利润随技术创新能力的增强而增强。当 $e_1 = e_1^{**}$ 时，医药制造企业的利润达到最优状态，当 $e_1 > e_1^{**}$ 时，医药制造企业的利润会随着技术创新能力的增强而逐渐降低，当技术创新消耗的费用超过企业的盈利时，企业会处于亏损状态。

证明：

医药制造企业的利润为：

$$Z_m = (P_m - C_m)\left[\frac{a + \lambda_1 e_1 + \lambda_2 e_2 - b(P_d + C_r)}{2}\right] - \frac{1}{2}\theta_1 (e_1 - m)^2 \tag{5-16}$$

式（5-16）对 e_1 的二阶偏导小于零，即 $\partial^2 Z_m/\partial e_1^2 = -\theta_1 < 0$，说明 Z_m 是决策变量 e_1 的凹函数。令 $\partial Z_m/\partial e_1 = (P_m - C_m)\lambda_1 - \theta_1(e_1 - m) = 0$，此时医药制造企业提供的技术创新能力努力程度达到最优：

$$e_1^{**} = \frac{(P_m - C_m)\lambda_1}{\theta_1} + m \tag{5-17}$$

同时，为了探究技术创新能力的努力程度对医院或药店利润的影响，用式（5-8）对 e_1 求导数可得，$\partial Z_r/\partial e_1 = (P_r - P_d - C_r)\lambda_1 > 0$，$Z_r$ 是关于 e_1 的单调递增函数。这说明，提高技术创新能力的努力程度可以增加医院或药店的利润。又由（5-10）式可知，海塞（Hessian）矩阵是正定矩阵，即

$\partial^2 Z_r / \partial Q \partial e_1 = \lambda_1 > 0$，在此情况下，$Z_r$ 是关于 Q 的单调递增函数。这说明医药制造企业技术创新能力越高，药店的订购量也会随之增加。当 $e_1 = e_1^{**}$ 时医药制造企业达到最优；当 $e_1 > e_1^{**}$ 时，通过提高技术创新能力努力程度增强药品效用所带来的利润小于医药制造企业投入技术创新所增加的成本，使医药制造企业的利润逐渐降低。因此，命题 1 成立。

命题 2：当技术创新能力的努力程度固定时，在一定范围内增强物流配送能力可以增加医药流通企业的利润，同时增加订购量以及供应链成员的利润。当 $0 < e_2 \leq e_2^{**}$ 时，医药流通企业的利润会随物流配送能力的提高而增加；当 $e_2 = e_2^{**}$ 时，医药流通企业利润达到最优状态；当 $e_2 > e_2^{**}$ 时，医药流通企业的利润会随物流配送能力的提高而逐渐减少，当提高物流配送能力而产生的成本超过企业的盈利时，企业会处于亏损状态。

证明：在最优订购量确定的前提下，将式（5-14）代入式（5-9）可得：

$$Z_d = (P_d - P_m - C_d)\left[\frac{a + \lambda_1 e_1 + \lambda_2 e_2 - b(P_d + C_r)}{2}\right] - \frac{1}{2}\theta_2 e_2^2 \quad (5\text{-}18)$$

对式（5-18）求关于 e_2 的二阶偏导，即 $\partial^2 Z_d / \partial e_2^2 = -\theta_2 < 0$，说明 Z_d 是决策变量 e_2 的凹函数。令 $\partial Z_d / \partial e_2 = (P_d - P_m - C_d)\lambda_2 - \theta_2 e_2 = 0$，此时医药流通企业提供的物流服务水平达到最优：

$$e_2^{**} = \frac{(P_d - P_m - C_d)\lambda_2}{\theta_2} \quad (5\text{-}19)$$

同理，式（5-8）对 e_2 的一阶偏导大于零，即 $\partial Z_r / \partial e_2 = (P_r - P_d - C_r)\lambda_2 > 0$，$Z_r$ 是关于 e_2 的单调递增函数。这说明，医药流通企业提高物流配送能力的努力程度可以增加药店/医院的利润。又由式（5-10）可知，关于函数对 e_2 求偏导，即 $\partial Q / \partial e_2 = \lambda_2 > 0$，在此情况下，函数 Q 是 e_2 的单调递增函数，说明医药流通企业物流配送能力越高，药店的订购量也会随之增加。当 $e_2 = e_2^{**}$ 时，医药流通企业达到最优；当 $e_2 > e_2^{**}$ 时，医药流通企业的利润会随物流配送能力的提升而逐渐降低，到达一定的量时会导致亏损。因此，命题 2 成立。

命题 3：从技术创新能力的努力程度对医院或药店利润的影响来说，当 e_2 固定时，对于任意 $m \leq e_1^* < e_1^{**}$，恒有 $Z_r(P_r, m, e_2) \leq Z_r(P_r, e_1^*, e_2) < Z_r(P_r, e_1^{**}, e_2)$。从物流服务能力的努力程度对医院/药店利润的影响来说，当 e_1 固定时，对于任意 $0 < e_2^* < e_2^{**}$，恒有 $Z_r(P_r, e_1, e_2) \leq Z_r(P_r, e_1, e_2^*) < Z_r(P_r, e_1, e_2^{**})$。并且，合作决策模式大于分散决策模式下的决策

变量，即 $e_1^* > e_1^{**}$，$e_2^* > e_2^{**}$，$Q^* > Q^{**}$，$Z_x^* > Z_x^{**}$。

证明：由假设 3 可知，$P_d > P_m + C_d$ 与 $P_r > P_d + C_r$ 联立，$P_r > P_m + C_r + C_d$ 成立，$P_m < P_r - C_r - C_d$ 和 $P_m < P_r - C_r$ 成立，比较式 (5-3) 与式 (5-17) 以及式 (5-4) 与式 (5-19) 可知，$e_1^* > e_1^{**}$，$e_2^* > e_2^{**}$，$P_d > P_m + C_d > C_m + C_d$ 成立；通过式 (5-6) 与式 (5-14) 可以得出 $Q^* > Q^{**}$，又因为 $Z_x(P_r, e_1, e_2)$ 为凹函数，并且在 $Z_x^*(P_r^*, e_1^*, e_2^*)$ 处取得最大值，所以 $Z_x^* > Z_x^{**}$。

由此可知，在分散模式下，技术创新能力的努力程度和物流配送能力的努力程度保持最优水平，并且分散决策下技术创新能力和物流配送能力的努力程度小于合作模式下技术创新能力和物流配送能力的努力程度，分散决策下供应链整体利润也小于合作决策下供应链整体利润。

将 P_r^{**}、Q^{**}、e_1^{**}、e_2^{**} 分别代入式 (5-8)、式 (5-9)、式 (5-10) 可得到医药流通企业、医药制造企业和药店/医院的利润：

$$Z_r^{**} = \left[\frac{a + \lambda_1 e_1 + \lambda_2 e_2}{2b} - \frac{P_d + C_r}{2}\right]\frac{a + \lambda_1 e_1 + \lambda_2 e_2 - b(P_d + C_r)}{2} \quad (5-20)$$

$$Z_d^{**} = (P_d - P_m - C_d)\frac{a + \lambda_1 e_1 + \lambda_2 e_2 - b(P_d + C_r)}{2} - \frac{[(P_d - P_m - C_d)\lambda_2]^2}{2\theta_2} \quad (5-21)$$

$$Z_m^{**} = (P_m - C_m)\frac{a + \lambda_1 e_1 + \lambda_2 e_2 - b(P_d + C_r)}{2} - \frac{[(P_m - C_m)\lambda_1]^2}{2\theta_1} \quad (5-22)$$

由此可知，分散决策下供应链系统的整体期望利润为：

$$Z_x^{**} = Z_x^{**}(P_r^{**}, e_1^{**}, e_2^{**}) \quad (5-23)$$

5.3.3 "收益共享+数量折扣"组合契约协调模型

由上述命题验证可知，在分散决策下存在双重边际效应，为了有效降低两种决策的利润差距，采取"收益共享+数量折扣"组合契约的激励措施来协调医药供应链。因为医药制造企业提高技术创新能力以及医药流通企业提高自身物流配送能力可以增加药店/医院的利润，所以需要采取激励措施来促进医药制造企业和医药流通企业提高能力的自主性。因此，在医药制造企业和医药流通企业之间、医药流通企业和药店/医院之间分别采取收益分担契约，由医院或药店分享 $1 - \mu$ 比例的收益给医药流通企业，由医药流通企业分享 $1 - \varepsilon$ 比例的收益给医药制造企业。同时为了鼓励提高销售量，通过实施数量折扣契约给予一定的优惠。医药流通企业希望作为供应链的桥梁，因此会采取一定的措施来提高话语权,如实施药品集中采购。医药制造企业为了长期合作,会提供一定的数量折扣给医药流通企业,因此在这里引入数量折扣契约。同时,医药流通企业也会给药店/医院一定的折扣。一般来说,订购量越大,折扣越多,价格越低,满足 $P_{m1} = P_m - \delta_1 Q$,$P_{d1} = P_d - \delta_2 Q$,$\delta_1, \delta_2 > 0$。运用"收益共享+数量折扣"组合契约来协调和优化医药供应链,可使医药供应链成员在维持长期稳定合作的同时确保系统利润达到最优。

医院或药店的期望利润为:

$$Z_r = [\mu P_r - P_d + \delta_2(a - bP_r + \lambda_1 e_1 + \lambda_2 e_2) - C_r](a - bP_r + \lambda_1 e_1 + \lambda_2 e_2) \quad (5-24)$$

医药流通企业的期望利润为:

$$Z_d = [(1-\mu)P_r + \varepsilon P_d - \varepsilon \delta_2 Q - P_m + \delta_1 Q - C_d](a - bP_r + \lambda_1 e_1 + \lambda_2 e_2) - \frac{1}{2}\theta_2 e_2^2$$

$$(5-25)$$

医药生产企业的期望利润为:

$$Z_m = [(1-\varepsilon)(P_d - \delta_2 Q) + P_m - \delta_1 Q - C_m](a - bP_r + \lambda_1 e_1 + \lambda_2 e_2) - \frac{1}{2}\theta_1(e_1 - m)^2$$

$$(5-26)$$

同理:

通过式(5-24)对 P_r 求二阶偏导 $\partial^2 Z_r / \partial P_r^2 = (-2\mu b + 2\delta_2 b^2) < 0$ 可知:

当 $\partial Z_r/\partial P_r = (-2\mu b + 2\delta_2 b^2)P_r + (\mu - 2\delta_2 b)(a + \lambda_1 e_1 + \lambda_2 e_2) + b(P_d + C_r) = 0$ 时,药店/医院制定的销售价格达到最优:

$$P_r^{***} = \frac{(\mu - 2b\delta_2)(a + \lambda_1 e_1 + \lambda_2 e_2) + (P_d + C_r)b}{2b(\mu - b\delta_2)} \quad (5-27)$$

式(5-26)对 e_1 求二阶偏导 $\partial^2 Z_m / \partial e_1^2 = -\{2\lambda_1^2[(1-\varepsilon)\delta_2 + \delta_1] + \theta_1\}$ $e_1 < 0$,Z_m 是关于 e_1 的凹函数,当 $\partial Z_m/\partial e_1 = 0$ 时,医药制造企业的技术创新能力达到最优状态。

当 $\partial Z_m/\partial e_1 = [(1-\varepsilon)P_d + P_m - C_m]\lambda_1 - 2\lambda_1[(1-\varepsilon)\delta_2 + \delta_1](a - bP_r + \lambda_2 e_2) + \theta_1 m - \{2\lambda_1^2[(1-\varepsilon)\delta_2 + \delta_1] + \theta_1\}e_1$ 为零时,医药制造企业的技术能力达到最优状态:

$$e_1^{***} = \frac{\lambda_1[(1-\varepsilon)P_d - 2(\delta_2 - \varepsilon\delta_2 + \delta_1)(a - bP_r + \lambda_2 e_2) + P_m - C_m] + \theta_1 m}{\theta_1 + 2\lambda_1^2(\delta_2 - \varepsilon\delta_2 + \delta_1)}$$

$$(5-28)$$

通过式(5-25)对 e_2 求二阶偏导 $\partial^2 Z_d / \partial e_2^2 = -2\lambda_2(\varepsilon\delta_2 - \delta_1)\lambda_2 - \theta_2 < 0$,$Z_d$ 是关于 e_2 的凹函数。

当 $\partial Z_d/\partial e_2 = [(1-\mu)P_r + \varepsilon P_d - P_m - C_d]\lambda_2 - 2\lambda_2(\varepsilon\delta_2 - \delta_1)(a - bP_r + \lambda_1 e_1 + \lambda_2 e_2) - \theta_2 e_2 = 0$ 时,医药流通企业的物流配送能力达到最优状态:

$$e_2^{***} = \frac{\lambda_2[(1-\mu)P_r - \varepsilon P_d - C_d - P_m - 2(\delta_1 - \varepsilon\delta_2)(a - bP_r + \lambda_1 e_1)]}{\theta_2 + 2\lambda_2^2(\varepsilon\delta_2 - \delta_1)} \tag{5-29}$$

将式 (5-27) 代入式 (5-1) 中可求出最优需求量:

$$Q^{***} = \frac{(a + \lambda_1 e_1 + \lambda_2 e_2)(1 - \mu b + 2b^2\delta_2) - b^2(P_d + C_r)}{2b(\mu - \delta_2)} \tag{5-30}$$

将 P_r^{***}、Q^{***}、e_1^{***}、e_2^{***} 分别代入式 (5-24)、式 (5-25)、式 (5-26) 可得到医药流通企业、医药制造企业和药店/医院的利润如下:

$$Z_r^{***} = \left[\mu P_r - P_d - C_r + \delta_2 \frac{(a + \lambda_1 e_1 + \lambda_2 e_2)(1 - \mu b + 2b^2\delta_2) - b^2(P_d + C_r)}{2b(\mu - \delta_2)}\right] \times$$
$$\frac{(a + \lambda_1 e_1 + \lambda_2 e_2)(1 - \mu b + 2b^2\delta_2) - b^2(P_d + C_r)}{2b(\mu - \delta_2)} \tag{5-31}$$

$$Z_d^{***} = \left[\begin{array}{c}(1-\mu)P_r + \varepsilon P_d - P_m - C_d - (\varepsilon\delta_2 - \delta_1) \times \\ \dfrac{(a + \lambda_1 e_1 + \lambda_2 e_2)(1 - \mu b + 2b^2\delta_2) - b^2(P_d + C_r)}{2b(\mu - \delta_2)}\end{array}\right] \times$$
$$(a - bP_r + \lambda_1 e_1 + \lambda_2 e_2) - \frac{1}{2}\theta_2 e_2^2 \tag{5-32}$$

$$Z_m^{***} = \left\{\begin{array}{c}(1-\varepsilon)P_d - [(1-\varepsilon)\delta_2 + \delta_1] \times \\ \dfrac{(a + \lambda_1 e_1 + \lambda_2 e_2)(1 - \mu b + 2b^2\delta_2) - b^2(P_d + C_r)}{2b(\mu - \delta_2)} + P_m - C_m\end{array}\right\} \times$$
$$(a - bP_r + \lambda_1 e_1 + \lambda_2 e_2) - \frac{1}{2}\theta_1(e_1 - m)^2 \tag{5-33}$$

组合契约协调下医药供应链系统的最大利润为:

$$Z_x^{***} = Z_x^{***}(P_r^{***}, e_1^{***}, e_2^{***}) \tag{5-34}$$

命题 4:当参数满足以下约束时,契约组合策略有利于协调和优化整个医药供应链成员的利润,使医药供应链成员获得合作决策下的最大利润。

$$\varepsilon = \frac{\theta_2(C_m + C_d - \mu P_r^*)}{2\delta_2\lambda_2^2(P_r^* - C_m - C_d - C_r) + 2\theta_2\delta_2(a - bP_r^* + \lambda_1 e_1^*) - \theta_2 P_d} \tag{5-35}$$

$$\mu = \frac{b\delta_2(C_m + C_d + C_r) - \delta_2(a + \lambda_1 e_1^* + \lambda_2 e_2^*) + P_d + C_r}{C_m + C_d + C_r} \tag{5-36}$$

$$\delta_1 = \frac{\theta_1(P_d - \varepsilon P_d + P_m - P_r^* + C_d + C_r)}{2\theta_1(a - bP_r^* + \lambda_2 e_2^*) + 4\lambda_1^2(P_r^* - C_m - C_d - C_r) + 4\lambda_1\theta_1 m} - (1-\varepsilon)\delta_2 \tag{5-37}$$

$$\delta_2 = \frac{b^2[P_d + C_r - \mu(C_m + C_d + C_r)] + (2b\mu - 1)(a + \lambda_1 e_1^* + \lambda_2 e_2^*)}{3b^2(a + \lambda_1 e_1^* + \lambda_2 e_2^*) - [b(C_m + C_d + C_r)]/2} \quad (5-38)$$

证明：参考一些学者的研究[146]，当组合契约下的参数满足 $P_r^{***} = P_r^*$ 时，联立式（5-5）和式（5-27），在 $P_d + C_r \neq \delta_2(a + \lambda_1 e_1 + \lambda_2 e_2)$ 的前提下，可求得 μ，见式（5-36）。同理，联立式（5-3）和式（5-28）使 $e_1^{***} = e_1^*$，可求得 δ_1，见式（5-37）。联立式（5-4）和式（5-29）使 $e_2^{***} = e_2^*$，可求得 δ_2，见式（5-38）。式（5-37）与式（5-38）联立可求得 ε。在此情况下有 $Z_x^{***} = Z_x^{***}(P_r^{***}, e_1^{***}, e_2^{***}) = Z_x^*(P_r^*, e_1^*, e_2^*)$，因此命题4成立。双组合契约策略协调下系统整体利润等于合作决策下的利润。

命题5：当契约参数满足以下条件时，供应链整体及其成员达到帕累托最优。

$$\begin{cases} \mu > \dfrac{[a + \lambda_1 e_1^* + \lambda_2 e_2^* - b(P_d + C_r)]^2}{4bP_r^*(a + \lambda_1 e_1^* + \lambda_2 e_2^* - bP_r^*)} + \dfrac{P_d + C_r - \delta_2(a + \lambda_1 e_1^* + \lambda_2 e_2^* - bP_r^*)}{P_r^*} \\ \mu < \dfrac{P_r^* - P_d(1 + \varepsilon) + (\delta_1 - \delta_2 \varepsilon)(a + \lambda_1 e_1^* + \lambda_2 e_2^* - bP_r^*)}{P_r^*} - \\ \qquad \dfrac{e_2^{*2}\theta_2}{P_r^*(a + \lambda_1 e_1^* + \lambda_2 e_2^* - bP_r^*)} \end{cases}$$

$$(5-39)$$

$$\begin{cases} \varepsilon > \dfrac{P_r^*(1 - \mu) - P_d + \delta_1(a + \lambda_1 e_1^* + \lambda_2 e_2^* - bP_r^*)}{P_d + \delta_2(a + \lambda_1 e_1^* + \lambda_2 e_2^* - bP_r^*)} - \\ \qquad \dfrac{e_2^{*2}\theta_2}{[P_d + \delta_2(a + \lambda_1 e_1^* + \lambda_2 e_2^* - bP_r^*)](a + \lambda_1 e_1^* + \lambda_2 e_2^* - bP_r^*)} \\ \varepsilon < \dfrac{P_d - (\delta_1 + \delta_2)(a + \lambda_1 e_1^* + \lambda_2 e_2^* - bP_r^*)}{P_d + \delta_2(a + \lambda_1 e_1^* + \lambda_2 e_2^* - bP_r^*)} - \\ \qquad \dfrac{(e_1^* - m)^2 \theta_1}{[P_d + \delta_2(a + \lambda_1 e_1^* + \lambda_2 e_2^* - bP_r^*)](a + \lambda_1 e_1^* + \lambda_2 e_2^* - bP_r^*)} \end{cases}$$

$$(5-40)$$

证明：构建组合契约是为了消除"双重边际效应"，使组合契约下医药供应链成员的利润大于分散决策下的利润。当式（5-23）、式（5-34）联立满足条件 $Z_x^{***} = Z_x^* > Z_x^{**}$，以及式（5-20）、式（5-31）联立满足条件 $Z_r^{***} > Z_r^{**}$ 时，计算可得 μ 的阈值，见式（5-39）。当式（5-21）、式（5-32）联立满足条件 $Z_d^{***} > Z_d^{**}$，以及式（5-22）、式（5-33）联立满足条件 $Z_m^{***} > Z_m^{**}$ 时，计算可得 ε 的阈值，见式（5-40）。这说明，参数 μ、ε 的值取决于合作双方的谈判能力，当它们在一定取值范围内时，组合契约下医药供应链成员的利润大于分散决策下的各自利润。因此,当契约参数满足约束条件时,可以有效地消除医药供应链的"双重边际效应",药店/医院、医药制造企业和医药流通企业可以实现帕累托改善,并逐步达到供应链系统整体的利润最优。

5.4 算例分析

由于医药行业研发周期长且受医疗保险影响的特殊性,算例数据参考某中成药的大致情况分析如下:医院/药店根据市场需求确定订购量 $a = 200$,价格的敏感度 $b = 4.5$,投入的最低研发能力的努力程度 $m = 1.5$,技术创新能力价格 $\theta_1 = 20$,物流配送能力价格 $\theta_2 = 10$,$\lambda_1 = 10$,$\lambda_2 = 5$,$C_m = 3.5$,$C_d = 1.5$,$C_r = 3$,$P_d = 12$,$P_m = 8$。通过比较医药供应链成员合作决策和不合作决策下的参数值,合作决策下最优为:$e_1 = 7.37$,$e_2 = 5.87$,$P_r = 19.74$,$Q = 133.53$,$Z_x = 3\,445.22$,见表 5-1。

表 5-1 合作决策和分散决策下的最优结果

	Z_x	Z_r	Z_d	Z_m	e_1	e_2	P_r	Q
合作决策	3 445.22	—	—	—	7.37	5.87	19.74	133.53
分散决策	2 284.24	1 725.80	212.50	345.94	3.75	1.25	35.58	88.13

由表 5-1 可知,合作决策下研发能力和物流配送能力的努力程度分别为 7.37 和 5.87,均比分散决策下高;合作决策的订购量 $Q = 133.53$,大于分散决策下订购量 88.13;合作决策下利润是 3 445.22,分散决策下的利润是 2 284.24。可见,医药供应链成员合作决策下的利润大于不合作决策下的利润,由此可知命题 3 成立。

为了验证命题 1 和命题 2,在分散决策模型下对参数 e_1、e_2 进行灵敏度分析,探究改变参数对供应链成员企业利润及供应链整体的影响。当 e_2 为定值时,对 e_1 进行灵敏度分析,如图 5-2 所示。

当 e_2 固定时,由图 5-2(1)可以看出销售价格 P_r 随着 e_1 的增长而增长,说明因增加技术创新能力投入而提高了生产成本,批发价格升高带来销售价格的升高。由图 5-2(1)还可以看出销售量 Q 随着 e_1 的增长而增长,因增加技术创新能力投入带来药品效能的提高,从而提高了患者的购买意愿。由图 5-2(2)可知医药流通企业及药店/医院的利润随着 e_1 的增强而增加,医药供应链系统的整体利润和医药制造企业的利润随着技术创新能力的努力程

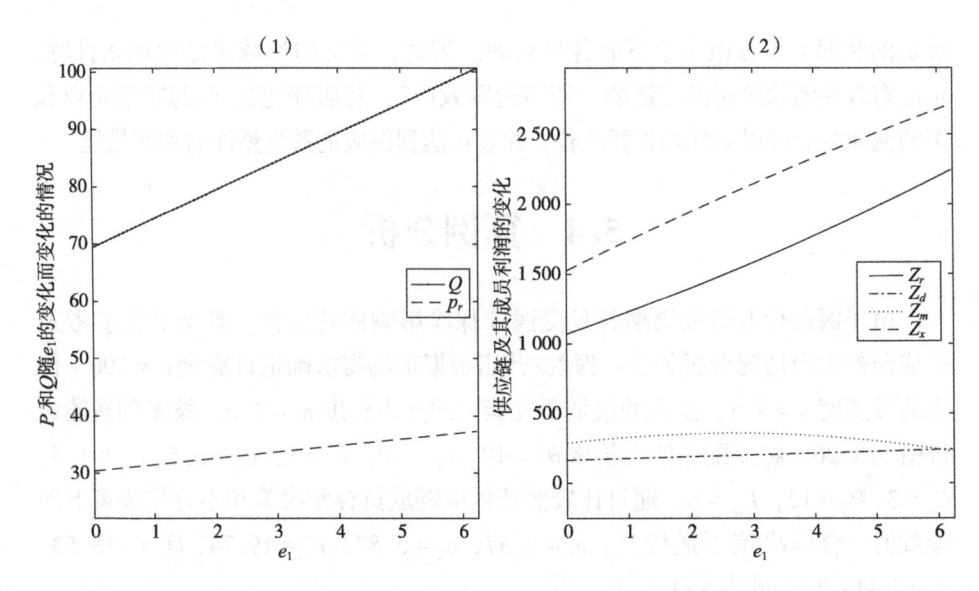

图 5-2 技术创新能力对销售价格、市场需求及供应链成员利润的影响

度提高而先增加后减少。当 $0 < e_1 < 3.75$ 时，Z_m 为增函数；当 $e_1 = 3.75$ 时，Z_m 达到最优；当 $e_1 > 3.75$ 时，增长的边际利润不足以抵消因提高技术创新能力而带来的成本，医药制造企业的利润也会随着 e_1 的增大而逐渐减少。故验证命题 1 成立。

当 e_1 为定值时，对 e_2 进行灵敏度分析，如图 5-3 所示。

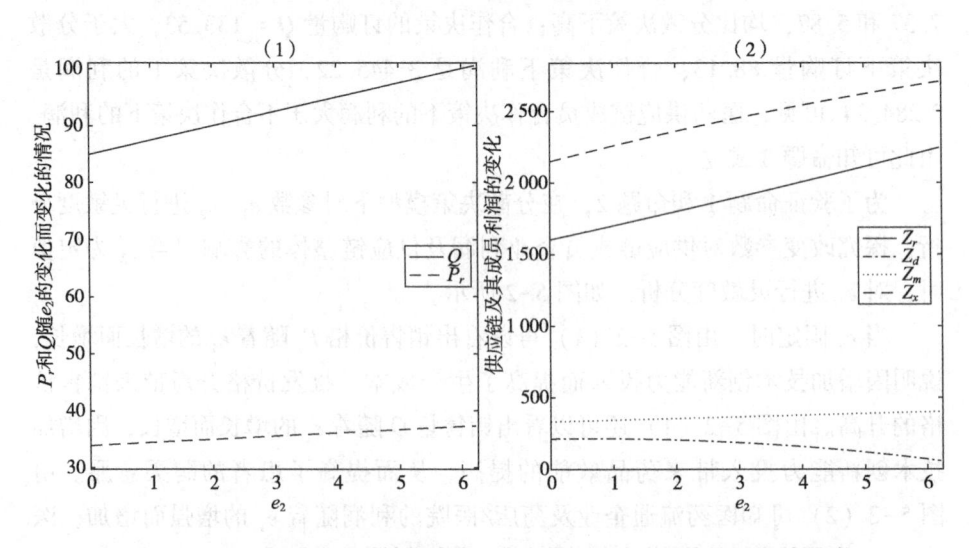

图 5-3 物流配送能力对销售价格、市场需求及供应链成员利润的影响

第5章 技术创新和物流配送扰动下的医药供应链决策

当 e_1 固定时,由图 5-3(1)可以看出销售价格 P_r 与 e_2 呈正向增长趋势;由图 5-3(1)还可以看出销售量 Q 与 e_2 呈正向增长趋势。由图 5-3(2)可知医药制造企业及药店/医院的利润随着 e_2 的增强而增加,医药供应链系统的整体利润及医药流通企业的利润随着技术创新能力的努力程度提高而先增加后减少,当 $e_2 = 1.25$ 时 Z_m 达到最优;当 $e_2 > 1.25$ 时,医药流通企业的利润会随着 e_2 的增大而逐渐减少。故验证命题 2 成立。

引入契约模型下的灵敏度分析,如图 5-4、图 5-5、图 5-6 所示。

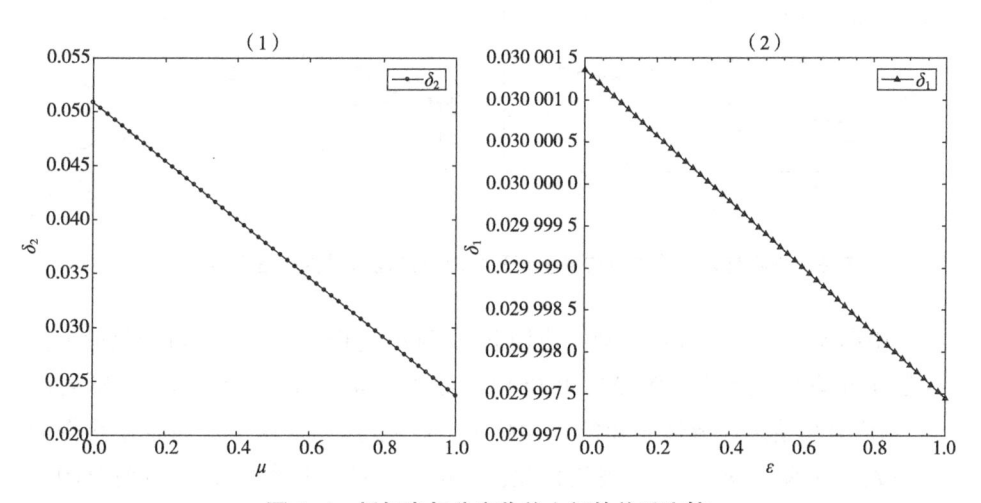

图 5-4 折扣率与分享收益之间的关系比较

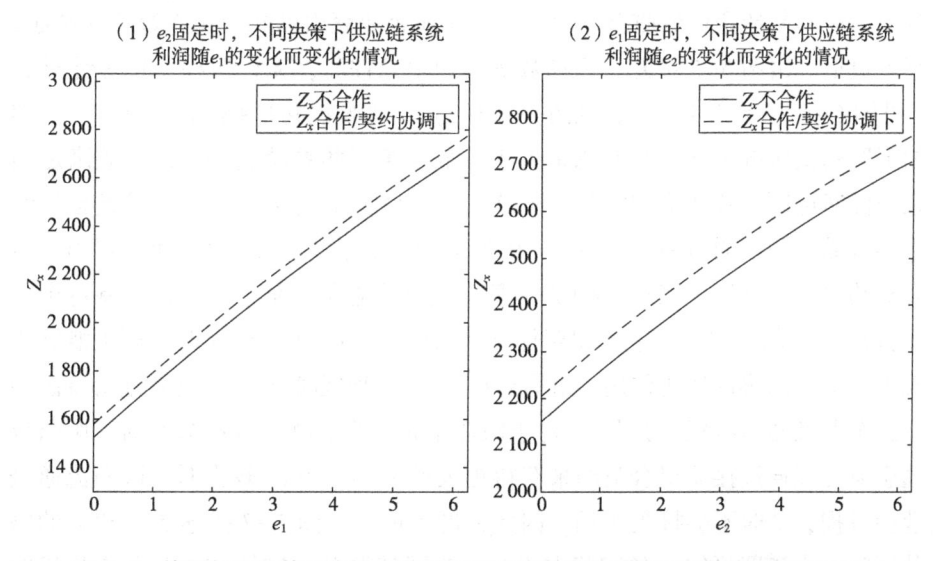

图 5-5 协调与分散策略下技术创新和物流配送能力对供应链整体利润的影响

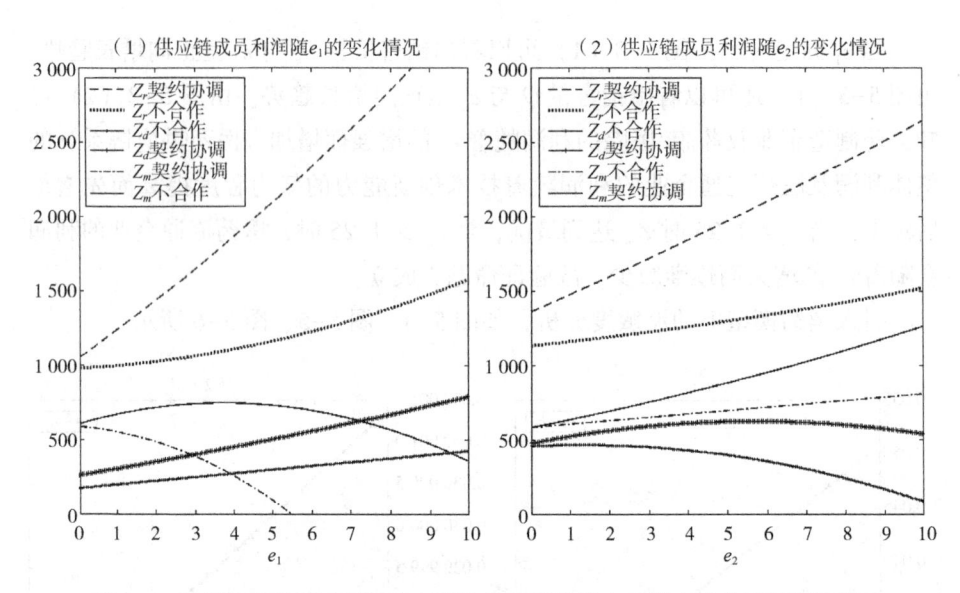

图 5-6　协调与分散策略下技术创新和物流配送能力对供应链成员利润的影响

由图 5-4 可知，在组合契约协调下，μ 与 δ_2 呈现负相关，并可知数量折扣参数 δ_2 的取值范围为 [0.024, 0.051]，如图 5-4（1）所示。这就意味着医院/药店分享给医药流通企业的收益越少，医院/药店从医药流通企业获得的折扣数量也越少；ε 与 δ_1 呈现负相关，并可知数量折扣参数 δ_1 的取值范围为 [0.029 997 4, 0.030 001 4]，如图 5-4（2）所示。这就意味着医药流通企业分享给医药制造企业的收益越少，医药流通企业获得的相应折扣数量就越小，直至负值。由图 5-5 可知，当参数满足约束条件时，无论这种变化是针对 e_1 [见图 5-5（1）] 还是 e_2 [见图 5-5（2）]，"收益共享+数量折扣"组合契约下医药供应链系统的利润总是大于分散决策下的系统利润，即参数满足约束条件时可以有效地协调医药供应链，所以命题 4 成立。图 5-6 是组合契约下参数满足约束的检验，取值 $\mu = 0.8$，$\varepsilon = 0.8$。由图 5-6（1）可以看出，组合契约可以很好地协调药店/医院及医药流通企业的利润。对于医药制造企业而言，当 e_1 较小时，其利润得到优化的幅度较小；当 e_1 较大时，则更能够体现组合契约的协调优化作用。由图 5-6（2）可知组合契约可以有效地协调医药制造企业及药店/医院的利润。对于医药流通企业来说，当 e_2 较小时，医药流通企业可以通过接受组合契约来获得更大的利润；当 e_2 较大时，医药流通企业会亏损，此时不会接受契约，因此命题 5 成立。图 5-7 描述了 μ 和 ε 的阈值区间，由该图可知 μ 的阈值大于 ε，为了使医药供应链成员都获得最优的利润，要求医药制造企业分享获利的比例大于其他成员获利的比例，而这也体现了医药制造企业作为供应链的领导者的重要性。

(1) μ 的阈值区间　　　　　　(2) ε 的阈值区间

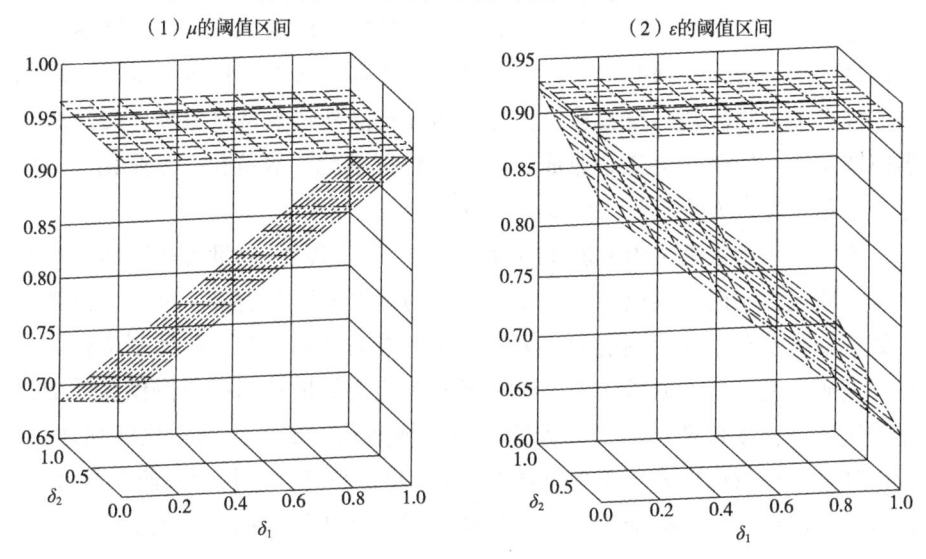

图 5-7　不同分享收益的阈值区间

5.5　本章小结

本章构建了以医药制造企业占主导地位的三级医药供应链，在模型中考虑了技术创新能力和物流配送能力的努力程度对需求和医药供应链及其成员利润的影响，并研究了医药供应链的定价与协调决策。同时，建立了各参与主体的利益协调机制，为改革中的医药供应链重组以及医药供应链成员企业形成战略合作和协同发展提供了实践策略。本章通过算例分析得出以下结论。

第一，三级医药供应链成员在合作情况下可以获得最优的价格、最优的销售量及最优的供应链系统利润，因此医药供应链成员企业要借助两票制和一致性评价政策的实施，提高行业集中度，增强我国医药企业的市场竞争力，为药品价格下降提供空间。

第二，当物流配送能力的努力程度满足约束时，提高技术创新能力的努力程度可以给供应链成员企业带来利润的增加。因此，医药制造企业要集中资源和能力发挥技术创新优势，整合资源扩大企业自身规模；医药制造企业不仅要抓住众多药品专利到期的机遇，大力投入研发高水平仿制药，而且要加大原研药研制的力度,减轻我国医药行业的资金压力。

第三,当技术创新能力的努力程度满足约束时,医药流通企业提高物流配送能力的努力程度可以给供应链成员企业带来利润的增长。医药流通企业要通过内部整合、外部并购、转型升级等方式提高市场集中度,采用智慧化物流技术扩大物流基础设施建设,加速布局药品配送及网络服务,提高医药供应链柔性,使医药流通企业成为能够提供标准化、规范化、专业化、网络化、定制化等全方位服务的企业。

第四,在参数满足约束条件的情况下,"收益共享+数量折扣"组合契约可以有效地协调医药供应链,消除"双重边际效应"的存在。同时,具体的参数值取决于双方的谈判能力。为增强谈判能力和话语权,医药制造企业要整合资源,提高技术创新能力,医药流通企业要借助技术手段提供高效的物流配送服务,零售药店要通过连锁药店、智慧药房等形式来强化终端地位,从而加强医药供应链成员企业的协调合作,借助信息技术加快医药业态重组,形成一条以医药生产企业为主导,带动批零一体化发展的高效供应链,以获得更多的终端资源。

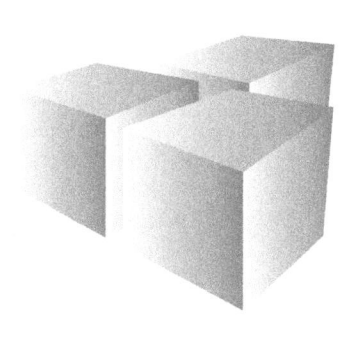

第6章
促销努力和消费者偏好扰动下的医药供应链决策

本章从价值创造和价值获取的角度出发，将医药制造企业的促销努力和消费者对渠道的偏好作为医药供应链决策的扰动因素。研究一个由医药制造企业、医药零售企业和需要某种药品的消费者组成的双渠道医药供应链。其中，医药零售企业负责传统销售渠道，医药制造企业通过网络平台负责网络销售渠道，医药制造企业既是医药零售企业的上游供货商又是其竞争者。本章结合医药产品的特性，构建了市场需求受医药制造企业提供的促销努力和消费者渠道偏好影响的双渠道模型，分析医药制造企业的促销努力与消费者的渠道偏好对双渠道医药供应链最优决策的影响；构建集成决策、离散决策和组合契约下的三种决策模型，通过比较、分析得出最优促销努力与消费者渠道偏好等相关参数的阈值；考察"收益共享+回购+促销成本分担"组合契约的协调条件，以实现医药供应链的优化。

6.1 问题分析

在国家卫生健康委员会提出的互联网+健康、两票制政策等背景下，医药制造企业纷纷选择网络平台直接销售医药产品/服务来缩短医药供应链，重塑传统渠道结构。随着渠道结构的变化，医药制造企业和医药零售企业的关系也发生了改变，从传统渠道中的合作者升级为双渠道中的合作者兼竞争者。为了满足医药产品使用的特殊性，网络平台上也开展了免费的线上医药咨询服务，越来越多对品牌忠诚的客户更偏好通过网络平台（如京东医药、医药网、康爱多网店等）购买医药产品/服务。但网络平台这种直销渠道的引入不仅会增加医药制造企业的促销成本，而且会引发渠道间的冲突[154]。因此，研究渠道偏好和促销努力对医药供应链的影响，分析双渠道医药供应链协调策略是当前亟待解决的实际问题，也是医药供应链发展过程中面临的热点问题。

本章研究了基于促销努力和渠道偏好的双渠道医药供应链。首先，分析两个渠道的最优订购量，比较集成和离散决策系统下医药制造企业和医药零售企业的利润。其次，通过组合契约来协调由网络销售渠道和传统渠道组成的医药供应链，并比较不同决策下的协调效果。本章从三个方面阐述了此项研究的创新之处：①考虑到了医药制造企业的促销努力与消费者的渠道偏好对双渠道医药供应链最优决策的影响；②构建了集成决策、离散决策下的三种决策模型，通过比较分析得出最优促销努力与消费者渠道偏好等相关参数的阈值；③考察了"收益共享+回购+促销成本分担"组合契约的协调条件，以实现医药供应链优化。上述这些结果可以为医药企业提供决策参考。

6.2 模型描述与假设

6.2.1 问题描述

本章研究由一个医药制造企业、一个医药零售企业和医药消费者组成的双渠道医药供应链，医药制造企业通过网络销售平台和传统销售渠道销售产品。在传统渠道中，医药制造企业以价格 w 提供给零售药店/医院，然后零售药店/医院以价格 P_r 销售给客户。在网络平台销售渠道中，医药制造企业以价格 P_m 直接向客户销售医药产品/服务。医药产品的销售价格为外生变量，市场需求不仅受医药促销努力的影响，而且受销售渠道偏好的影响，其中医药制造企业负责促销行为，承担平台促销带来的成本。对产品品牌忠诚的客户会选择网络平台销售模式和传统零售模式购买，其中对网络销售平台的偏好初始比例是 θ，对传统零售销售的偏好比例为 $1-\theta$。当两个渠道的销售价格相同时，对产品品牌忠诚的客户倾向于通过网络渠道购买。传统销售和网络平台销售双渠道医药供应链模式如图6-1所示。

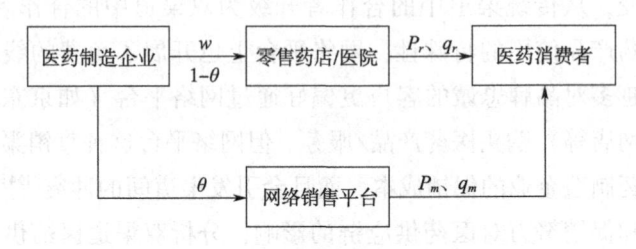

图6-1 双渠道医药供应链模式

基本模型符号描述如下：

D_m、D_r、D：网络平台销售模式下、传统销售模式下、双渠道销售模式下的市场需求量；

q_m、q_r：网络平台销售模式下医药制造企业的预期销售量、传统销售模式下医药零售企业的订货量；

P_r：传统销售模式下医药零售企业的销售价格；

P_m：网络平台销售模式下医药制造企业的销售价格；

w：医药制造企业供应给医药零售企业的批发价（包含运输配送等成本）；

g_r：传统销售模式下因缺货造成医药零售企业的单位损失成本；

g_m：网络平台销售模式下因缺货造成医药制造企业的单位损失成本；

c_m：医药制造企业的生产成本；

v_r：医药零售企业对剩余药品的处理成本；

v_m：医药制造企业对剩余药品的处理成本，且考虑资源有效性和规模性，$v_m < v_r$；

t_r：医药零售企业的销售成本及配送成本等；

t_m：医药制造企业的销售成本及配送成本等（网络平台销售模式下的销售成本及配送成本由医药制造企业承担，传统销售模式下的销售成本及配送成本由医药零售企业承担）；

θ：消费者偏好网络平台购买的系数，$0<\theta<1$。

Z_r：传统销售模式下医药零售企业的期望利润；

Z_m：网络平台销售模式下医药制造企业的期望利润；

Z_x：双渠道下医药供应链的整体期望利润；

$F(x|e)$：医药制造企业促销努力为 e 时，药品市场需求的分布函数；

q_i：随机需求下的最优订购量，$i=m,r$ 分别为网络平台销售模式、传统销售模式下的状态；

z：药品市场需求的随机变量，其分布函数和概论密度函数为 $G(z)$、$g(z)$，$g(z) \sim N(\mu, \sigma^2)$；

q^*、q^{**}、q^{***} 分别表示集成决策、离散决策、组合契约下医药制造企业和医药零售企业的最优订购量；

e^*、e^{**}、e^{***} 分别表示集成决策、离散决策、组合契约下医药制造企业的最优销售努力程度。

需求 D 服从 $X \sim [a、b]$ 的均匀分布，其分布函数及密度函数分别为 $F(x)$、$f(x)$。设定在市场上只有传统销售和网络平台销售两种模式，网络平台销售模式下市场需求为 D_m，分布函数和密度函数分别为 $F_m(x)$、$f_m(x)$。传统销售模式下市场需求为 D_r，其分布函数和密度函数分别为 $F_r(x)$、$f_r(x)$。在双渠道销售模式中，传统销售模式需求为 $D_m=\theta D$，$D_r=(1-\theta)D$。

6.2.2 模型假设

假设 1：设定由一个医药制造企业、一个医药零售企业和药品消费者组成的双渠道医药供应链,其中医药零售企业的医药产品来源于医药制造企业。因医药产品种类众多,不同种类产品保存和配送条件不同,故这里只考虑医药制造企业和医药零售企业提供同一种药品/服务。医药供应链与其他产品供应链不同,超过保质期的药品会失去任何价值,因此忽略库存持有成本及残值。另外,考虑到过期药品对社会环境的影响,需要医药零售企业将其直接销毁或者由医药制造企业进行回购销毁,因此会产生一定的销售成本和剩余药品的处理成本。由医药供应企业支付网络平台销售医药的产品运输费用,且医药供应企业与医药零售企业都处于信息共享状态,同时以追求各自利润最大化为目标。

假设2:参考文献可知[122,125],医药制造企业的促销努力影响药品市场需求量,两者之间的关系满足 $x = f(e)z$,其中 z 表示医药制造企业不提供促销努力时市场的需求量。促销努力产生一定的促销成本,促销成本 $c(e) = \eta e^2/2$,$c(0) = 0$,η 为促销努力成本系数,$\eta > 0$,促销努力的边际成本是递增的。医药制造企业提供的批发价格为外生变量,为确保医药供应链成员获得利润,需要满足条件:$P_r > P_d > w > c_m > v_m$。

6.3 模型构建与分析

为了确定在不同的决策系统下促销努力和消费者渠道偏好对传统销售和网络平台销售渠道的订购量和利润的影响,本章将对集成和离散情况下的决策系统进行建模,并比较由此得出的结果。

6.3.1 集成决策

根据相关学者的研究[122]可知,集成决策下供应链系统达到最优的水平。为了设定比较标准,接下来先研究集成决策下的最优决策。在集成决策系统中,由医药制造企业和医药零售企业共同确定两个渠道的销售价格。

集成决策下医药供应链的整体利润函数为:

$$Z_x = P_m E\min(D_m, q_m) + P_r E[\min(D_r, q_r)] - v_m E[(q_m - D)^+] - g_m E[(D - q_m)^+] - \eta e^2/2 - c_m q - t_m q_m - v_r E[(q_r - D_r)^+] - g_r E[(D_r - q_r)^+] - t_m q_r \quad (6-1)$$

$$Z_x = (P_m + g_m - t_m - c_m)q_m + (P_r - c_m + g_r - t_r)q_r - (P_m + v_m + g_m)\int_0^{q_m} F_m(x, e)dx - (P_r + g_r + v_r)\int_0^{q_r} F_r(x, e)dx - g_m(a + b)\theta/2 - \eta e^2/2 - g_r(a + b)(1 - \theta)/2 \quad (6-2)$$

定理1:集成决策下,双渠道医药供应链销售模式的整体期望利润的反应

函数是订购量 q_m 和 q_r 的联合凹函数,传统销售渠道的订购量存在最优的 q_r^*,网络平台销售渠道的预期销售量存在最优的 q_m^*。

由式(6-2)可知,Z_x 对于 q_m 和 q_r 的联合凹函数如下:

令 Hessian 矩阵

$$H = \begin{bmatrix} -(P_m + v_m + g_m)\dfrac{\partial F_m(q_m, e)}{\partial q_m} & 0 \\ 0 & -(P_r + g_r + v_r)\dfrac{\partial F_r(q_r, e)}{\partial q_r} \end{bmatrix}$$

由于 Hessian 矩阵 $|H| > 0$,H 是负定矩阵,说明 H 是关于 q_m 和 q_r 的联合凹函数;存在最优的 q_m^* 和 q_r^*,可使医药供应链的整体利润达到最大值。

证明:传统销售渠道的订货量由零售企业/医院决定,而网络平台销售渠道的需求预期销售量由医药制造企业决定,这可由 Z_x 对 q_m、q_r 求导可知。

由式(6-2)分别对 q_m、q_r 求一阶导数,可得到集成决策模式下的最优解如下:

$$F_m(q_m^*, e) = \frac{P_m + g_m - t_m - c_m}{P_m + v_m + g_m} \quad (6-3)$$

$$F_r(q_r^*, e) = \frac{P_r - c_m + g_r - t_r}{P_r + g_r + v_r} \quad (6-4)$$

根据 $F_m(x, e) = \dfrac{x - a}{f(e)\theta(b - a)}$ 和 $F_r(x, e) = \dfrac{x - a}{f(e)(1 - \theta)(b - a)}$,

传统销售渠道订购量和网络平台销售渠道最优需求预期销售量分别为:

$$q_r^* = \frac{P_r - c_m + g_r - t_r}{P_r + g_r + v_r} f(e)(1 - \theta)(b - a) + a \quad (6-5)$$

$$q_m^* = \frac{P_m + g_m - t_m - c_m}{P_m + v_m + g_m} f(e)\theta(b - a) + a \quad (6-6)$$

定理 2:在集成决策下,Z_x 是关于 q_m 和 e 的联合凹函数,也是关于 q_r 和 e 的联合凹函数。当 $0 < e \leq e^*$ 时,医药供应企业提升促销努力水平有利于增加医药供应链的整体利润 Z_x,同时有利于增加传统销售渠道的最优订购量和网络平台的最优需求预期销售量。当 $e > e^*$ 时,医药供应企业提升促销努力水平的做法会降低医药供应链的整体利润。

证明:

首先,对 Z_x 关于 q_m 和 e 的 Hessian 矩阵 $H_{(q_m, e)}$ 如下:

$$H_{(q_m, e)} = \begin{vmatrix} -(P_m + v_m + g_m)\dfrac{\partial F_m(q_m, e)}{\partial q_m} & -(P_m + v_m + g_m)\dfrac{\partial F_m(q_m, e)}{\partial e} \\ -(P_m + v_m + g_m)\dfrac{\partial F_m(q_m, e)}{\partial e} & -(P_m + v_m + g_m)\int_0^{q_m}\dfrac{\partial^2 F_m(x, e)}{\partial^2 e}dx - \\ & (P_r + g_r + v_r)\int_0^{q_r}\dfrac{\partial^2 F_r(x, e)}{\partial^2 e}dx - \eta \end{vmatrix}$$

Hessian 矩阵 $H_{(q_m, e)} < 0$,说明 Z_x 是关于 q_m 和 e 的联合凹函数。

其次,对 Z_x 关于 q_r 和 e 的 Hessian 矩阵 $H_{(q_r, e)}$ 如下:

$$H_{(q_r, e)} = \begin{vmatrix} -(P_r + g_r + v_r)\dfrac{\partial F_r(q_r, e)}{\partial q_r} & -(P_r + g_r + v_r)\dfrac{\partial F_r(q_r, e)}{\partial e} \\ -(P_r + g_r + v_r)\dfrac{\partial F_r(q_r, e)}{\partial e} & -(P_m + v_m + g_m)\int_0^{q_m}\dfrac{\partial^2 F_m(x, e)}{\partial^2 e}dx - \\ & (P_r + g_r + v_r)\int_0^{q_r}\dfrac{\partial^2 F_r(x, e)}{\partial^2 e}dx - \eta \end{vmatrix}$$

Hessian 矩阵 $H_{(q_r, e)} < 0$,说明 Z_x 是关于 q_r 和 e 的联合凹函数。

在此基础上,针对函数 Z_x 关于 e 进行求导可知:

$$\frac{\partial Z_x}{\partial e} = -(P_m + v_m + g_m)\int_0^{q_m}\frac{\partial F_m(x,e)}{\partial e}dx - (P_r + g_r + v_r)\int_0^{q_r}\frac{\partial F_r(x,e)}{\partial e}dx - \eta e$$

$$\frac{\partial^2 Z_x}{\partial^2 e} = -(P_m + v_m + g_m)f'(e)\frac{q_m^2 - 2aq_m}{f(e)^3\theta(b-a)} - (P_r + g_r + v_r)f'(e)$$

$\dfrac{q_r^2 - 2aq_r}{f(e)^3(1-\theta)(b-a)} - \eta < 0$ 说明 Z_x 是关于促销努力 e 的凹函数,当 $\partial Z_x/\partial e = 0$ 时,医药供应企业的促销努力水平提升到最优状态 e^*,满足以下条件:

$$(P_m + v_m + g_m)\frac{1/2q_m^2 - aq_m}{\theta(b-a)\eta} + (P_r + g_r + v_r)\frac{1/2q_r^2 - aq_r}{(1-\theta)(b-a)\eta} = \frac{f^2(e^*)e^*}{f'(e^*)} \quad (6\text{-}7)$$

当 $0 < e \leq e^*$ 时,医药供应企业提升促销努力水平有利于增加医药供应链的整体利润 Z_x。当 $e > e^*$ 时,医药制造企业提升促销努力水平带来的利润不足以抵消由此而增加的成本,此时会降低医药制造企业的利润,医药供应链的整体利润也会随之降低。

由式 (6-5) 和 (6-6) 对 e 求导可知:

$$\frac{\partial q_r^*}{\partial e} = \frac{P_r - c_m + g_r - t_r}{P_r + g_r + v_r}f'(e)(1-\theta)(b-a)$$

$$\frac{\partial q_m^*}{\partial e} = \frac{P_m + g_m - t_m - c_m}{P_m + v_m + g_m} f'(e)\theta(b-a)$$

由于 $\partial q_r^*/\partial e > 0$ 和 $\partial q_m^*/\partial e > 0$，医药供应企业提升促销努力水平有利于增加传统销售渠道下最优订购量和网络平台上的最优需求预期销售量。

定理3：在集成决策下，存在约束值 θ^*，当 $0 < \theta < \theta^*$ 时，医药供应链整体利润随着网络渠道偏好程度的增加而增加。当 $\theta^* < \theta < 1$ 时，医药供应链整体利润随着网络渠道偏好程度的增加而降低。传统渠道销售模式下最优订购量的反应函数是渠道偏好系数的减函数，网络平台渠道销售模式的最优需求预期销售量的反应函数是渠道偏好系数的增函数。

证明：

Z_x 对 θ 的二阶偏导为：

$$\frac{\partial^2 Z_x}{\partial \theta^2} = -(P_m + v_m + g_m)\int_0^{q_m} \frac{\partial^2 F_m(x,e)}{\partial \theta^2}dx - (P_r + g_r + v_r)\int_0^{q_r} \frac{\partial^2 F_r(x,e)}{\partial \theta^2}dx$$

由于 $\frac{\partial^2 Z_x}{\partial \theta^2} < 0$，存在最优的 θ^*，使得：

$$\frac{\partial Z_x}{\partial \theta} = -(P_m + v_m + g_m)\int_0^{q_m} \frac{\partial F_m(x,e)}{\partial \theta}dx - (P_r + g_r + v_r)\int_0^{q_r} \frac{\partial F_r(x,e)}{\partial \theta}dx -$$
$g_m(a+b)/2 + g_r(a+b)/2 = 0$ 成立。

当 $0 < \theta < \theta^*$ 时，医药供应链系统的整体利润随 θ 增大而增大；当 $\theta^* < \theta < 1$ 时，医药供应链系统的整体利润随 θ 增大而减小。

另外，通过式（6-5）和式（6-6）对 θ 求一阶导数，可知：

$$\frac{\partial q_r^*}{\partial \theta} = -\frac{P_r - c_m + g_r - t_r}{P_r + g_r + v_r}f(e)(b-a) < 0, \quad \frac{\partial q_m^*}{\partial \theta} = \frac{P_m + g_m - t_m - c_m}{P_m + v_m + g_m}f(e)(b-a) > 0$$

这说明，网络渠道下医药制造企业的最优预期销售量随着消费者对网络平台偏好程度 θ 的增加而增加，传统渠道下医药零售企业的最优订购量随着消费者对网络平台偏好程度 θ 的增加而降低。

将式（6-5）和式（6-6）代入（6-2）可知，医药供应链集成决策下最优的利润为：

$$Z_x^* = (P_m + g_m - t_m - c_m)q_m^* + (P_r - c_m + g_r - t_r)q_r^* - (P_m + v_m + g_m)$$
$$\int_0^{q_m^*} F_m(x,e)dx - (P_r + g_r + v_r)\int_0^{q_r^*} F_r(x,e)dx - g_m(a+b)\theta/2 -$$
$$\eta e^2/2 - g_r(a+b)(1-\theta)/2$$

即：

$$Z_x = (P_m + g_m - t_m - c_m)q_m + (P_r - c_m + g_r - t_r)q_r - (P_m + v_m + g_m)\frac{q_m(1/2q_m - a)}{f(e)\theta(b-a)} -$$
$$(P_r + g_r + v_r)\frac{q_r(1/2q_r - a)}{f(e)(1-\theta)(b-a)} - g_m(a+b)\theta/2 - \eta e^2/2 - g_r(a+b)(1-\theta)/2$$
(6-8)

6.3.2 离散决策

实际上，医药供应链成员大多是独立决策的。因此，笔者根据 Stackelberg 博弈分析了离散决策系统，其中由医药制造企业作为领导者先确定网络平台销售渠道的价格 P_m 和批发价格 w，再由传统渠道中的医药零售企业根据批发价格确定销售价格 P_r。

离散系统中的医药制造企业利润函数为：

$$Z_m = P_m E\min(D_m, q_m) + wq_r - v_m E[(q_m - D_m)^+] - g_m E[(D_m - q_m)^+] - \eta e^2/2 - c_m q - t_m q_m$$
(6-9)

即：
$$Z_m = (P_m + g_m - c_m - t_m)q_m - (c_m - w)q_r - (P_m + v_m + g_m)$$
$$\int_0^{q_m} F_m(x, e)dx - g_m \mu_m - \eta e^2/2$$
(6-10)

定理 4：Z_m 是关于 e 的凹函数，且存在约束条件 $0 < e < e^{**}$，Z_m 是关于 e 的增函数，否则为关于 e 的减函数。对于任意的 e，Z_r 是关于 e 的增函数。

证明：

Z_m 对 q_m 的二阶偏导为：

$$\frac{\partial^2 Z_m}{\partial q_m^2} = -(P_m + v_m + g_m)\frac{\partial F_m(q_m, e)}{\partial q_m} < 0，说明 Z_m 是关于 q_m 的凹函数。$$

当 $\partial Z_m/\partial q_m = (P_m + g_m - c_m - t_m) - (P_m + v_m + g_m)F_m(q_m, e) = 0$ 时，可知医药制造企业在网络平台销售渠道的最优预期销售量为：

$$F_m(q_m, e) = \frac{(P_m + g_m - c_m - t_m)}{(P_m + v_m + g_m)}，即：$$

$$q_m^{**} = \frac{(P_m + g_m - c_m - t_m)}{(P_m + v_m + g_m)}f(e)\theta(b-a) + a$$
(6-11)

$$Z_m^{**} = (P_m + g_m - c_m - t_m)q_m^* - (c_m - w)q_r^* - (P_m + v_m + g_m)$$
$$\int_0^{q_m^*} F_m(x, e)dx - g_m \mu_m - \eta e^2/2$$
(6-12)

Z_m 对 e 的二阶偏导为：

$$\frac{\partial^2 Z_m}{\partial e^2} = -(P_m + v_m + g_m)\int_0^{q_m} \frac{\partial^2 F_m(x,e)}{\partial^2 e} dx - \eta$$，说明 Z_m 是关于 e 的凹函数。

由 $\frac{\partial Z_m}{\partial e} = -(P_m + v_m + g_m)\int_0^{q_m} \frac{\partial F_m(x,e)}{\partial e} dx - \eta e = 0$ 可知，如果满足以下条件，医药制造企业提供最优促销努力时达到最优 e^{**}：

$$e^{***} = (P_m + v_m + g_m)f'(e)\frac{q_m(1/2q_m - a)}{f^2(e)\theta(b-a)\eta} \tag{6-13}$$

因此，当 e 满足约束条件 $0 < e < e^{**}$ 时，$\partial Z_m/\partial e > 0$，$Z_m$ 是关于 e 的增函数；当 $e > e^{**}$ 时，Z_m 随着 e 的增加而降低。

同理，Z_r 对 e 求一阶偏导：

$\frac{\partial Z_r}{\partial e} = -(P_r + v_r + g_r)\int_0^{q_r} \frac{\partial F_r(x,e)}{\partial e} dx > 0$，在离散决策下，传统渠道销售的零售企业利润也随着供应企业促销努力水平的提升而增加。

定理5：$\frac{\partial Z_m}{\partial \theta} > 0$ 时，Z_m 是关于 θ 的增函数；$\frac{\partial Z_r}{\partial \theta} < 0$ 时，Z_r 是关于 θ 的减函数。

证明：由 $\frac{\partial Z_m}{\partial \theta} = -(P_m + v_m + g_m)\int_0^{q_m} \frac{\partial F_m(x,e)}{\partial \theta} dx - g_m(a+b)/2$ 可知，$\frac{\partial Z_m}{\partial \theta} = (P_m + v_m + g_m)\frac{q_m(1/2q_m - a)}{f(e)(b-a)\theta^2} - g_m(a+b)/2$，由于 $\frac{\partial Z_m}{\partial \theta} > 0$，说明随着渠道偏好的增加，网络平台销售的利润也随之增加。同理：

由于 $\frac{\partial Z_r}{\partial \theta} = -(P_r + v_r + g_r)\int_0^{q_r} \frac{\partial F_r(x,e)}{\partial \theta} dx + g_r(a+b)/2$，可知 $\frac{\partial Z_r}{\partial \theta} < 0$，说明随着渠道偏好 θ 的增加，传统零售企业的利润也随之降低。

离散系统中的医药零售企业利润函数为：

$$Z_r = P_r E[\min(D_r, q_r)] - wq_r - v_r E[(q_r - D_r)^+] - g_r E[(D_r - q_r)^+] - t_r q_r \tag{6-14}$$

即：

$$Z_r = (P_r - w + g_r - t_r)q_r - (P_r + v_r + g_r)\int_0^{q_r} F_r(x,e)dx - g_r\mu_r \tag{6-15}$$

由于 Z_r 对 q_r 求一阶偏导为 $\partial Z_r/\partial q_r = (P_r + g_r - w - t_r) - (P_r + v_r +$

$g_r)F_r(q_r,e)$，经由 Z_r 对 q_r 求二阶偏导，可知 $\dfrac{\partial^2 Z_r}{\partial q_r^2} = -(P_r+v_r+g_r)\dfrac{\partial F_r(q_r,e)}{\partial q_r} < 0$，$Z_r$ 是关于 q_r 的凹函数，当 $\partial Z_r / \partial q_r = (P_r+g_r-w-t_r)-(P_r+v_r+g_r)F_r(q_r,e) = 0$ 时可知：

$$F_r(q_r,e) = \frac{(P_r+g_r-w-t_r)}{(P_r+v_r+g_r)} \tag{6-16}$$

$$q_r^{**} = \frac{(P_r+g_r-w-t_r)}{(P_r+v_r+g_r)} f(e)(1-\theta)(b-a)+a \tag{6-17}$$

$$Z_r^{**} = (P_r-w+g_r-t_r)q_r^* - (P_r+v_r+g_r)\int_0^{q_r^*} F_r(x,e)\mathrm{d}x - g_r\mu_r \tag{6-18}$$

同时，由 Z_r 对 e 求一阶偏导可知：

$\dfrac{\partial Z_r}{\partial e} = -(P_r+v_r+g_r)\int_0^{q_r}\dfrac{\partial F_r(x,e)}{\partial e}\mathrm{d}x > 0$，可见在离散决策下，传统渠道销售的零售企业利润也随着供应企业促销努力水平的提升而增加。

离散决策下，医药供应链整体最大化利润为：

$$Z_x^{**} = Z_m^{**} + Z_r^{**} \tag{6-19}$$

定理6：集成决策和离散决策下存在以下结果：$q_r^* > q_r^{**}$，$q_m^* > q_m^{**}$，$e^* > e^{**}$，$Z_x^* > Z_x^{**}$。

证明：比较式（6-5）和（6-17）以及式（6-6）和式（6-11）可知，由于 $w > c_m$，所以 $q_r^* > q_r^{**}$ 成立，这说明集成决策下传统渠道零售企业的最优订购量大于离散决策下的订购量。比较式（6-7）与式（6-17）可知，$e^* > e^{**}$ 成立，集成决策下供应企业的促销努力程度大于离散决策下的促销努力程度。比较式（6-8）和式（6-19）可知，$Z_x^* > Z_x^{**}$，说明集成决策下医药供应链整体的利润大于离散决策下的整体利润。

6.3.3 "回购+促销成本分担+收益共享"契约分析

为了提高离散系统下双渠道医药供应链的性能，笔者在本章中设计了"回购+促销成本分担+收益共享"的组合契约（$w,d,\beta,\lambda_r,\lambda_m$），其中批发价格 w 是销售价格的折扣并且由医药制造企业和医药零售企业共同决定。出于绿色医药供应链发展的需要且为了刺激医药零售企业订货，在此考虑了回购契约，回购单位价格为 d。为了缓解医药制造企业因为促销而带来成本过高的压力，由医药零售企业分担一部分促销成本，成本分担的参数为 β，$\beta \in [0,1]$。由于医药制造企业发展网络平台渠道销售势必会给传统渠道带来一定的竞争，为了消除渠道竞争带来的冲突，令制造企业共享零售企业在传统渠道取得收益的比例为 λ_r，$\lambda_r \in [0, 1]$，同时为了刺激零售药店分担促销成本的意愿，令零售企业共享制造企业在网络平台上取得收益的比例为 λ_m，$\lambda_m \in [0, 1]$。

契约协调下医药制造企业的期望利润为：

$$Z_m = (1 - \lambda_m)P_m E\min(D_m, q_m) + \lambda_r P_r E\min(D_r, q_r) + wq_r - v_m E[(q - D)^+] - g_m E[(D - q_m)^+] - (1 - \beta)\eta e^2/2 - c_m q - t_m q_m - dE[(q_r - D_r)^+] \quad (6-20)$$

$$Z_m = [(1 - \lambda_m)P_m + g_m - t_m - c_m]q_m + (\lambda_r P_r + w - c_m)q_r - [(1 - \lambda_m)P_m + g_m + v_m]\int_0^{q_m} F_m(x, e)dx - (\lambda_r P_r + d + v_m)\int_0^{q_r} F_r(x, e)dx - g_m \theta(a + b)/2 - (1 - \beta)\eta e^2/2 \quad (6-21)$$

由于 $\partial^2 Z_m/\partial q_m^2 < 0$，可知 Z_m 是关于 q_m 的凹函数。

当 $\partial Z_m/\partial q_m = [(1 - \lambda_m)P_m + g_m - t_m - c_m] - [(1 - \lambda_m)P_m + g_m + v_m]F_m(q_m, e)$ 为零时，网络销售平台上的医药制造企业存在最优的订购量为：

$$q_m^{***} = \frac{(1 - \lambda_m)P_m + g_m - t_m - c_m}{(1 - \lambda_m)P_m + g_m + v_m}f(e)\theta(b - a) + a \quad (6-22)$$

契约协调下医药零售企业的期望利润为：

$$Z_r = (1 - \lambda_r)P_r E\min(D_r, q_r) + \lambda_m \theta P_m E\min(D_m, q_m) - wq_r - g_r E[(D_r - q_r)^+] - t_r q_r - \beta\eta e^2/2 + dE[(q_r - D_r)^+] \quad (6-23)$$

即：

$$Z_r = [(1 - \lambda_r)P_r - w + g_r - t_r]q_r - [(1 - \lambda_r)P_r + g_r - d]\int_0^{q_r} F_r(x, e)dx + \lambda_m \theta P_m q_m - \lambda_m \theta P_m \int_0^{q_m} F_m(x, e)dx - g_r u_r - \beta\eta e^2/2 \quad (6-24)$$

由于 $\partial^2 Z_r/\partial q_r^2 < 0$，可知 Z_r 是关于 q_r 的凹函数。

当 $\partial Z_r/\partial q_r = [(1 - \lambda_r)P_r - w + g_r - t_r] - [(1 - \lambda_r)P_r + g_r - d]F_r(q_r, e)$ 为零时，传统销售渠道中的医药零售企业存在的最优订购量为：

$$F_r(q_r, e) = \frac{(1 - \lambda_r)P_r - w + g_r - t_r}{(1 - \lambda_r)P_r + g_r - d}$$

即：

$$q_r^{***} = \frac{(1 - \lambda_r)P_r - w + g_r - t_r}{(1 - \lambda_r)P_r + g_r - d}f(e)(1 - \theta)(b - a) + a \quad (6-25)$$

由于在整个双渠道医药供应链中，医药制造企业为其促销行为负责，并决定着促销努力的大小，由 Z_m 对促销努力 e 求二阶偏导 $\partial^2 Z_m/\partial e^2 < 0$ 可知，

Z_m 是关于 e 的凹函数。当一阶偏导为零时,医药制造企业提供的促销努力为最优值:

当 $\dfrac{\partial Z_m}{\partial e} = -\left[(1-\lambda_m)P_m + g_m\right]\int_0^{q_m}\dfrac{\partial F_m(x,e)}{\partial e}\mathrm{d}x - (\lambda_r P_r + d)\int_0^{q_r}\dfrac{\partial F_r(x,e)}{\partial e}\mathrm{d}x - v_m\int_0^q\dfrac{\partial F(x,e)}{\partial e}\mathrm{d}x - (1-\beta)\eta e = 0$ 时,存在最优的促销努力为:

$$e^{***} = \dfrac{[(1-\lambda_m)P_m + g_m](1/2 q_m^2 - aq_m)f'(e)(1-\theta) + (\lambda_r P_r + d)(1/2 q_r^2 - aq_r)f'(e)Q + v_m(1/2 q^2 - aq)f'(e)\theta(1-\theta)}{f(e)^2\theta(1-\theta)(b-a)(1-\beta)\eta} \quad (6-26)$$

定理 7:当契约条件满足以下参数时,双渠道销售模式下的医药供应链可以实现优化协调,组合契约协调下医药制造企业的利润优于其在离散决策下的利润,即:$Z_m^{***}(q_m^{***}, e^{***}) \geqslant Z_m^{**}(q_m^{**}, e^{**})$,组合契约协调下传统销售模式中的医药零售企业利润优于其在离散决策下的利润,即:$Z_r^{***}(q_r^{***}, e^{***}) \geqslant Z_r^{**}(q_r^{**}, e^{**})$。此时参数满足:

$$\begin{cases} \lambda_m = 1 - \dfrac{(t_m + c_m - v_m)P_m + 2v_m(t_m + c_m - g_m)}{P_m(v_m + t_m + c_m)} \\ \lambda_r = \dfrac{(1-\beta)(P_r + g_r + v_r) - d - v_m}{P_r} \\ \beta = 1 - \dfrac{(1-\lambda_m)P_m + g_m + v_m}{P_m + v_m + g_m} \\ d = \dfrac{-[(1-\lambda_r)P_r + g_r](c_m + v_r) + w(P_r + g_r + v_r) + t_r\lambda_r P_r + t_r v_r}{(P_r - c_m + g_r - t_r)} \end{cases} \quad (6-27)$$

证明:根据相关学者对供应链优化的研究[146]可知,当 $q_m^* = q_m^{***}$,$q_r^* = q_r^{***}$,$e^* = e^{***}$ 时,供应链可以实现优化协调,比较上述研究结果可知:

令 $q_m^* = q_m^{***}$,则:

$$\lambda_m = 1 - \dfrac{(t_m + c_m - v_m)P_m + 2v_m(t_m + c_m - g_m)}{P_m(v_m + t_m + c_m)}$$

令 $q_r^* = q_r^{***}$,则:

$$d = \dfrac{-[(1-\lambda_r)P_r + g_r](c_m + v_r) + w(P_r + g_r + v_r) + t_r\lambda_r P_r + t_r v_r}{(P_r - c_m + g_r - t_r)}$$

$$w = \dfrac{d(P_r - c_m + g_r - t_r) + [(1-\lambda_r)P_r + g_r](c_m + v_r) - t_r\lambda_r P_r - t_r v_r}{(P_r + g_r + v_r)}$$

令 $e^* = e^{***}$，可知：

$$\begin{cases} \beta = 1 - \dfrac{(1-\lambda_m)P_m + g_m + v_m}{P_m + v_m + g_m} \\ \lambda_r = \dfrac{(1-\beta)(P_r + g_r + v_r) - d - v_m}{P_r} \end{cases}$$

此时，医药制造企业的期望利润为：

$$Z_m^{***} = [(1-\lambda_m)P_m + g_m - t_m - c_m]q_m^{***} + (\lambda_r P_r + w - c_m)q_r^{***} - \\ [(1-\lambda_m)P_m + g_m + v_m]\int_0^{q_m^{***}} F_m(x,e)\mathrm{d}x - (\lambda_r P_r + d + v_m)\int_0^{q_r^{***}} F_r(x,e)\mathrm{d}x - \\ g_m\theta(a+b)/2 - (1-\beta)\eta e^2/2 \tag{6-28}$$

医药零售企业的期望利润为：

$$Z_r^{***} = [(1-\lambda_r)P_r - w + g_r - t_r]q_r^{***} - [(1-\lambda_r)P_r + g_r - d]\int_0^{q_r^{***}} F_r(x,e)\mathrm{d}x + \\ \lambda_m\theta P_m q_m^{***} - \lambda_m\theta P_m \int_0^{q_m^{***}} F_m(x,e)\mathrm{d}x - g_r u_r - \beta\eta e^2/2 \tag{6-29}$$

医药供应链整体的期望利润为：

$$Z_x^{***} = Z_m^{***} + Z_r^{***} \tag{6-30}$$

6.4 算例分析

结合医药行业实际情况，选取某药品的价格和成本情况进行仿真分析。该药品是为提高药品可及性而研制的一款仿制药，相关的监管也比较严格。由于药品定价的特殊性质，为提高药品的质量以通过一致性评价，该医药制造企业兼顾药品质量、使用价值和临床结果等，对此投入了巨大的研发成本。根据该药品的具体情况设定参数如下：$P_r = 30$，$P_m = 25$，w 动态待定。$g_r = 2$，$g_m = 2$，$c_m = 4$，$v_r = 2$，$v_m = 1$，$t_r = 1$，$t_m = 2$，$X \sim [1, 100]$，令 $f(e) = e$，$c(e) = \eta e^2/2$。通过数值分析可知，集成决策下医药供应链利润最优为 5 716.78，此时 $e = 8.96$，$o = 0.59$，医药制造企业的预期销售量为 370.05，零售药店/医院的订购量为 291.73。离散决策下医药供应链利润最优为 4 276.98，此时促销努力为 $e = 7.35$，渠道偏好程度为 0.5，医药制造企业的预期销售量为 257.25，零售药店/医院的订购量为 151.32。集成决策下供应链的利润高于离散决策下的利润，同时需要提供的促销努力程度也更高。离散决策和集成决策两种情况下的参数最优状态计算结果如表 6-1 所示。

表 6-1　两种情况下的参数最优状态

参数	Z_m	Z_r	Z_x	e	o	q_r	q_m
集成决策	—	—	5 716.78	8.96	0.59	291.73	370.05
离散决策	3 267.72	1 009.26	4 276.98	7.35	0.5	151.32	257.25

对促销努力水平进行灵敏度分析可知，在集成决策和离散决策下，医药零售企业的订货量都是促销努力水平的增函数，如图6-2（1）所示，医药制造企业是其促销努力水平的增函数，如图6-2（2）所示。这说明，医药制造企业的促销努力有助于增加零售企业和制造企业的订货量。在离散决策下，医药零售企业的利润随着促销努力水平的增加而增加，协调决策下医药零售企业的利润随着促销努力水平的提升幅度而明显增加，如图6-3（1）所示。离散决策下医药制造企业的利润随着促销努力水平的提升而呈现由增到减的趋势，协调决策下医药制造企业的利润趋势同离散决策下相似，因为随着促销努力水平的增加，促销成本也相应增加，造成医药制造企业利润的减少，如图6-3（2）所示。同样，在离散决策下，医药供应链系统利润也随促销努力水平的提升而呈现由增到减的趋势，但是协调决策下的利润随着促销努力水平的提升，其减少的幅度却大大减少，这是由于组合契约起到了调节的作用，如图6-3（3）所示。对于订货量来说，集成决策下的值均大于离散决策

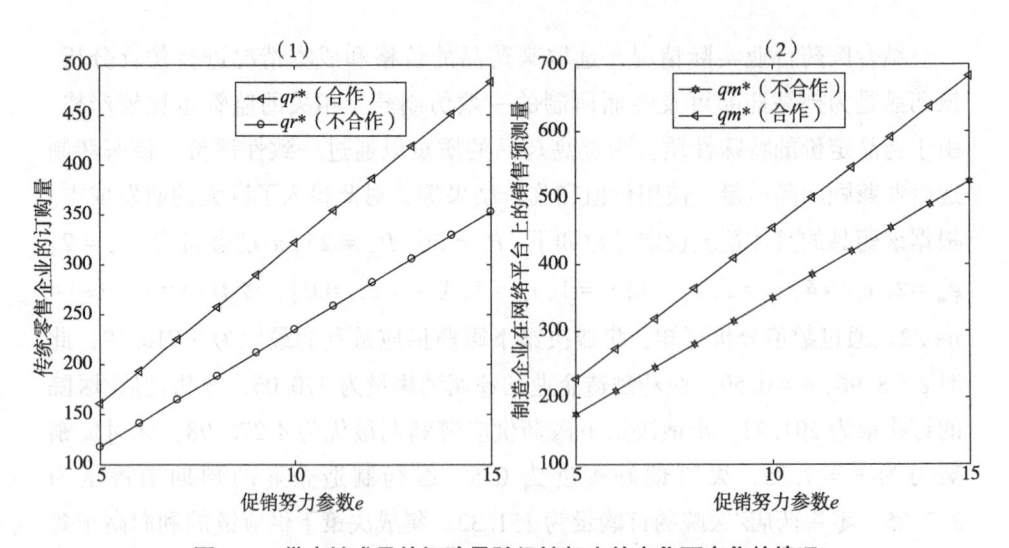

图 6-2　供应链成员的订购量随促销努力的变化而变化的情况

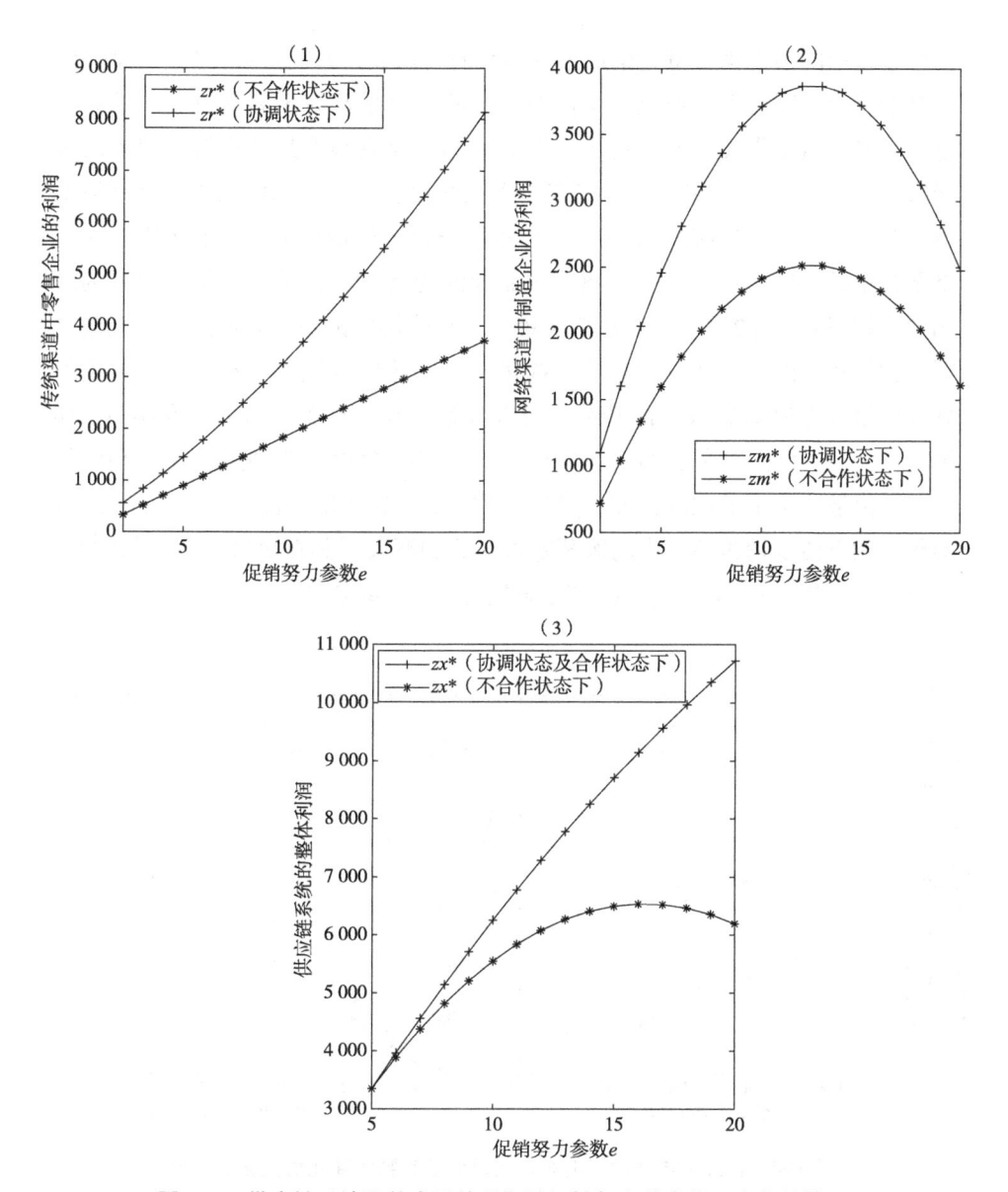

图 6-3 供应链系统及其成员的利润随促销努力的变化而变化的情况

下的值，即 $q_r^* > q_r^{**}$，$q_m^* > q_m^{**}$。对于各方利润来说，组合契约可以有效协调医药供应链，使各自在契约协调下的利润均大于在离散决策下的利润，即 $Z_x^{***} \geqslant Z_x^{**}$，$Z_m^{***} > Z_m^{**}$，$Z_r^{***} > Z_r^{**}$。

网络渠道偏好灵敏度的分析如图 6-4 和图 6-5 所示。其中，医药零售企业的订货量是渠道偏好系数的减函数，如图 6-4（1）所示；医药制造企业在网络平台中的预期销售量是渠道偏好系数的增函数,如图6-4(2)所示,医药制造企业和医药零售企业在集成决策下的订货量都高于离散决策下的订货量。传统渠道销售模式下医药零售企业利润的反应函数是渠道偏好程度的减函数,如图6-5(1)所示,渠道偏好参数越高,消费者越倾向于选择网络渠道购买产品,造成传统渠道中的医药零售企业销售量降低,利润下降。在网络平台渠道销售模式中,医药制造企业利润的反应函数是渠道偏好程度的增函数,如图6-5(2)所示。离散决策下,医药供应链系统利润的反应函数是渠道偏好程度的减函数;而在集成决策下,医药供应链系统利润随着渠道偏好程度呈现先增加后减少的趋势,且存在最优渠道偏好程度参数值0.4,如图6-5(3)所示。此外,组合契约协调下网络平台中医药制造企业的利润优于其在离散决策下的利润,即$Z_m^{***}(q_m^{***}, e^{***}) \geq Z_m^{**}(q_m^{**}, e^{**})$;组合契约协调下传统销售模式中的医药零售企业利润大于其在离散决策下的利润,即$Z_r^{***}(q_r^{***}, e^{***}) \geq Z_r^{**}(q_r^{**}, e^{**})$,$Z_x^{***} \geq Z_x^{**}$。

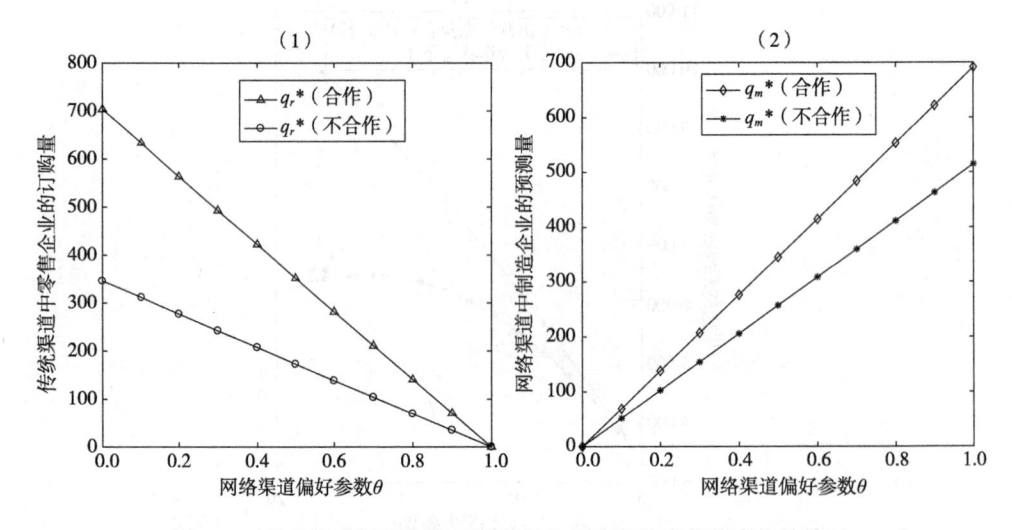

图6-4 供应链成员的订购量随渠道偏好参数的变化而变化的情况

契约协调决策下相关灵敏度分析如图6-6和图6-7所示。其中,图6-6为医药零售企业利润随λ_r、λ_m的变化趋势,组合契约协调下医药零售企业的利润随λ_m的增加而减少,随λ_r的增加而增加,λ_r和λ_m的取值区间为[0,0.35]。组合契约协调下医药制造企业的利润随λ_m的增加而减少,随λ_r的增加而增加,λ_r和λ_m的取值区间为[0,0.3]。这说明两者都偏好于对自己有

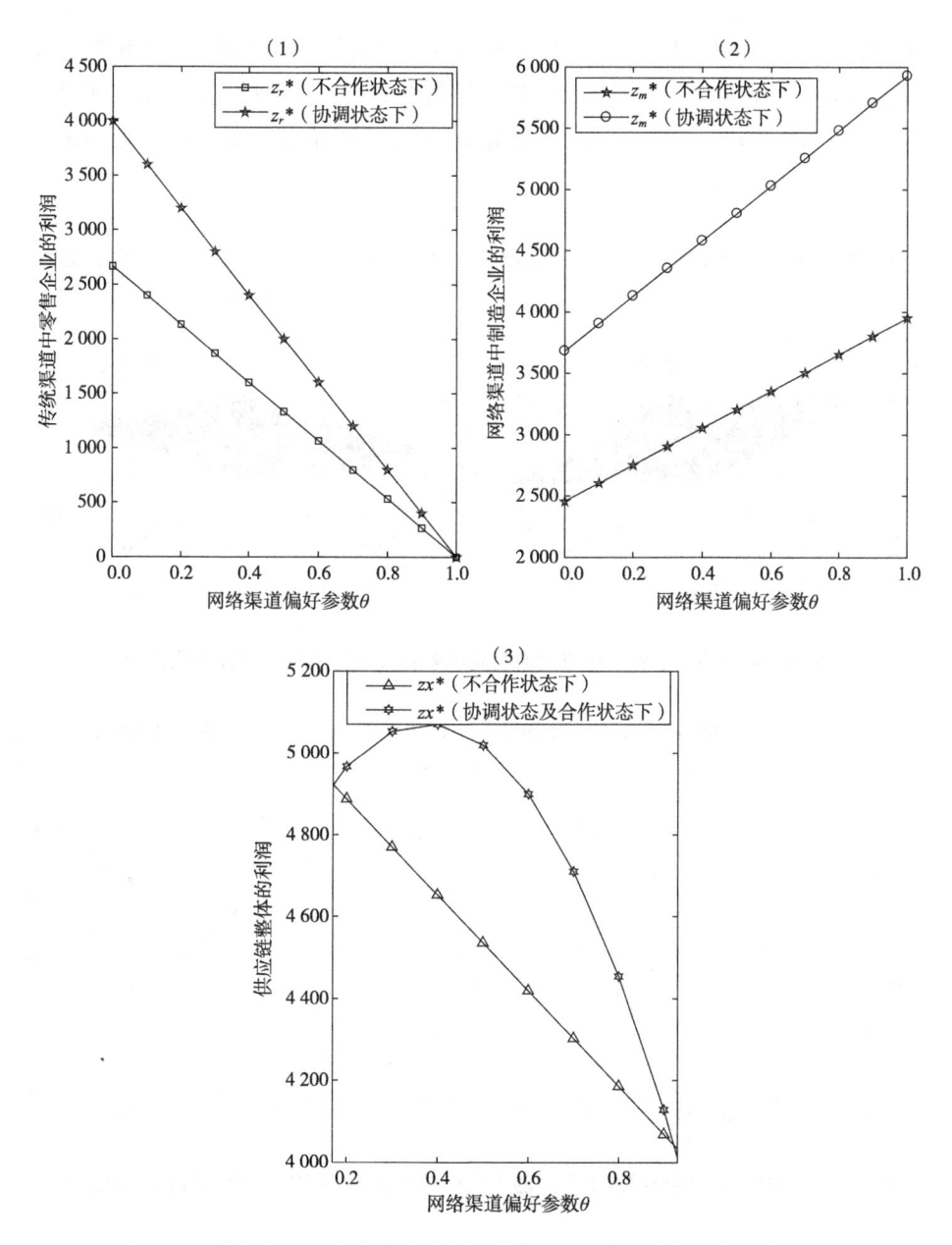

图 6-5 供应链系统及成员的利润随渠道偏好参数的变化而变化的情况

利的情况，因此为了消除渠道之间的竞争，可采取收益共享形式来平衡效益。药品回购价格的提高会刺激医药零售企业增加订购量，促进销售的积极性，但同时会引起医药制造企业成本的增加从而导致利润降低，d 的取值范围为

137

$[0, d_1]$，如图 6-7（1）所示。促销成本分担参数的增加会促使医药制造企业有动力提高促销能力，同时也会给医药零售企业带来成本的增加，β 的取值范围为 $[0, \beta_1]$ 或是 $[\beta_1, 1]$，医药制造企业和零售企业随促销成本分担参数的变化趋势如图 6-7（2）所示。

（1）契约协调下零售企业利润随λ_m、λ_r的变化趋势　　（2）契约协调下零售企业利润随λ_m、λ_r的变化趋势

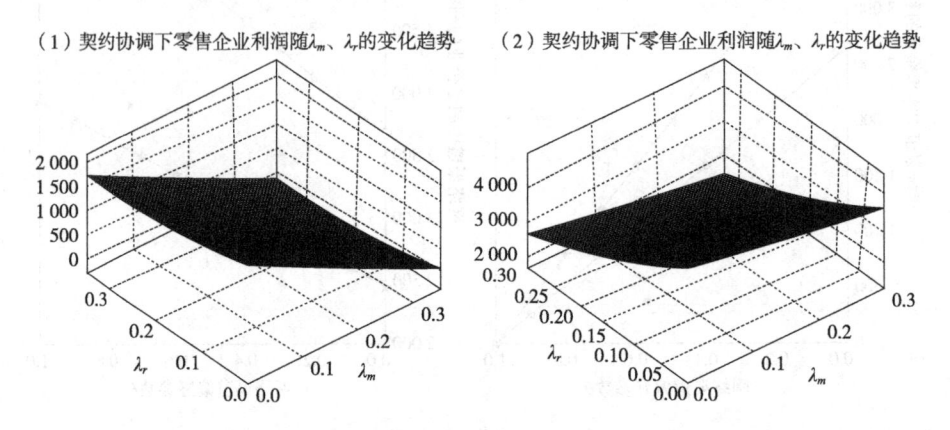

图 6-6　契约协调下供应链成员的利润随收益共享比例的变化而变化的情况

（1）制造企业和零售企业利润随d的变化而变化的情况　　（2）制造企业和零售企业利润随β的变化而变化的情况

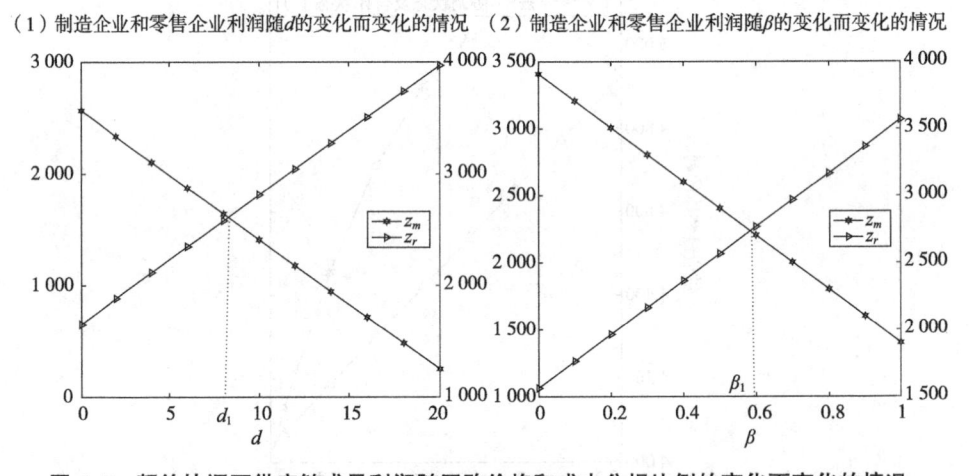

图 6-7　契约协调下供应链成员利润随回购价格和成本分担比例的变化而变化的情况

6.5　本章小结

本章研究了受促销努力和渠道偏好影响的双渠道医药供应链模型的构建与协调问题。供应链成员需要确定最优的订购量来权衡各自的利润。通过分

析集成式和离散式决策系统的最优决策，结果发现：

第一，在集成式决策系统中，提高促销努力水平会得到更高的总利润和订购量。

第二，在离散式决策系统中，发现促销努力水平达到阈值时，医药制造企业的利润呈现最优状态。只有当促销努力系数在某一阈值区间时，开展网络平台渠道销售才对医药制造企业有利。只有当渠道偏好程度参数在某一阈值区间时，单个传统渠道才对医药零售企业有利，随着消费者渠道偏好程度的提高，医药制造企业更倾向于双渠道结构。为了协调双渠道供应链，笔者提出了"回购+促销成本分担+收益共享"组合契约，并提出了协调的条件。

第三，离散式决策系统下的结果表明：首先，在集成式决策系统中，促销努力参数和渠道偏好参数都存在阈值，从而使医药供应链的整体利润先增加后降低；订购量和总利润对渠道偏好参数不敏感，而对促销努力水平较敏感。其次，在分散式决策系统中，医药制造企业的利润随着渠道偏好参数的增加而增加，医药零售企业的利润则随着渠道偏好参数的增加而减少；医药制造企业的利润随着促销努力水平的提高先增加后减少，医药零售企业的利润则随着促销努力水平的提高而增加。对于医药制造企业和医药零售企业而言，集中决策下其各自的利润和订购量都大于离散决策下的水平。

第四，在"回购+促销成本分担+收益共享"组合契约的协调下，契约条件满足参数设定范围时可以有效协调双渠道医药供应链。其中，医药制造企业的回购行为可以推动医药零售企业加大订购量，医药零售企业的促销成本分担可以促进医药制造企业对促销作出更多的努力，收益共享契约则有利于医药制造企业和医药零售企业对销售作出更大的努力。

第7章
政府双补贴扰动下的医药供应链决策

本章从价值诉求和价值创造的角度出发，将政府部门提供的补贴支持和医药制造企业的技术和社会责任作为医药供应链决策的扰动因素。针对如何提高药品可及性及安全性问题，笔者将技术创新、企业社会责任和医保补贴作为影响消费者效用的内生变量，构建并比较政府研发和医保补贴下技术创新的单偏好、技术创新和企业社会责任的双偏好及"集采低价+成本共担"组合契约三种决策模型，探究政府补贴的作用以及企业社会责任对医药供应链效率的影响。笔者在本章中比较并研究了单偏好、双偏好和组合契约三种决策模型，分析了哪些决策对医药供应成员和政府最有利，并探寻"集采低价+成本共担"组合契约对医药供应链进行协调的条件和阈值范围。

7.1 问题分析

人们对健康生活的不断追求和对用药需求的不断了解，使高质量药品越来越被人们所需要，加之国家接连颁布加大医药创新和提高医药疗效的相关鼓励性政策，医药行业因此面临快速发展和转型的新时机。例如，复兴药业、白云山药业等医药企业都在力争技术能力的突破，提高药品的科技性[203]。医药企业长远发展的关键在于创新药的供给能力，唯有具备创新和突破同质化的能力才能促进企业的可持续发展，而这也是维护公众健康的有力措施。但近几年药品问题频频出现，给人民的健康生活带来了巨大的威胁，也阻碍甚至断送了医药企业的生存和健康发展。因此，医药企业坚持履行社会责任是其长久发展的必要条件，是对消费者、员工及其他利益相关者负责，也是对为企业的可持续发展负责。那么，政府补贴下的技术创新和企业社会责任会对医药供应链整体和供应链成员带来怎样的影响？政府补贴在哪个阈值范围内更能够鼓励医药制造企业承担更多的社会责任，投入更多技术创新所需的人力和资金来培养企业核心竞争优势？哪种偏好决策对医药供应链更为有利，能带来更多的社会福利？这些都是亟待解决的重要问题，也是医药企业面临的实际问题。

根据前文中的文献论述可知，学者们对技术创新和企业社会责任均已有一定的研究，但是鲜有学者探究技术创新和企业社会责任系统作用下的医药供应链协调这一问题，尤其是对政府补贴作用下的医药供应链决策问题的研究更是少见。本章侧重于医保补贴和研发补贴作用下对技术创新和社会责任双偏好的医药供应链决策问题进行分析，弥补了研究的空缺。本章研究内容的主要贡献为：首先，结合医药产品的特性及我国开展医保支付的特点，结合研发补贴分析了技术创新和企业社会责任对消费者效用的影响。其次，探究医保和研发补贴对医药制造企业技术创新能力的影响，以及在政府补贴下企业社会责任强度对医药供应链成员利润及社会福利的影响。最后，比较了政府补贴下的单偏好、双偏好、组合契约三种决策模型中，哪种决策对医药供应链成员和政府最有利；设计了政府补贴下的"集采低价+成本共担"组合契约对医药供应链的协调并求出政府补贴率的阈值，探究组合契约是否起到了协调策略优化与协调医药供应链的作用；通过均衡解得出政府补贴率的阈值范围，为政府补贴政策的制定和医药企业的发展提供支持。上述研究对医药供应链成员企业的可持续发展和政府制定补贴政策具有重要的理论和实践意义。

7.2 模型描述与假设

随着仿制药一致性评价、药品审评制度、创新权益保护等相关政策的逐步实施，越来越多的医药企业开始重视原研药和仿制药的研发创新以提高消费者用药的可得性和可及性。政府也通过加大研发补贴力度，推进医疗保险、政府监管等利好政策来提升药品质量，促进国内医药企业从"仿制药"到"创制药"战略的转型升级。近年来，随着问题疫苗事件等社会问题的频频出现，医药企业除了对技术创新的偏好外，也逐渐增加了对企业社会责任的偏好。本章基于我国研发补贴和医保补贴的双补贴背景，分析了技术创新和企业社会责任双重偏好下医药供应链的决策与协调。参考相关学者的文献[213]可知，医药制造企业会根据自身的资源优势优先决定其社会责任与技术创新的投入力度，并以价格 w 销售给医疗机构，消费者获得药品的零售价格为 p。从供给侧角度来看，政府为了激励医药制造企业开展技术创新活动而给予其一定的研发补贴支持；从需求侧角度来看，为了增加消费者的购买能力而给予其一定的医保补贴。医疗机构会承担一部分社会责任成本来减轻医药制造企业的负担，根据社会福利最大化原则，政府又会对承担一定比例社会责任成本的医疗机构进行必要补贴。本章研究的医药供应链结构模型如图 7-1 所示。

第7章 政府双补贴扰动下的医药供应链决策

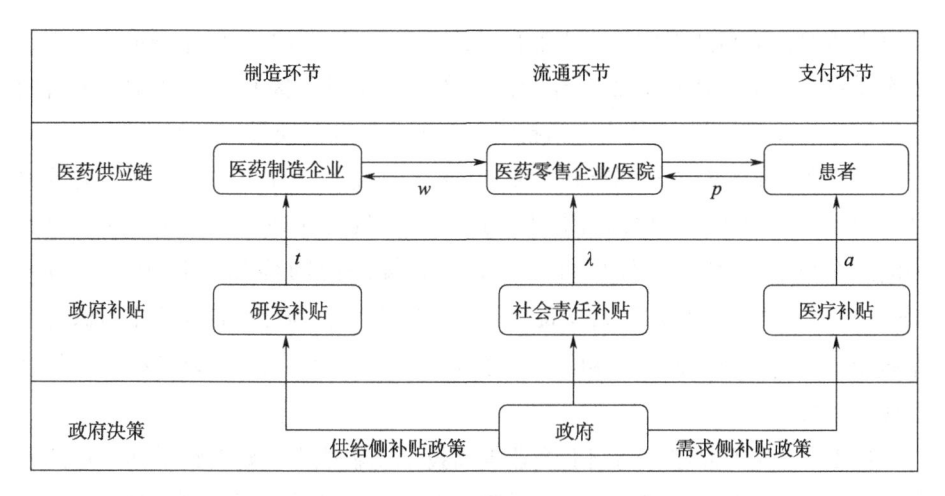

图 7-1 医药供应链结构模型

参数说明及模型假设如下：

w：医药制造企业的单位批发价格；

p：医疗机构的单位零售价格；

c_0：医药制造企业的单位生产成本；

e_0：初始技术创新能力水平；

m_0：初始药品质量；

e：技术创新能力提升的水平，$e > 0$；

r_0：企业社会责任的初始值；

r：企业社会责任强化的程度，$r > 0$；

c_n：单偏好情况下的技术创新成本，$c_n \geq c_0$；

c_z：双偏好情况下的技术创新成本，$c_z \geq c_n \geq c_0$。

S_m^X、S_r^X、S_g^X 分别表示三种不同模型中的医药制造企业、医疗机构和政府的收益，X 代表 N、B、R，分别代表单偏好模型、双偏好模型及契约协调模型；S_Y^{X*} 表示不同模型中供应链成员的最优利润，Y 代表 m、r、g；w^{X*}、p^{X*}、D^{X*}、cs^{X*} 分别表示最优的批发价格、零售价格、市场需求、消费者效用。

假设1：研究由一个医药制造企业、一个医疗机构和政府组成的医药供应链，假设其中的各成员均是风险理性的。由于药品种类繁多，在此仅考虑一种医药产品。考虑到企业社会责任的存在，该医药供应链中的药品不存在缺货情况，且不考虑其他运营成本。

假设2：在考虑技术创新的单偏好模型中，增加研发投入会带来一定程度的成本增加，提高技术创新水平后研发成本为 $c_n = \eta e^2/2$ [213]，η 表示技术创新成本系数。技术创新水平的提升会提高产品的质量，提升技术创新水平后的质量为 $m_1 = m_0 \delta e$ [214]，其中 δ 为技术创新能力对药品质量的影响系数。

假设3：在考虑技术创新和企业责任的双偏好模型中，技术创新能力的提升和企业社会责任的强化都有利于促进药品质量的提高，使企业更加注重产品的安全性、公益性和环保性。因此，双偏好中的药品质量为 $m_2 = m_1 r \beta = m_0 \delta e r \beta$ [215-216]，且满足 $\Delta m = m_2 - m_1 \geq 0$，其中 β 为社会责任强度对医药产品质量的影响系数，产生的相应成本为 $c_z = \omega(r-1)^2/2$，ω 表示社会责任强度成本系数。

假设4：为了促进医药制造企业提高技术创新能力，政府给予其一定的研发补贴，补贴的额度为 $f_1 = tc_n = t\eta e^2/2$，t 为政府对技术创新的研发补贴率。为了提升医药制造企业的社会责任感，由医疗机构分担部分社会责任成本，同时政府给予医疗机构一定的补贴，补贴的额度为 $f_2 = \lambda c_z = \lambda \omega (r-1)^2/2$，其中 λ 为政府对医疗机构的补贴率。

结合我国开展医保补贴的特性，借鉴相关学者的研究[206-207]可知，消费者对异质药品的偏好不同，企业的声誉越高、品牌越完整，消费者对其的认知度和信任度也越高。其中，θ 为服从 (0, 1) 的均匀分布函数，消费者的效用为：

$$U = \begin{cases} \theta m - (1-\alpha)p + \beta m \\ 0 \end{cases} \tag{7-1}$$

其中，$m = \begin{cases} m_0 \delta e \cdots (X = N) \\ m_0 \delta e r \beta \cdots (X = B) \end{cases}$，$\theta$ 为消费者对药品质量的敏感度，α 为药品医保补贴率。

上述函数表示，消费者如因患病而购买此种药品时，则其购买每单位质量为 m 的产品带来的效用为 θ；如不患病，则消费者效用为0。当消费者效用大于 $\theta' = [(1-\alpha)p - \beta m]/m$ 时选择此产品。

市场需求除了受产品价格的影响外，也受企业社会责任强度的影响，医药制造企业的社会责任感越高，社会对其产品的需求也越高[216]。根据边际效用递减规律，市场需求函数为：

$$D = M \int_{\theta'}^{1} d\theta = 1 - [(1-\alpha)p - \beta m]/m \tag{7-2}$$

不失一般性，设定 M 标准化为1，则消费者剩余为：

$$cs = \int_{\theta'}^{1} U\theta = [m - (1-\alpha)p + \beta m]D/2 \tag{7-3}$$

7.3 模型构建与分析

7.3.1 政府补贴下的单偏好模型

政府补贴下的单偏好模型用 N 表示,医药制造企业属于技术创新偏好型企业,优先决定技术创新努力程度 e,生产药品质量为 $m_1 = m_0 \delta e$。随着技术创新能力的增加,其生产成本由 c_0 增加至 $c_0 ev$,其中 v 表示技术创新对制造成本的影响系数。医药制造企业根据技术创新能力和生产成本决定批发价 w,医疗机构根据批发价格和内部消耗等来确定零售价格 p,而政府为了激励医药制造企业增加研发投入会给予其一定的研发补贴,补贴率为 t。由此,医药供应链成员的利润情况如下。

医药制造企业的利润为:

$$S_m^N = (w - c_0 ev)\left[1 - \frac{(1-\alpha)p - \beta m_0 \delta e}{m_0 \delta e}\right] - \frac{1}{2}(1-t)\eta e^2 \tag{7-4}$$

医疗机构的利润为:

$$S_r^N = (p - w)\left[1 - \frac{(1-\alpha)p - \beta m_0 \delta e}{m_0 \delta e}\right] \tag{7-5}$$

政府的补贴为:

$$S_g^N = S_m^N + S_r^N - \frac{1}{2}t\eta e^2 + \frac{1}{2}[m_0 \delta e - (1-\alpha)p + \beta m_0 \delta e]\left[1 - \frac{(1-\alpha)p - \beta m_0 \delta e}{m_0 \delta e}\right] \tag{7-6}$$

先对式(7-5)求关于 p 的导数,由于 $\partial^2 S_r^N / \partial p^2 = -2\alpha p/(m_0 \delta e) < 0$,当 $\partial S_r^N / \partial p = 1 + [\beta m_0 \delta e + (2p - w)(1-\alpha)]/(m_0 \delta e)$ 为零时,最优的零售价格为:

$$p = \frac{w(1-\alpha) + (1+\beta)m_0 \delta e}{2(1-\alpha)} \tag{7-7}$$

将式(7-7)代入式(7-4)求关于 w 的导数,由于 $\partial^2 S_m^N / \partial w^2 = -(1-\alpha)/(m_0 \delta e) < 0$,当 $\partial S_m^N / \partial w = [(1-\alpha)(c_0 ev - 2w) + (1+\beta)m_0 \delta e]/(2m_0 \delta e)$ 为零时,最优的批发价格为:

$$w = \frac{(1-\alpha)c_0 ev + (1+\beta)m_0 \delta e}{2(1-\alpha)} \tag{7-8}$$

将式（7-8）和式（7-7）代入式（7-4）求关于 e 的导数，由于 $\partial^2 S_m^N/\partial e^2 = -(1-t)\eta/2 < 0$，当 $\partial S_m^N/\partial e = [(1+\beta)m_0\delta - (1-\alpha)c_0v]^2/[8m_0\delta(1-\alpha)] - (1-t)\eta e/2 = 0$ 时，最优的技术创新努力程度为：

$$e^{N*} = \frac{[(1+\beta)m_0\delta - (1-\alpha)c_0v]^2}{8m_0\delta\eta(1-\alpha)(1-t)} \tag{7-9}$$

将式（7-9）代入式（7-8）和式（7-7）可知，最优的批发价格和零售价格为：

$$w^{N*} = \frac{[(1-\alpha)c_0v + (1+\beta)m_0\delta][(1+\beta)m_0\delta - (1-\alpha)c_0v]^2}{16m_0\delta\eta(1-\alpha)^2(1-t)} \tag{7-10}$$

$$p^{N*} = \frac{[(1-\alpha)c_0v + 3(1+\beta)m_0\delta][(1+\beta)m_0\delta - (1-\alpha)c_0v]^2}{32m_0\delta\eta(1-\alpha)^2(1-t)} \tag{7-11}$$

将式（7-9）、式（7-10）和式（7-11）代入式（7-2）、式（7-4）、式（7-5）和式（7-6）中可知，单偏好模型中的最优结果为：

$$D^{N*} = \frac{(1+\beta)m_0\delta - (1-\alpha)c_0v}{4m_0\delta}$$

$$cs^{N*} = \frac{[(1+\beta)m_0\delta - (1-\alpha)c_0v]^4}{256\eta(m_0\delta)^2(1-\alpha)(1-t)}$$

$$S_m^{N*} = \frac{[(1+\beta)m_0\delta - (1-\alpha)c_0v]^4}{128\eta[m_0\delta(1-\alpha)]^2(1-t)}$$

$$S_r^{N*} = \frac{[(1+\beta)m_0\delta - (1-\alpha)c_0v]^4}{128\eta[m_0\delta(1-\alpha)]^2(1-t)}$$

$$S_g^{N*} = \frac{[(1+\beta)m_0\delta - (1-\alpha)c_0v]^4[5-(1-\alpha)t-7t]}{256\eta[m_0\delta(1-\alpha)(1-t)]^2}$$

命题1：$\frac{\partial e^{N*}}{\partial t} > 0$，$\frac{\partial e^{N*}}{\partial \alpha} > 0$，$\frac{\partial e^{N*}}{\partial \beta} > 0$。

证明：由式（7-9）可知，e^{N*} 是关于 t、α、β 的正相关函数，表明研发补贴和医保支付有利于医药制造企业技术创新能力的提升，强化企业社会责任也能够促进其技术创新能力的提升。由于研发补贴有助于医药制造企业减轻由研发成本带来的负担，更有利于激发其加大技术创新的积极性，它也更愿意强化社会责任感来提升产品的质量。

命题2：$\frac{\partial cs^{N*}}{\partial \alpha} > 0$，$\frac{\partial cs^{N*}}{\partial \beta} > 0$，$\frac{\partial cs^{N*}}{\partial t} > 0$。

证明：cs^{N*} 是关于 t、α、β 的正相关函数，说明消费者效用与研发补贴、医保及社会责任灵敏度成正比关系。由于增加研发补贴缓解了医药制造企业成本过高的压力,增加医保降低了消费者药品的购买成本,企业社会责任感的强化有利于消费者获得更安全、更有保障的产品,最终都有利于消费者效用的增加。

命题3:$\frac{\partial w^{N*}}{\partial t} > 0, \frac{\partial w^{N*}}{\partial \alpha} > 0, \frac{\partial w^{N*}}{\partial \beta} > 0; \frac{\partial p^{N*}}{\partial t} > 0, \frac{\partial p^{N*}}{\partial \alpha} > 0, \frac{\partial p^{N*}}{\partial \beta} > 0$。

证明:由式(7-10)、式(7-11)可知,w^{N*} 和 p^{N*} 均是关于 t、α、β 的正相关函数,说明医药产品的批发价格和零售价格随着研发补贴和医保的增加而提高。由于医保和研发补贴激发了医药制造企业的主动性,其有意愿通过更高的产品质量来提升医药供应链成员的价值。批发价格和零售价格与社会责任强度呈正比,即社会责任强度越高,产品的质量水平越高,与之相应产品的批发价格和零售价格也越高,可见政府补贴和企业社会责任均有利于提高医药供应链的价值。

命题4:$\frac{\partial D^{N*}}{\partial \alpha} > 0, \frac{\partial D^{N*}}{\partial \beta} > 0$。

证明:$\frac{\partial D^{N*}}{\partial \alpha} = \frac{c_0 v}{4m_0 \delta} > 0, \frac{\partial D^{N*}}{\partial \beta} = \frac{1}{4} > 0$。

这说明市场需求与医保和企业社会责任灵敏度成正比。医保增加使消费者更有能力支付药品,从而增加市场需求。消费者愿意为具有更高社会责任度的产品买单,以此获得更高的安全感和满意度。

7.3.2 政府补贴下的双偏好模型

政府补贴下的双偏好模型用 B 表示,医药制造企业属于技术创新和社会责任双重偏好企业,优先决定社会责任努力程度 r 和技术创新努力程度 e。在双重偏好中的药品质量为 $m_2 = m_1 r\beta = m_0 \delta er\beta$,由于技术创新能力的提升及企业社会责任感的强化使生产成本由 c_0 增加至 $c_0 e\varepsilon$,其中 ε 表示技术和社会责任对制造成本的影响系数,医药制造企业根据生产成本及投入的能力决定批发价 w,医疗机构根据批发价格决定零售价格 p。因此,医药供应链成员的利润情况如下。

医药制造企业的利润为:

$$S_m^B = (w - c_0 er\varepsilon)\left[1 - \frac{(1-\alpha)p - \beta^2 m_0 \delta er}{m_0 \delta er\beta}\right] - \frac{1}{2}(1-t)\eta e^2 - \frac{1}{2}\omega(r-1)^2$$

(7-12)

医疗机构的利润为：

$$S_r^B = (p-w)\left[1 - \frac{(1-\alpha)p - \beta^2 m_0 \delta er}{m_0 \delta er\beta}\right] \quad (7-13)$$

政府的收益为：

$$S_g^B = S_m^B + S_r^B - \frac{1}{2}t\eta e^2 - \frac{1}{2}\lambda\omega(r-1)^2 + \frac{1}{2}\frac{[m_0\delta er\beta - (1-\alpha)p + \beta m_0\delta er\beta]^2}{m_0\delta er\beta} \quad (7-14)$$

首先，求式（7-13）关于 p 的一阶导数，由于 $\partial^2 S_r^N/\partial p^2 = -2(1-\alpha)/(\beta r\delta em_0) < 0$，当 $\partial S_r^B/\partial p = [\beta r\delta em_0(1+\beta) - (2p-w)(1-\alpha)]/(\beta r\delta em_0)$ 为零时，最优的零售价格为：

$$p = \frac{\beta r\delta em_0(1+\beta) + w(1-\alpha)}{2(1-\alpha)} \quad (7-15)$$

其次，对式（7-12）求关于 w 的导数，由于 $\partial^2 S_m^B/\partial w^2 = -2(1-\alpha)/(2\beta r\delta em_0) < 0$，当 $\partial S_m^B/\partial w = [\beta r\delta em_0(1+\beta) + (c_0 e\varepsilon r - 2w)(1-\alpha)]/(2\beta r\delta em_0) = 0$ 时，最优的批发价格为：

$$w = \frac{\beta r\delta em_0(1+\beta) + c_0 e\varepsilon r(1-\alpha)}{2(1-\alpha)} \quad (7-16)$$

最后，将式（7-15）、式（7-16）代入式（7-12），并求关于 e 的导数。由于 $\partial^2 S_m^B/\partial e^2 = -(1-t)\eta < 0$，因此可知：

当 $\partial S_m^B/\partial e = r[\beta\delta m_0(1+\beta) - c_0\varepsilon(1-\alpha)]^2/[8m_0\beta\delta(1-\alpha)] - (1-t)\eta e = 0$ 时，最优的技术创新能力为：

$$e^{B*} = \frac{r[\beta\delta m_0(1+\beta) - c_0\varepsilon(1-\alpha)]^2}{8m_0\beta\delta\eta(1-\alpha)(1-t)} \quad (7-17)$$

将式（7-22）代入式（7-21）可知，最优的批发价为：

$$w^{B*} = \frac{r^2[\beta\delta m_0(1+\beta) - c_0\varepsilon(1-\alpha)]^2[\beta\delta m_0(1+\beta) + c_0\varepsilon(1-\alpha)]}{32\beta\eta m_0\delta(1-\alpha)^2(1-t)} \quad (7-18)$$

将式（7-17）、式（7-18）代入式（7-15）可知，最优的零售价为：

$$p^{B*} = \frac{r^2[\beta\delta m_0(1+\beta) - c_0\varepsilon(1-\alpha)]^2[3\beta\delta m_0(1+\beta) + c_0\varepsilon(1-\alpha)]}{32\beta\eta m_0\delta(1-\alpha)^2(1-t)} \quad (7-19)$$

将式（7-17）、式（7-18）和式（7-19）代入式（7-2）、式（7-12）、式（7-13）和式（7-14）可知，市场需求、消费者效用、医药供应链利润与政府收益最优状态分别为：

$$D^{B*} = \frac{\beta\delta m_0(1+\beta) - c_0\varepsilon(1-\alpha)}{4\beta\eta m_0\delta}$$

$$cs^{B*} = \frac{r^2[\beta\delta m_0(1+\beta) - c_0\varepsilon(1-\alpha)]^4}{256\eta(\beta m_0\delta)^2(1-t)(1-\alpha)}$$

$$S_m^{B*} = \frac{r^2[\beta\delta m_0(1+\beta) - c_0\varepsilon(1-\alpha)]^4}{128\eta(\beta m_0\delta)^2(1-t)(1-\alpha)^2} - \frac{1}{2}\omega(r-1)^2$$

$$S_r^{B*} = \frac{r^2[\beta\delta m_0(1+\beta) - c_0\varepsilon(1-\alpha)]^4}{128\eta(\beta m_0\delta)^2(1-t)(1-\alpha)^2}$$

$$S_g^{B*} = \frac{r^2[\beta\delta m_0(1+\beta) - c_0\varepsilon(1-\alpha)]^4}{128\eta(\beta m_0\delta)^2(1-t)(1-\alpha)^2}\left(\frac{1-\alpha}{2} + 2 - \frac{t}{1-t}\right) - \frac{1}{2}\omega(r-1)^2$$

7.3.3 政府补贴下的组合契约协调模型

政府补贴下的组合契约协调模型用 R 表示。笔者在此基于双偏好模型设计了政府补贴作用下"集采低价+成本共担"的组合契约机制对医药供应链进行协调。为了分担上游企业的成本压力并激励医药制造企业提升社会责任程度，由医疗机构分担一部分社会责任成本，分担的比例为 φ；政府则给予医疗机构一定的社会责任补贴，补贴率为 λ；同时医药制造企业会根据采购数量给予医疗机构一定的数量折扣，折扣率为 n。政府补贴下组合契约协调模型中的医药供应链收益分配如下。

医药制造企业、医疗机构和政府的收益分别为：

$$S_m^R = [w(1-n) - c_0 er\varepsilon]\left[1 - \frac{(1-\alpha)p - \beta^2 m_0\delta er}{m_0\delta er\beta}\right] - \frac{1}{2}(1-t)\eta e^2 - \frac{1}{2}(1-\varphi)\omega(r-1)^2 \tag{7-20}$$

$$S_r^R = [p - w(1-n)]\left[1 - \frac{(1-\alpha)p - \beta^2 m_0\delta er}{m_0\delta er\beta}\right] - \frac{1}{2}\varphi\omega(r-1)^2 + \lambda\omega(r-1)^2/2 \tag{7-21}$$

$$S_g^R = S_m^R + S_r^R - \frac{1}{2}t\eta e^2 - \frac{1}{2}\lambda\omega(r-1)^2 + \frac{1}{2}\frac{[m_0\delta er\beta - (1-\alpha)p + \beta m_0\delta er\beta]^2}{m_0\delta er\beta} \tag{7-22}$$

将式（7-2）和 m_2 代入式（7-21），求其关于 p 的导数可知，由于 $\frac{\partial^2 S_r^R}{\partial p^2} = -\frac{2(1-\alpha)}{\beta e m_0 r\delta} < 0$，当 $\frac{\partial S_r^R}{\partial p} = \frac{e m_0 r\delta\beta^2 - 2(1-\alpha)p + w(1-n)(1-\alpha)}{\beta e m_0 r\delta} + 1$ 为零时，最优的零售价格为：

$$p = \frac{w(1-n)(1-\alpha) + \beta e m_0 r\delta(1+\beta)}{2(1-\alpha)} \tag{7-23}$$

将式（7-2）、式（7-23）和 m_2 代入式（7-20），求其关于 w 的导数，由 $\dfrac{\partial^2 S_m^R}{\partial w^2} = -\dfrac{2(1-n)^2(1-\alpha)}{2\beta em_0 r\delta} < 0$ 可知：

当 $\dfrac{\partial S_m^R}{\partial w} = \dfrac{(1-n)[em_0 r\delta\beta(1+\beta) - 2w(1-n)(1-\alpha) + c_0 er\varepsilon(1-\alpha)]}{2\beta em_0 r\delta}$

为零时，最优的批发价格为：

$$w = \frac{(1-n)[em_0 r\delta\beta(1+\beta) + c_0 er\varepsilon(1-\alpha)]}{2(1-n)(1-\alpha)} \tag{7-24}$$

将式（7-23）、式（7-24）代入式（7-20），求其关于 e 的导数，由 $\dfrac{\partial^2 S_m^R}{\partial e^2} = -\dfrac{1}{2}(1-t)\eta < 0$ 可知：

当 $\dfrac{\partial S_m^R}{\partial e} = \dfrac{r[m_0\delta\beta(1+\beta) - c_0\varepsilon(1-\alpha)]^2}{8\beta m_0\delta(1-\alpha)} - (1-t)\eta e$ 为零时，技术创新能力达到最优时的状态为：

$$e^{R*} = \frac{r[m_0\delta\beta(1+\beta) - c_0\varepsilon(1-\alpha)]^2}{8\beta m_0\delta\eta(1-\alpha)(1-t)} \tag{7-25}$$

将式（7-25）代入式（7-23）、式（7-24）可知，最优的批发价和零售价分别为：

$$p^{R*} = \frac{r^2[\beta m_0\delta(1+\beta) + c_0\varepsilon(1-\alpha)]^2[3\beta m_0\delta(1+\beta) + c_0\varepsilon(1-\alpha)]}{32\eta\beta m_0\delta(1-\alpha)^2(1-t)} \tag{7-26}$$

$$w^{R*} = \frac{r^2[m_0\delta\beta(1+\beta) + c_0\varepsilon(1-\alpha)][m_0\delta\beta(1+\beta) - c_0\varepsilon(1-\alpha)]^2}{32 m_0\delta\beta\eta(1-t)(1-n)(1-\alpha)^2} \tag{7-27}$$

将式（7-25）、式（7-26）和式（7-27）代入式（7-2）、式（7-20）、式（7-21）和式（7-22）可知，组合契约协调模型中最优的市场需求、消费者效用、医药供应链成员及政府收益分别为：

$$D^{R*} = \frac{m_0\delta\beta(1+\beta) - c_0\varepsilon(1-\alpha)}{4 m_0\delta\beta}$$

$$cs^{R*} = \frac{r^2[m_0\delta\beta(1+\beta) - c_0\varepsilon(1-\alpha)]^4}{256\eta(m_0\delta\beta)^2(1-t)(1-\alpha)}$$

$$S_m^{R*} = \frac{r^2[m_0\delta\beta(1+\beta) - c_0\varepsilon(1-\alpha)]^4}{128\eta(m_0\delta\beta)^2(1-t)(1-\alpha)^2} - \frac{1}{2}\omega(1-\varphi)(r-1)^2$$

$$S_r^{R*} = \frac{r^2[m_0\delta\beta(1+\beta) - c_0\varepsilon(1-\alpha)]^4}{128\eta(m_0\delta\beta)^2(1-t)(1-\alpha)^2} - \frac{1}{2}\omega(\lambda-\varphi)(r-1)^2$$

$$S_g^{R*} = \frac{r^2 [m_0\delta\beta(1+\beta) - c_0\varepsilon(1-\alpha)]^4}{64\eta(m_0\delta\beta)^2(1-t)(1-\alpha)^2} \left[\frac{1-\alpha}{4} + 1 - \frac{t}{2(1-t)}\right] - \frac{1}{2}\omega(r-1)^2$$

命题 5：

存在阈值 β_1，满足 $\dfrac{r[(1+\beta_1)\beta_1 m_0\delta - (1-\alpha)c_0\varepsilon]^2}{\beta_1[(1+\beta_1)m_0\delta - (1-\alpha)c_0v]^2} > 1$ 时，$e^{B*} = e^{R*} > e^{N*}$，$cs^{B*} = cs^{R*} > cs^{N*}$；

存在阈值 β_2，满足 $\dfrac{(1+\beta_2)\beta_2 m_0\delta - (1-\alpha)c_0\varepsilon}{\beta_2[(1+\beta_2)m_0\delta - (1-\alpha)c_0v]} > 1$ 时，$D^{B*} = D^{R*} > D^{N*}$；

存在阈值 β_3，满足 $\dfrac{r[(1+\beta_3)\beta_3 m_0\delta + (1-\alpha)c_0\varepsilon]}{(1+\beta_3)m_0\delta + (1-\alpha)c_0v} > 1$ 时，$w^{R*} > w^{B*} > w^{N*}$；

存在阈值 β_4，满足 $\dfrac{r[3(1+\beta_4)\beta_4 m_0\delta + (1-\alpha)c_0\varepsilon]}{3(1+\beta_4)m_0\delta + (1-\alpha)c_0v} > 1$ 时，$p^{B*} = p^{R*} > p^{N*}$。

证明：$\Delta e = e^{B*}/e^{N*} > 1$；$\Delta cs = cs^{B*}/cs^{N*} > 1$；$\Delta D = D^{B*}/D^{N*} > 1$；$\Delta w_1 = w^{B*}/w^{N*} > 1$；$\Delta w_2 = w^{R*}/w^{B*} > 1$；$\Delta p = p^{B*}/p^{N*} > 1$。

在阈值范围内，使双偏好模型下最优的技术创新能力水平和消费者效用高于单偏好模型，则双偏好模型中的零售价格和批发价格均高于单偏好模型。这说明企业社会责任感的增强有利于提升消费者效用和价值，激发医药制造企业付出更多的创新努力来提高产品的质量，从而使消费者获得安全放心的产品，而消费者也更倾向于社会责任感强的企业。从需求导向来说，能够引导、激励医药制造企业更加重视社会责任，通过提升产品和服务的质量来扩大市场影响。同时，在医保和研发补贴作用下，增加有关社会责任的补贴对最优的促销努力和市场需求及消费者效用没有影响。

命题 6：$\dfrac{\partial S_m^{N*}}{\partial \alpha} > 0$，$\dfrac{\partial S_m^{N*}}{\partial \beta} > 0$，$\dfrac{\partial S_m^{N*}}{\partial t} > 0$，$\dfrac{\partial S_r^{N*}}{\partial \alpha} > 0$，$\dfrac{\partial S_r^{N*}}{\partial \beta} > 0$，$\dfrac{\partial S_r^{N*}}{\partial t} > 0$，$\dfrac{\partial S_g^{N*}}{\partial \beta} > 0$，存在阈值 α_1，当 $\alpha \leq \alpha_1$ 时，$\dfrac{\partial S_g^{N*}}{\partial \alpha} > 0$；当 $\alpha > \alpha_1$ 时，$\dfrac{\partial S_g^{N*}}{\partial \alpha} \leq 0$。存在阈值 $t_1 = \dfrac{3-\alpha}{7-\alpha}$，当 $t < t_1$ 时，$\dfrac{\partial S_g^{N*}}{\partial t} > 0$；当 $t \leq t_1$ 时，$\dfrac{\partial S_g^{N*}}{\partial t} \leq 0$。

证明：S_m^{N*} 与 S_r^{N*} 均是关于 β、α 和 t 的正相关函数，S_g^{N*} 是关于 β 的正相关函

数。当 $t_1 \leq \dfrac{3-\alpha}{7-\alpha}$ 时，S_g^{N*} 是关于 t 的正相关函数；当 $t_1 > \dfrac{3-\alpha}{7-\alpha}$ 时，S_g^{N*} 是关于 t 的负相关函数。存在阈值 α_1，当满足条件 $\dfrac{1}{2(1-\alpha_1)} + \dfrac{c_0 v}{(1+\beta)m_0\delta - (1-\alpha_1)c_0 v} > \dfrac{1-t}{4[5-7t-\alpha_1(1-t)]}$ 时，$\dfrac{\partial S_g^{N*}}{\partial \alpha} > 0$ 成立，否则 $\dfrac{\partial S_g^{N*}}{\partial \alpha} \leq 0$。

这说明，医药制造企业、医疗机构的利润随研发补贴 t 和医保率 α 的增加和提高而增加。制药企业社会责任感的增强有助于增加整个供应链成员的利润，提高社会福利。存在阈值 α_1，使政府的收益随医保率的提高呈现先增加后减少的趋势。存在阈值 t_1，使政府的收益随研发补贴率的提高呈现先增加后减少的趋势。这说明，过高的医保率和研发补贴都会缩减政府的收益。

命题 7：存在阈值 β_5 满足以下条件：

$$\dfrac{r^2[(1+\beta_5)\beta_5 m_0\delta - (1-\alpha)c_0\varepsilon]^4}{128\eta[\beta_5 m_0\delta(1-\alpha)]^2(1-t)} - \dfrac{[(1+\beta_5)m_0\delta - (1-\alpha)c_0 v]^4}{128\eta[m_0\delta(1-\alpha)]^2(1-t)} > \dfrac{1}{2}\omega(r-1)^2$$，此时 $S_r^{R*} > S_r^{B*} > S_r^{N*}$ 成立；

存在阈值 β_6，满足 $\dfrac{r[(1+\beta_6)\beta_6 m_0\delta - (1-\alpha)c_0\varepsilon]^2}{\beta_6[(1+\beta_6)m_0\delta - (1-\alpha)c_0 v]^2} > 1$ 时，$S_m^{R*} > S_m^{B*} > S_m^{N*}$ 成立；

存在阈值 β_7，满足 $r^2[m_0\delta\beta_7(1+\beta_7) - c_0\varepsilon(1-\alpha)]4(1-\alpha)(1-t)(4-6t) > \{[(1+\beta_7)m_0\delta - (1-\alpha)c_0 v]4[5-(1-\alpha)t-7t] + J\}\beta_7^2$，其中，$J = 128\eta\omega(r-1)^2[m_0\delta(1-\alpha)(1-t)]^2$ 时，$S_g^{R*} = S_g^{B*} > S_g^{N*}$ 成立。

证明：由于 $r \geq 1$，$\Delta S_{m2} = S_m^{B*} - S_m^{N*} > 0$，$\Delta S_{m1} = S_m^{R*} - S_m^{B*} > 0$，$\Delta S_{r2} = S_r^{B*} - S_r^{N*} > 0$，$\Delta S_{r1} = S_r^{R*} - S_r^{B*} > 0$，$\Delta S_{g1} = S_g^{R*} - S_g^{B*} = 0$，$\Delta S_{g2} = S_g^{B*} - S_g^{N*} > 0$。

对于医疗机构来说，存在阈值 β_5，当 $\beta \geq \beta_5$ 时，组合契约协调下的利润高于双偏好下的利润，且二者均高于单偏好下的利润。对于医药制造企业来说，存在阈值 β_6，当 $\beta \geq \beta_6$ 时，组合契约协调下的利润高于双偏好下的利润，且二者均高于单偏好下的利润。对于政府来说，存在 β_7，当 $\beta \geq \beta_6$ 时，双偏好下的收益高于单偏好下的收益，组合契约则不影响政府的收益。这说明当满足约束条件时，医药供应链成员更加倾向于选择双偏好模型，强化企业社会责任有利于提升医药制造企业和医疗机构的价值，给政府带来更多的收益。组合契约能够优化和协调医药供应链，为医药供应链成员带来更多的利润。增加对企业社会责任的补贴不会影响政府的收益，并且可以对医药供应链成员起到一定的引导作用。

命题 8：在政府补贴政策下，最优的补贴率满足以下条件：

$$\begin{cases} \alpha = \dfrac{(1+\beta)\beta m_0 \delta - c_0 \varepsilon}{c_0 \varepsilon} \\ t = \dfrac{(1+\beta)\beta m_0 \delta - 4c_0 \varepsilon}{(1+\beta)\beta m_0 \delta - 8c_0 \varepsilon} \end{cases} \quad (7\text{-}28)$$

证明：当 $\dfrac{\partial S_g^{R*}}{\partial t} > 0$ 时，可知 $\alpha = \dfrac{(1+\beta)\beta m_0 \delta - c_0 \varepsilon}{c_0 \varepsilon}$ 和 $t = \dfrac{(1+\beta)\beta m_0 \delta - 4c_0 \varepsilon}{(1+\beta)\beta m_0 \delta - 8c_0 \varepsilon}$ 成立。

这说明当满足约束条件时，医保比例与企业社会责任强度成正比例关系，研发补贴与企业社会责任强度成反比例关系。由于药品质量受企业社会责任的影响越大，医保补贴的额度越高，因而医药制造企业为提升消费者的可得性也会更加注重研发创新，投入更多的资源来提高技术创新能力，即使政府给予的研发补贴减少时其也能达到最优技术创新能力。

7.4 算例分析

考虑到医药企业研发周期较长、研发成本高等特性，笔者结合某医药生产企业处方药的实例，设定参数 $m_0 = 1$，$c_0 = 1$，$\delta = 0.1$，$\omega = 3$，比较分析单偏好、双偏好及组合契约协调三种模型中的最优技术创新努力程度、批发价格、零售价格及消费者效用等参数。关于 β、α 和 t 的灵敏度分析情况，如图 7-2 和图 7-3 所示。

由图 7-2 和图 7-3 可知，最优技术创新努力程度及消费者效用均与 β、α 和 t 呈正向影响，说明政府补贴有利于提高医药制造企业的技术创新能力。如图 7-2 所示，当 β 较小时，企业社会责任灵敏度对于技术创新能力的影响较小，强化社会责任的成本高于其激励作用带来的效益，医药制造企业创新的积极性降低造成消费者效用降低。随着 β 的增加，技术创新努力程度及消费者效用也提高，说明企业社会责任对企业的影响程度提高。如图 7-3 所示，双重偏好下的技术创新努力程度和消费者效用高于单偏好下的情况，说明履行社会责任有利于促进医药制造企业更加努力去研发、创新，提高医药产品的质量，从而增加消费者效用。政府增加对企业社会责任的补贴不影响最优的

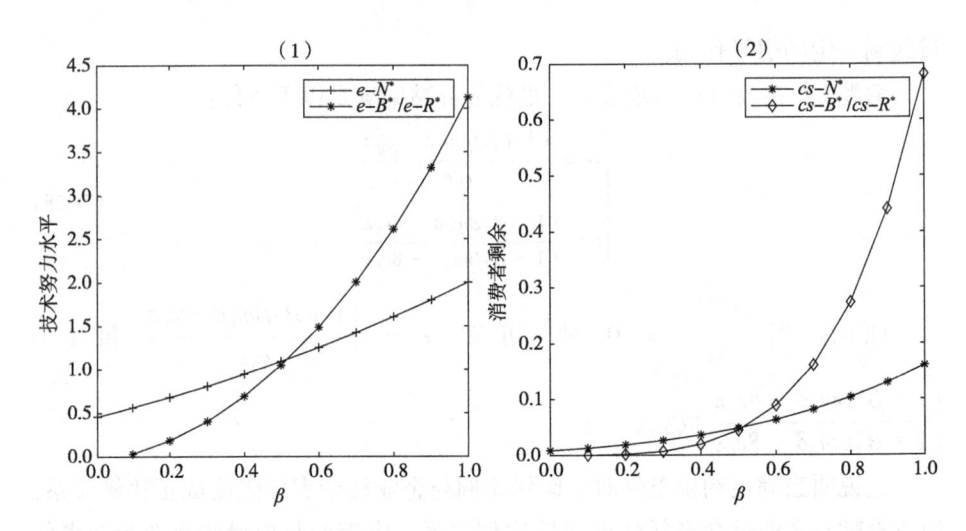

图 7-2 最优技术创新努力程度与消费者效用随社会责任强度的变化而变化的情况

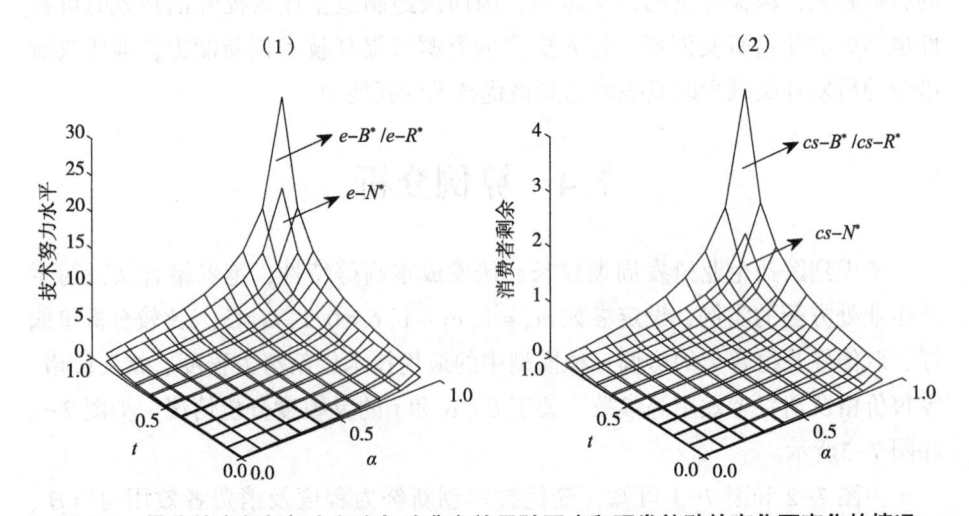

图 7-3 最优技术创新努力程度与消费者效用随医疗和研发补贴的变化而变化的情况

促销努力、市场需求及消费者效用。由此验证命题1、命题2及命题5中关于努力程度和消费者效用的论述成立。

由图7-4和图7-5可知，三种决策模型中最优批发价格与零售价格均与β、α和t呈正向影响。当β较小时，医药制造企业不注重培养其社会责任意识时批发价格较高。随着β的变大，政府就社会责任补贴下的批发价格始终高于没有补贴下的批发价格，如图7-4（1）所示。随着β的变大，双重偏好下的零售价格高于单偏好下的价格。无论政府是否就社会责任进行补贴，这

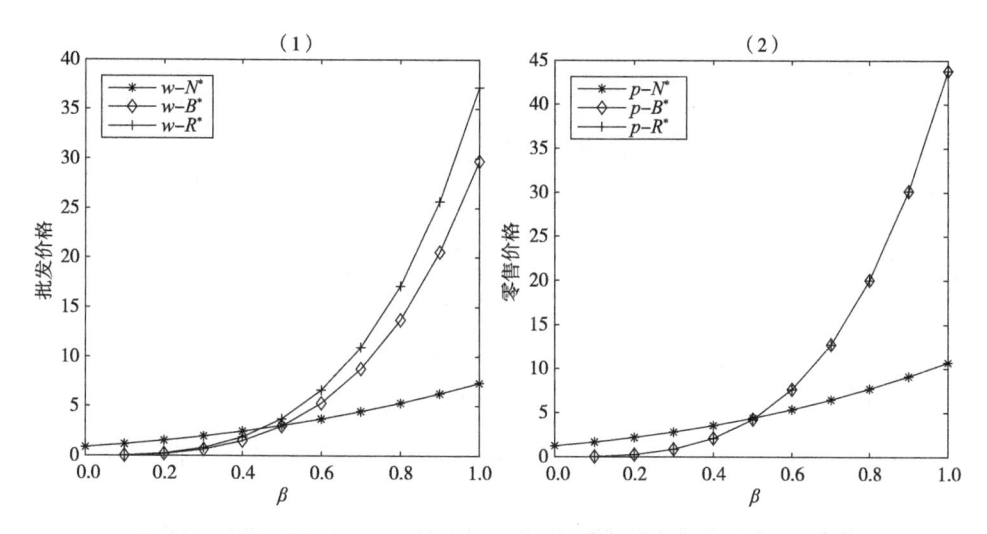

图 7-4 最优批发价格与零售价格随社会责任强度的变化而变化的情况

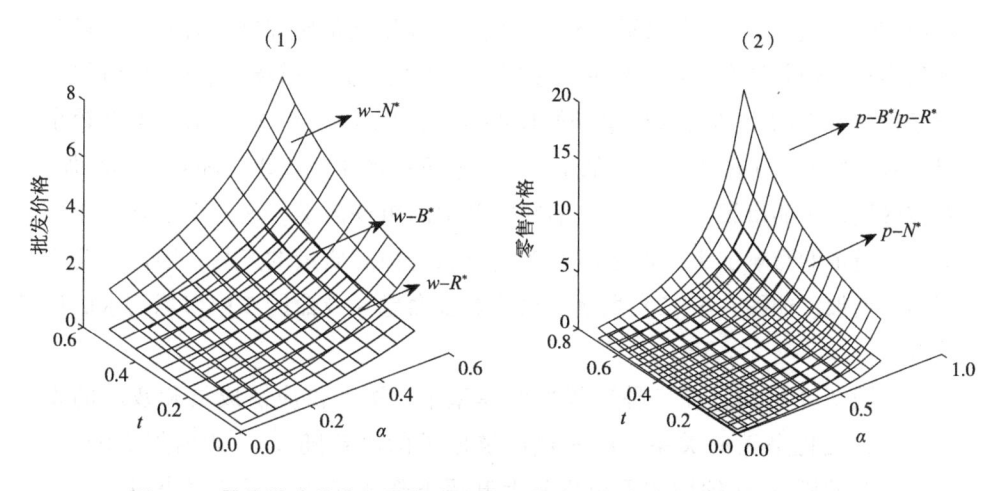

图 7-5 最优批发价格与零售价格随医疗和研发补贴的变化而变化的情况

种情况都成立，如图 7-4（2）所示，说明政府就社会责任的补贴不影响零售价格。随着 α 和 t 的变化，单偏好模型中的批发价格最低，组合契约协调模型中的批发价格最高，如图 7-5（1）所示。组合契约和双偏好中的零售价格高于单偏好中的零售价格，如图 7-5（2）所示。这表明消费者愿意购买更高质量的产品，且政府就社会责任的补贴对零售价格并无影响。由此验证命题 3 与命题 5 中关于批发价格和零售价格的论述成立。

由图 7-6 可知市场需求函数随 α、β 的变化情况。在三种决策模型中，市

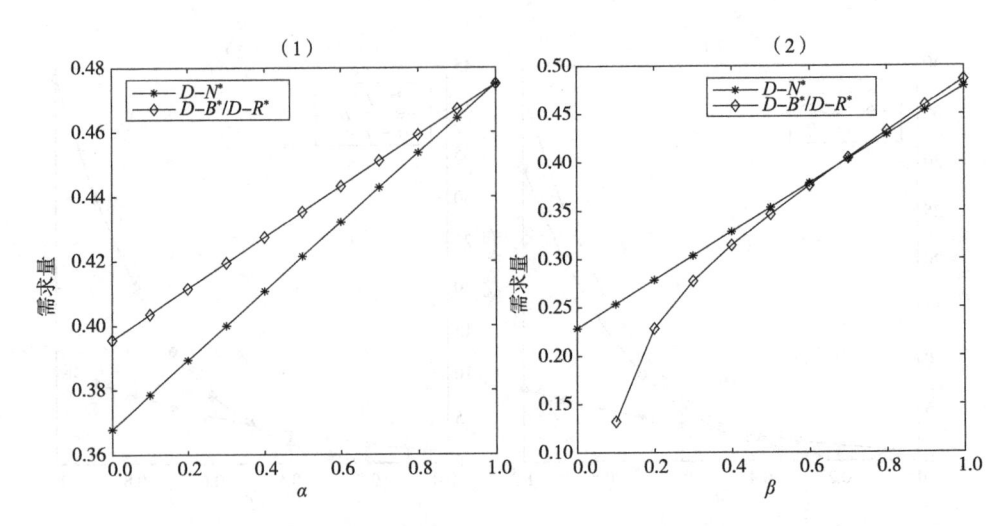

图 7-6 市场需求函数随医疗补贴和社会责任强度的变化而变化的情况

场需求分别随 α、β 的变化而呈现正向变化，说明增加医保补贴有利于市场需求的增长，随着社会责任对药品质量影响程度的升高，市场需求也随之增加。双偏好模型中的市场需求比单偏好模型高，如图 7-6（1）所示。当 β 较小时，双偏好模型中的市场需求低于单偏好模型中的市场需求；随着 β 的增加，双偏好模型中的市场需求高于单偏好模型中的市场需求。这是由于社会责任对产品质量的影响加大，加之消费者更愿意选择高质量的产品，因此引起市场需求增加，如图7-6（2）所示。由此验证命题 4 及命题 5 中市场需求的论述成立。

由图 7-7 可知，在三种决策博弈模型中，医药供应链成员和政府的收益与 β 的变化呈正向关系，医药供应链成员的收益随 α、t 的增加而增加，政府的收益随 α、t 的增加而呈现先上升后下降的趋势。当 β 偏小时，单偏好下医药制造企业和医疗机构的利润比双偏好情况下要高，即便政府加强对社会责任的补贴也弥补不了其利润的损失。当 β 达到一定的阈值时，双偏好下医药制造企业和医疗机构的利润高于单偏好下的利润，组合契约下医药制造企业和医疗机构的利润高于双偏好下的利润，如图 7-7（1）和图 7-7（2）所示。当 β 偏小时，偏好技术创新下政府的收益比双重偏好下要高；当 β 达到一定阈值时，双重偏好下政府的收益比技术创新偏好下要高，当政府进行补贴协调时不影响政府的收益，如图 7-7（3）所示。这说明存在的阈值使双偏好下的医药供应链成员和政府的收益高于其在单偏好下的利润，组合契约协调能够优化和协调医药供应链，使医药供应链成员的利润增加。由图7-8可知，随着 α、t 的增加，医药供应链成员的利润也随之增加，说明增加研发补贴和社会责任补贴对医药制造企业和医疗机构都是有利的。对于医药制造企业来说，其在双偏好下的利润高于单偏好下的利润，在组合契约下的利润高于双偏好下的利润，因此双重补贴对医药制造企业是有利的。但是，政府的收益随着 α、t 的增加而呈现先增加后减少的趋势。在 $[0, \alpha_1]$ 范围内，政府补贴有利于医药制造企业利润的增加；当 $\alpha > \alpha_1$ 时，过高的医保补贴则会增加政府的财政压力从而降低政府的收益，因此选择双偏好模型对政府是有利的，通过提升医药制造企业的技术

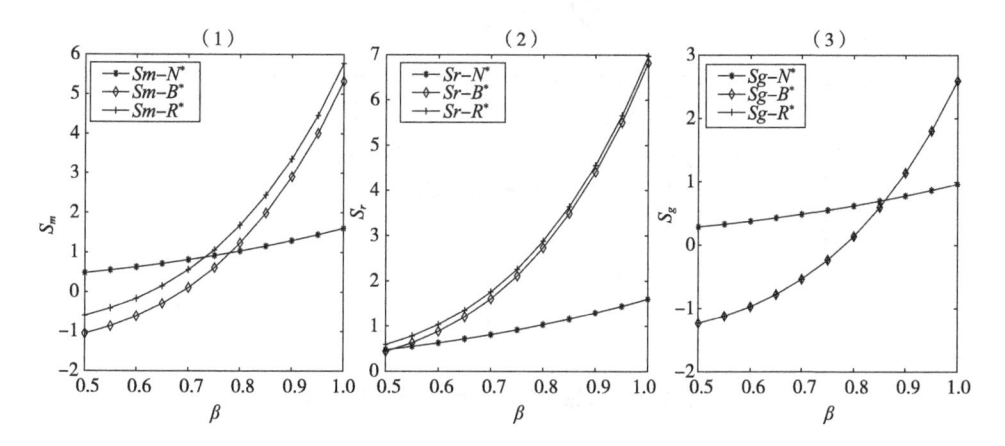

图 7-7 医药供应链成员的利润与政府收益随社会责任强度的变化而变化的情况

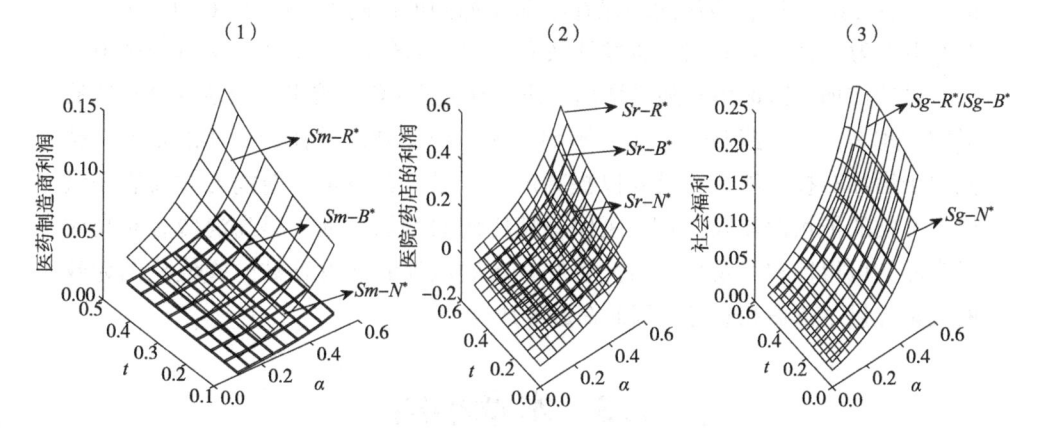

图 7-8 医药供应链成员和政府的收益随医疗和研发补贴的变化而变化的情况

水平和增加其社会责任感能为社会带来了更多的福利。在 $[0, t_1]$ 范围内，增加研发补贴能够为政府带来利润；但是当 $t > t_1$ 时，研发补贴过高会减少政府收益，由此验证了命题 6 和命题 7 的成立。

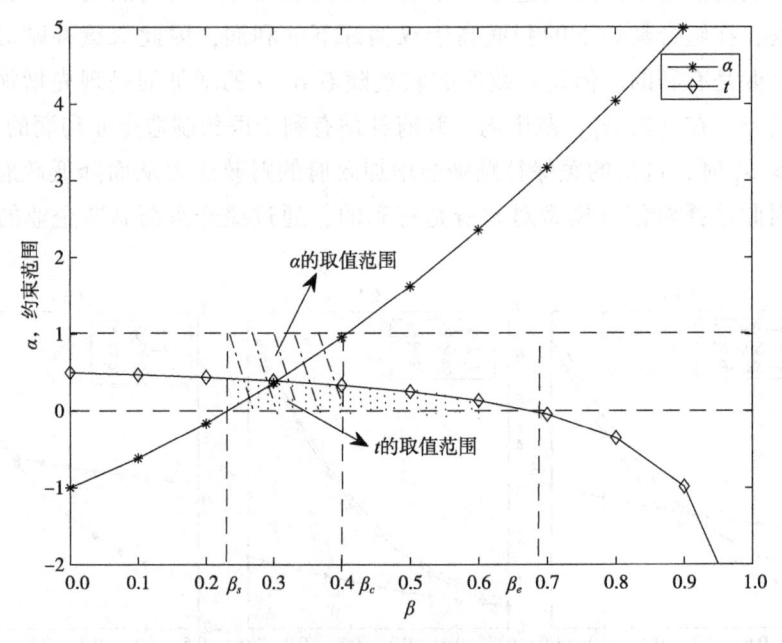

图 7-9　医保和研发补贴率的约束范围

如图 7-9 所示，在对医保和研发补贴的约束范围进行分析时，发现当 β 取值为 $[\beta_s, \beta_c]$ 时，最优的医保补贴率 α 的阈值区间为 $[0.3650, 0.9600]$；在 β 取值为 $[\beta_s, \beta_e]$ 时，研发补贴率 t 的阈值区间为 $[0.1379, 0.5000]$。随着 β 的增加，医保率 α 随之增加，研发补贴率 t 随之降低。企业社会责任的灵敏度越高，对医药制造企业的影响越大；企业越注重社会责任的培养，越倾向于增加对技术创新的投入以提高产品质量，其技术创新能力对政府提供研发补贴的依赖性降低，并且医保补贴比例的增加有助于提高消费者对高质量产品的可得性和可及性。由此可知，政府医保和研发补贴的阈值范围为政府决策提供了依据和参考，因此命题 8 成立。

7.5　本章小结

本章结合我国医药企业的特点，比较了三种决策模型中的医药供应链成员利润、政府收益和消费者效用,分析了研发补贴和医保支付作用下的技术创新和企业社会责任强度及其对医药供应链决策的影响,并建立组合契约对医药供应链进行优化。通过本章研究,总结出以下几点结论。

第一,与单偏好模式相比,双偏好模式下的医药制造企业不仅关注自身的创新水平,而且注重履行社会责任。其创新水平在双偏好模式下要高于在单偏好模式下,相应的批发价格和零售价格也较高。由于药品属于特殊的必需品,对产品高质量的必要性需求会削弱对价格的敏感度[211]。消费者对能够提供高质量、疗效好的药品且社会责任感强的企业具有较高的消费黏性和忠诚度,因而双偏好模式下的市场需求也随之较高。

第二,政府补贴有利于企业创新能力的提升,补贴越高医药供应链成员可获得的利润也越多,这与相关学者研究得出的结论[217-218]相似。但是,笔者发现过高的补贴会降低政府的收益。除了研发补贴外,医保支付也有利于消费者效用的增加,能够激励医药制造企业投入更多的努力来提高技术创新能力,增加医药制造企业和医疗机构利润。同时,增强企业社会责任感也有利于促进医药制造企业提高技术努力程度,给消费者带来价值增值,为社会增加福利。因此,医药制造企业不仅要充分利用技术资源和社会资源升级为创新型企业,而且要注重培养社会责任感以保持企业的健康发展。

第三,满足约束条件时,组合契约协调模型中的医药制造企业和医疗机构的利润高于其在双偏好模式中的利润,且均高于单偏好模式中的利润。这说明,如果没有协调和信息共享,供应链成员就无法在激烈的市场竞争中获得更高的收益,这与相关学者的研究结论[219]相似。双偏好模式对于医药制造企业和医疗机构都是有利的,双偏好模式有利于提高技术创新努力程度,增加消费者效用。因此,满足约束条件时,相对于单偏好模式来说,医药制造企业更倾向于选择双偏好模式。可见组合契约对医药制造企业起到了一定的激励作用,与之相对应的批发价格和零售价格也在三种决策模型中最高。

第四,满足约束条件时,政府在双偏好模式下的收益高于单偏好模式,但组合契约并没有增加政府的收益。强化企业社会责任可以增加医药制造企业、医疗机构和政府的收益[220],组合契约在不影响政府收益的前提下对医药制造企业和医疗机构都是有利的。同时,政府对社会责任补贴的支出可以增加社会福利。由此可见,政府在可持续发展中起到了决定性的作用。在阈值范围内的政府补贴有利于政府收益的提升，但研发补贴和医保费用过高则会给政府带来资金压力。通过均衡解可得到政府补贴率的阈值范围，从而为政府实施补贴政策和进行相关决策提供参考。

第 8 章
消费者偏好扰动下的医药双渠道闭环供应链协调策略

8.1　问题分析

医药行业被定义为包括药物研发、生产和销售在内的组织、流程和运营系统，药品供应链是一种在适当的地点和时间，在接收者和消费者之间将适当数量和质量的医疗产品送达的方式。鉴于药品对人们生活的影响，药品行业在全球范围内被一致认为是必不可少的，在大批量分销和生产过程中获取药品时的任何问题都可能危及人们的生命，药物的供应时间和供应数量与人们的健康状况直接相关。高水平医疗服务和有效的医疗库存是所有医疗保健行业的基本目标。药品短缺和药品使用不当不仅会导致经济损失，而且会对患者产生重大影响。许多卫生系统和医院之所以在实现这些目标方面遇到困难，是因为它们没有解决好如何管理、供应和使用药物来挽救生命和改善健康的问题。充分了解医疗保健行业的运营以及提供决策支持工具对于改善医药供应链中的卫生政策、公共卫生、患者安全和战略决策至关重要。对此，有学者提出了一个库存模型[245]，该模型将持续审查与涉及制药企业和医院供应链的生产和分销相结合。该模型考虑了多种医药产品、可变提前期、允许的付款延迟、空间可用性的限制以及客户服务水平等多个因素，提出了能够确定库存批次大小、交货时间和交付数量的最佳解决方案，以实现供应链的总成本最低。减少等待时间和浪费能够直接提高供应链的质量，能源的浪费则影响了供应链的可持续发展。有学者研究并提出了减少时间的最佳策略条件[246]，他们在该条件下开发了一个数学模型来分析与废弃物管理相关的两种补货周期的方法，并在考虑了制造/再制造政策的一级和二级市场概念基础上构建了封闭结构的供应链模型。通过分析该模型，可实现总成本的最小化。通过计算得到决策变量的解可知，在初级供应链中使用该模型对次级供应链非常有效。数值研究发现，通过采取正确的政策，一级市场的等待时间减少了84.62%，成本降低了1.38%，从而显著减少了浪费。任何产品价值链的交付环节对最终消费者/客户都非常关键。有学者对尼日利亚的医药供应链管理进行了调查（重点是出境价值链的挑战方面）[247]。该学者还对尼日利亚制药业的私营和公共部门进行了定量调查。数据分析显示了尼日利亚在药品交付中所面临的六个最关键的挑战，并通过探索性因子分析从"人员和能力问题"以及"基础设施和监管不足"等挑战中提取了两个主要因素。该研究在研究方法和政策制定等方面作出了重要贡献，研究结果对尼日利亚等资源匮乏国家制药行业中的公共和私营部门的政策制定者和决策者尤其具有价值。

在供应链环境中，时间延迟对易腐烂产品的供应有着重大影响。因此，对于实践者和研究人员来说，在供应链环境中生产、贮存和配送易腐烂的产品是具有挑战性的，标准的最优供应链模型不适用于易腐烂产品。因此，需要在关注易腐烂产品的供应链环境基础上开发整体优化模型。易腐烂产品的保质期较短，对温度控制的要求严格，处理数量较大的易腐烂产品是供应中主要面临的挑战。有一项研究工作的重点是使用改进的细菌锻造算法来设计一个整体模型以求解模型公式，分析模型的一般属性，并最终将其应用于三阶段供应链当中[248]。研究者们考虑用两个案例来研究集成易腐烂供应链网络问题，结果表明所提出的模型在考虑供应时对决策者最优。有学者研究了在履行企业社会责任和不确定需求下由药房和药品供应企业组成的两级药品供应链的协调[249]。在这方面，研究者们首先引入了向贫困地区捐赠药品的计划和在药房收集剩余药品的回收计划，以提高拟议药品供应链的公共卫生和企业社会责任绩效，并由药品供应企业在销售期开始时确定捐赠金额。其次，由药房决定药单的数量。最后，由药品供应企业在周期内的指定时间中决定回收数量。此外，他们还制定了收入和成本分摊合同来协调渠道。尽管这些作为集中实体优化了药品供应链的总盈利能力，但研究结果表明，这不能保证两个渠道成员的盈利能力。数值调查表明，使用所提出的协调方案不仅可以激励渠道成员参与社会/慈善活动，而且可以减少药物浪费及其潜在损失。这一发现意味着该协调机制可以调整合约参数，使成员有足够的动力参与渠道优化决策，同时确保上述药品供应链成员的盈利能力。此外，在药品供应链中越来越多地采用了区块链技术，使客户能够进行从原材料采购到成品药品配送的全过程跟踪。使用区块链技术的行为也改善了企业的品牌形象，提高了信息透明度，扩大了市场，因为数据在分布式数据库中不可修改并得以安全存储，因此所有供应链成员都可以访问。然而，供应链成员为了扩大需求规模而在供应链中使用区块链技术时是否愿意以信息披露为代价呢？有学者为了考察供应链成员对采用区块链技术的激励行为，设计了由两个医药制造企业和一个比制造企业拥有更精确需求信息的普通零售企业组成的两级供应链[250]。研究发现，当制造企业的竞争相对来说不那么激烈，即需求方差较低时，零售企业有参与区块链的动机。该研究也考察了区块链对供应链总剩余和客户剩余的影响，并发现采用区块链总是有利于客户和社会的。

近年来，随着中草药的供应量越来越大，单独种植的各种中草药的生产质量和生产标准也越来越难以控制。为了促进中药材的标准化生产，应当对其生产、加工和采购进行有效的质量控制，建立安全有效的中草药供应链流通追溯体系也势在必行。为此，有学者提出了基于物联网农业传感器的中草药供应链流通追溯系统[251]。根据中草药供应链的特点，利用物联网技术平台中的农业传感器，规划实施中草药供应链的详细信息检查和追溯系统，然后对种植进行编号、加工、购销部分中药材。该系统主要通过提高全过程信息化的实施，以实现中药材从种植到销售的高监管模式。研究者通过对系统的可行性测试，发现基于物联网农业传感器的中草药供应链流通追溯系统可以显著提高中草药的流通效率，不仅降低了中药材的流通成本，而且使中药材供应企业、生产厂家和销售企业都能享受到准确、便捷的中药材供应服务。他们由此得出结论，即中草药供应链的第一种模式是预监管模式，第二种是流通追溯监控模式。有学者研究了不确定性下绿色医药供应链网络的设计，它集成了分配、位置、生产、配送、路由、库存和采购问题[252]。这一研究的目的是为多周期、三级、多产品、多模式运输的绿色医药供应链网络设计模糊双目标混合整数线性规划模型。该网络的主要功能是通过关注减少温室气体和控制环境污染物来考察与药房和医院相关的环境影响。因此，为了处理不确定参数，研究人员利用模糊规划来检查不确定参数，并使用了元启发式算法，开发了新的混合算法，称为混合萤火虫算法和模拟退火和混合萤火虫算法和社会工程优化，构建了供应网络模型。此外，为了展示研究的适用性和缺乏基准函数的问题，研究人员还提供了一组两种大小的模拟数据，以验证模型设计的正确性。有学者针对文献中尚未充分报道的改进的交互式多目标模糊规划对药品供应链中不确定数量的产品投诉进行了多周期优化[253]。该研究为综合医疗保健系统制定和优化多周期、多目标的药品供应链构建了模型，在模型中考虑了制造企业收到的不确定数量的药品投诉。多目标是指时间、质量和成本，它们的组合称为业务三元组。首先，该研究建立了业务三元组的数学模型。其次，提出了改进的交互式多目标模糊规划来优化业务三元组。研究中所采用的方法使用了模糊语言变量和三角隶属函数，将专家意见与现实经验相结合。最后，通过数值例子阐述了模型的实际意义。对数值例子的分析结果显示，对成本的满意度为 31.95%，对时间的满意度为 41.99%，对药品的质量满意度为 92.90%。这种供应链模型可帮助医疗保健系统中的决策者采购到在质量、时间和成本方面达到所需满意度的药品。

虽然传统制造工艺接受渐进式改进，但再制造一般需要逐步创新，在供应链中管理流程创新的最佳策略，往往并不适用于在闭环供应链中管理再制造的流程创新。有学者分析了由制造企业和零售企业组成的供应链，其中只有制造企业可以进行工艺创新，而再制造可以由制造企业或零售企业进行[254]。研究发现，与集成供应链相比，分散式供应链更有可能进行再制造，尤其是在流程创新投入足够高的情况下。因此，闭环供应链中因分散决策而导致的低效率不仅会造成投资不足，而且可能造成再制造流程创新中的过度投资。接下来通过数值分析，发现这种过度投资总是会降低整体生产数量对环境的影响，即使在决策过程中没有明确考虑任何环境因素，也是如此。绿色产品的快速发展给回收和再制造带来了挑战，为了应对这些挑战，研究人员调查并分析了工艺创新如何影响绿色产品再制造。有学者使用博弈论模型分析了由上游供应企业和下游制造企业组成的闭环供应链中绿色产品再制造的流程创新策略[255]。在这些模型中，流程创新由供应企业或制造企业单独实施（即非合作机制），或由两家企业共同实施（即合作机制）。首先，工艺创新可以有效提高再制造绩效，同时提高制造企业的回收率。其次，合作机制虽然对供应企业、供应链和环境总是有利的，但对制造企业可能不利。最后，通过扩展主要模型的研究表明，政府补贴可以激励制造企业采用合作机制，从而实现双赢。

环境问题和资源稀缺促使供应链中的决策者考虑替代生产方案，包括减少产生废弃物、再利用和回收废物材料等。有学者建立了一个包括再制造工艺创新及其成本分摊机制在内的闭环供应链，制造企业可以通过零售企业销售新产品和再制造产品，并决定其在再制造工艺创新中的努力程度[256]。该研究还考察了闭环供应链在不同权力结构中的再制造工艺创新、定价决策和成本分摊机制，并分析了三种不同的权力结构模式：一是制造企业主导模式（MLM）；二是纳什模型（NM）；三是零售企业主导模式（RLM），从而推导并比较了零售企业的最优成本分摊机制，以在每个权力结构中最大化其自身的经济绩效。研究发现，纳什模型的性能在上述三个模型中是最高的。此外，在零售企业主导的模型中，零售企业的最优成本分摊比例最高。有趣的是，其不受消费者对再制造产品的价值感知的影响。更重要的是，通过数值例子，研究发现当消费者对再制造产品更满意时，成本分摊机制会减少闭环供应链中权力较小的成员的利润。与药品相似的食品供应链也是如此，到目前为止，鲜有量化建模方法见诸有关农业食品供应链闭环的文献中。与其他行业的闭环研究相反，在农业食品供应链中，最终产品本身的价值无法恢复。但是，用于生产的成分，如有机物或生长培养基，则可以回收利用。有学者揭示了食品供应链中的闭环结果，并提出了一个多目标混合整数线性规划模型来量化对经济和环境指标的权衡，同时以定量探索替代回收技术[257]，开发该模型是为了重新设计食品供应链中的物流结构和闭环。研究发现，在工业食品生产中采用闭环技术有可能将产业链的总盈利能力提高近11%，同时将环境绩效提高近28%。因此，对回收技术和重新设计后勤结构的综合评估需要量化工具，以在战略和战术层面能够同时优化管理决策。有学者认为，剩余/报废药物不仅会给药房造成经济损失，而且会增加药物供应企业的处置成本，使之面临高额处罚[258]。在该研究中，还分析了一个两阶段的药品供应链，包括一个药品供应企业和一个药品零售企业，研究对象为一种固定保质期的药品。研究者制订了减少药物废物计划以降低剩余/报废药物的相关成本，避免政府处罚，并保证药品供应链中的患者服务水平。在该研究所提出的模型中，根据在到期日期之前实现特定时间的需求，从药房仓库收集多余的药物，以便在二级/替代市场上转售。在分散和集中的结构中所引入的模型，则提出了一种回购和短缺风险分担合同的新组合，以实现渠道协调，使整个药品供应链的收益最大化，并激励成员参与该计划。数值调查结果表明，拟议的回购和短缺风险分担合同可以协调药品供应链，增加整个渠道的利润，同时也保证了双方渠道成员的盈利能力。此外，该模型有助于制药经理通过合理决定回购数量来降低报废/过期药品的相关成本并确保药品供应链效率。有学者的研究为探索企业如何应对日益严重的自然资源稀缺威胁提供了一个理论框架[259]。具体而言，闭环供应链管理的作用被视为创造资源优势的一种手段，从而获得市场竞争优势。该研究扩展了以往的理论，首次将自然资源稀缺性与闭环供应链管理相结合，将资源优势理论用作研究模型和命题的理论。这些发现加深了人们对在供应链中造成自然资源稀缺状况的因素的理解，并强调了对能够缓解自然资源稀缺的高阶闭环能力的需求，提出了需要实证检验的自然资源稀缺性、闭环能力和企业水平绩效之间关系的理论模型和六个研究命题，而这也是未来研究中所值得重视的。日益严重的自然资源短缺已经对许多企业和行业产生了重大影响，因此，对当前和未来供应链中因自然资源不足而造成的供应风险和潜在中断的研究具有重大的管理意义。此外，该研究增加了对自然资源稀缺性的讨论，并因将其作为与闭环供应链管理能力和确保内部企业资源绩效相关的因素而受到关注。

许多药物供应链中的大量浪费会导致严重的经济损失和环境/社会破坏。有学者研究了一种新的协作模式，以减少在上游成员（制药供应企业）和下游成员（制药零售企业）的两级药品供应链中的药物废物进入环境中[260]。该研究还引入了捐赠计划，并提出了回收战略以保护药品供应链在环境和经济方面的可持续性。在被调查的药品供应链中，由药品供应企业确定药物的捐赠数量；随后，由药品零售企业为了减轻短缺风险而决定药品的订购数量。考虑到需求的不确定性和药品的固定保质期，面临大量过期药品的可能性很高；该研究引入了一项回收策略，以降低造成大量药物废物的风险，包括收集剩余物品以用作捐赠计划的一部分或在二级市场上出售等，并开发了一种双层优化方案来协调通道。数值分析结果表明，使用该双层优化协作方案不仅可以提高总渠道利润，而且可以说服双方成员基于综合可持续药品供应链目标而作出决定。此外，该模型在制药管理人员减少制药浪费、提高社会健康水平以及保持药品供应链的可持续性等各个方面提供了一些实践方向。有学者认为，药品供应链对环境和产品价值的影响很大[261]。然而，关于药品供应链逆向流动的研究并没有捕捉到报废药物的不同途径以及正向供应链流程和运营中的约束如何影响这种反向流动。对此，该研究提出了分类审查的设想，其中确定了三类逆向流动：捐赠、逆向物流和循环经济。捐赠的特点是涉及公司声誉的明确慈善行为或紧急人道主义行动；逆向物流的特点是受到监管问题的推动，并受到药品供应链业务要求的限制；循环经济的特点是未过期药物的非正式循环，这主要是由于卫生专业人员的举措（尽管参与者可能并不清楚这一点）。这种分类来自对六个数据库中 2 622 篇参考文献的内容分析，并从中选出了 127 篇。文献表明，过量和不适当的药物种类会阻碍捐赠，库存规划和质量控制问题是药品逆向物流的主要困难，报废药物的循环性则受到患者治疗和健康状况的频繁变化以及医疗保健代理人在监控处方等方面的显著影响。拟议的分类表明，对未过期药品的循环性研究尚未在物流、供应链和采购领域开展，更不用说在工程、商业和管理领域了，而这也是未来研究的议题。有学者的研究[262]包括两个目的，一是引入双目标闭环供应链网络，在制造链层考虑草药种植和相关草药的生产和分销；在逆向物流链层回收使用过的基质和未使用的草药，从而生产生物燃料或者覆土。尽管大多数完善的闭环供应链模型都包含唯一的利益目标函数，但这旨在验证逆向物流链能够获得经济利益。此外，政府向包括种植者在内的各种实体支付补贴，以鼓励在全国范围内种植草药和生物燃料植物，从而生产清洁燃料。二是通过在面向现实生活的环境中采用绝对差分函数和新引入的半自主期望水平，开发一种改进型交互式双目标优化算法。在悲观的业务场景中，研究人员提出的模型在经典交互式模糊多目标优化算法中变得不可行，提出的算法则确定了相应的帕累托最优解。在乐观的业务场景中，他们所提出模型的可以获得更高的净利润。

综上所述，研究闭环供应链协调的文献较多，研究双渠道闭环供应链协调的文献较少，尤其是研究药品双渠道绿色回收闭环供应链协调的文献更少。不同于以往研究，笔者在本书中考虑了消费者对线上渠道偏好行为、消费者参与回收行为的影响，并首次建立了由医药制造企业主导的二级药品双渠道回收闭环供应链协调模型。主要贡献点如下：一是以价格、消费者行为、过期药品比例为决策变量，构建了三种药品回收渠道的配置结构；二是在考虑了单个线上渠道、单个传统渠道、集中式和分散式决策双渠道回收等情况下，比较分析了医药制造企业、医药批发零售企业和闭环供应链系统的最优效率；三是研究了在医药制造企业、医药零售企业最优决策下消费者对线上渠道偏好程度的阈值，分析了消费者行为对各渠道回收均衡价格、回收量、闭环供应链系统及其成员利润的影响；四是运用了"政府补贴+收益共享"组合契约优化与协调分散决策下的双渠道回收模式。通过研究医药制造企业和医药零售企业的动态博弈，探究消费者行为对药品双渠道回收闭环供应链的影响，并设计了"政府补贴+收益共享"组合契约来消除供应链双重边际效应的存在。在探究医药制造企业选择哪种回收渠道更有效率之外，笔者还研究了消费者行为会对医药制造企业和医药零售企业的利润产生怎样的影响，以及如何制定药品双渠道回收闭环供应链成员双赢的协调策略等问题，对医药供应链的和谐发展具有重要的理论意义和实践价值。

8.2 模型描述与假设

药品是关系到人民安全福祉的特殊品，如果过期药品因得不到安全、合理的处理而回流到市场，将给社会和人民造成极大的危害。过期或闲置药品随意丢弃会造成严重的环境污染，将给人们的生活和健康带来很大的影响。因此，开展药品回收活动迫在眉睫。但由于目前缺乏长效、规范、高效的药品回收机制，且由于药品的多样性及复杂性导致回收经济效益较低，造成医药企业回收积极性不高，持续性开展回收工作较难。针对存在的问题，笔者提出了以下三种药品回收的 Stackelberg 博弈模型。

第一，由单个传统医药零售企业主导的线下渠道回收模型。医药零售企业以价格 P_r 从保留未用/过期药品的消费者处回收，产生的单位收集成本和运输成本为 C_{rc}，医药制造企业需支付给医药零售企业的转移价格为 P_m。

第二，由单个医药制造企业主导的线上渠道回收模型。医药制造企业通过线上渠道以价格 P_d 从消费者处回收，支付给第三方医药物流企业的单位收集成本和运输本为 C_{ds}。

第三，由线上和线下组成的双渠道回收模型。医药制造企业负责线上回收渠道，直接从消费者处回收药品；医药零售企业负责线下药品回收，再转交给医药制造企业。医药制造企业对回收药品进行处理（其中对于过期药品，考虑到环境保护的需要，须对其专业化、无害化销毁处理）。假设对过期药品的处理成本为 ω，对未过期药品的处理成本为 C_{rt}，经过加工、处理、检测后通过医药零售企业和网络销售平台以价格 P_t 开展公益行为。另外，传统零售渠道的回收量和线上渠道的回收量分别为 Q_r、Q_d。药品双渠道回收闭环供应链模型如图 8-1 所示。

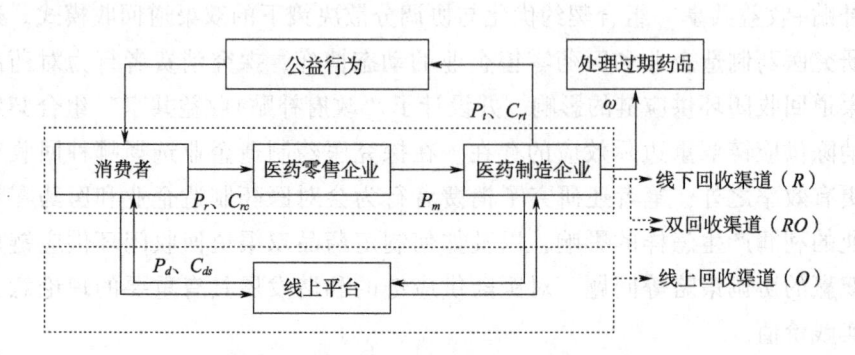

图 8-1 药品双渠道回收闭环供应链模型

假设 1：由一个医药零售企业和一个医药制造企业组成二级药品双渠道回收闭环供应链，二者独立决策，追求各自利润最大化。

假设 2：在药品回收过程中除了收集和运输成本外不考虑其他成本，通过线上回收渠道产生的采集和运输成本低于传统渠道产生的成本，即 $C_{ds} < C_{rc}$。

假设 3：医药制造企业对处于保质期内的回收药品进行分类和专业加工处

理，通过安全质量监测后开展公益行为。对于回收的过期药品实施高温销毁和无害化处置，且满足条件 $P_t > C_{rt}$。另外，设定回收的药品中的过期药品占比为 φ，$\varphi \in [0, 1]$。

假设4：消费者对线上回收渠道的接受程度、消费者参与回收的意愿和回收价格会影响药品回收的最优决策。此处借鉴相关研究[214,222]的文献，为了简便分析，设定消费者参与药品回收的意愿为 ϖ，$\varpi \in [0, 1]$，药品回收量受消费者参与回收意愿的影响。传统回收渠道的回收效用为 $U_r(\varpi) = P_r - \varpi$，线上回收渠道的回收效用为 $U_d(\varpi) = P_d - \varpi\kappa$。

不失一般性，假设药品回收市场份额为1，消费者对线上回收渠道的接受度为 κ，传统零售回收渠道的回收量为 $Q_r = P_r(0 \leq P_r \leq 1)$，线上回收渠道的回收量为 $Q_d = \dfrac{P_d}{\kappa}(0 \leq P_d \leq 1)$。当市场上仅存在单个渠道时满足条件 $P_t > \dfrac{C_{rt} + C_{rc} - C_{rt}\varphi + \omega\varphi}{1 - \varphi}$。当市场上同时存在双渠道时，满足条件 $\kappa > 1$ 和条件 $P_r \geq P_d/\kappa$，即 $\kappa \geq \kappa^* = \dfrac{(P_t - C_{rt})(1 - \varphi) - C_{ds} - \omega\varphi}{(P_t - C_{rt})(1 - \varphi) - C_{rc} - \omega\varphi}$。与相关文献[222]设定相似，$\kappa$ 越小，消费者选择线上回收渠道的偏好程度越高，医药制造企业需要支付回收的价格越低。药品双渠道回收模式下回收量的表达式分别为：

$$Q_r = \begin{cases} \dfrac{P_d - \kappa P_r}{1 - \kappa}(P_r \geq \dfrac{P_d}{\kappa}) \\ 0(其他) \end{cases} \tag{8-1}$$

$$Q_d = \begin{cases} \dfrac{P_r - P_d}{1 - \kappa}(P_r \geq \dfrac{P_d}{\kappa}) \\ \dfrac{P_d}{\kappa}(其他) \end{cases} \tag{8-2}$$

假设参数 π_i^T、π_i^{T*} 分别表示闭环供应链参与者 i 在模型 T 中的利润反应函数及最优利润；Q_i^T、Q_i^{T*} 分别表示渠道参与者 i 在模型 T 中的回收量及最优回收量；P_i^T、P_i^{T*} 分别表示渠道参与者 i 在模型 T 中的回收价格及最优回收价格；i 代表 m、r、d，分别表示传统渠道中的医药制造企业、医药零售企业和线上渠道中的医药制造企业；T 代表 R、O、RO 和 ROC，分别表示单个传统零售回收模型、单个线上回收模型、药品双渠道回收模型和组合契约协调模型。

8.3 药品回收渠道模型

8.3.1 单个传统回收渠道模型

单个传统回收渠道模型用 R 表示，单个传统药品回收渠道由医药制造企业和医药零售企业组成。其中，医药制造企业为闭环供应链的主导者，医药零售企业作为追随者负责药品的回收工作，以价格 P_m 从消费者处回收过期/未使用药品，然后再以价格 P_r 转交给医药制造企业加工处理。医药制造企业和医药零售企业的利润分别为：

$$\pi_m^R = Q_r^R[(1-\varphi)P_t - P_m^R - (1-\varphi)C_{rt} - \omega\varphi] \tag{8-3}$$

$$\pi_r^R = Q_r^R(P_m^R - P_r^R - C_{rc}) \tag{8-4}$$

单个传统回收渠道下，医药供应链均衡结果为：

$$P_m^{R*} = \frac{C_{rc} - \omega\varphi + (C_{rc} - P_t)(\varphi - 1)}{2}$$

$$P_r^{R*} = \frac{(P_t - C_{rc})(1-\varphi) - \omega\varphi - C_{rc}}{4}$$

$$Q_r^{R*} = \frac{(P_t - C_{rc})(1-\varphi) - \omega\varphi - C_{rc}}{4}$$

$$\pi_m^{R*} = \frac{[C_{rc} + \omega\varphi - (1-\varphi)(P_t - C_{rt})]^2}{8}$$

$$\pi_r^{R*} = \frac{[C_{rc} + \omega\varphi - (1-\varphi)(P_t - C_{rt})]^2}{16}$$

$$\pi^{R*} = \pi_r^{R*} + \pi_m^{R*}$$

8.3.2 单个线上回收渠道模型

单个线上回收渠道模型用 O 表示，单个线上回收渠道由医药制造企业负责，医药制造企业以价格 P_d 通过线上平台直接从消费者处回收未使用/过期药品，医药制造企业承担的物流成本和收集成本为 C_{ds}，医药制造企业的利润为：

$$\pi_m^O = Q_d^O[(1-\varphi)P_t - P_d^O - (1-\varphi)C_{rt} - \omega\varphi - C_{ds}] \tag{8-5}$$

在单个线上回收渠道下，医药供应链的均衡结果为：

$$P_d^{O*} = \frac{(P_t - C_{rt})(1-\varphi) - C_{ds} - \omega\varphi}{2}$$

$$Q_d^{O*} = \frac{(P_t - C_{rt})(1-\varphi) - C_{ds} - \omega\varphi}{2\kappa}$$

$$\pi_m^{O*} = \frac{[C_{ds} + \omega\varphi - (P_t - C_{rt})(1-\varphi)]^2}{4\kappa}$$

定理 1：存在阈值 $\kappa_1^* = \dfrac{2(P_t - C_{rt})(1-\varphi) - C_{ds} - \omega\varphi}{(P_t - C_{rt})(1-\varphi) - C_{rc} - \omega\varphi}$，当 $\kappa > \kappa_1^*$ 时，满足 $Q_r^{R*} > Q_d^{O*}$；否则，当 $\kappa \leq \kappa_1^*$ 时，满足 $Q_r^{R*} \leq Q_d^{O*}$。

证明：当 $Q_r^{R*} > Q_d^{O*}$ 时，存在最小值 $\kappa_1^* = \dfrac{2(P_t - C_{rt})(1-\varphi) - C_{ds} - \omega\varphi}{(P_t - C_{rt})(1-\varphi) - C_{rc} - \omega\varphi}$

这说明，当消费者接受线上药品回收渠道的程度满足 $\kappa > \kappa_1^*$ 时，他们更愿意选择满足便捷性、安全性需要的线上药品回收渠道，否则会选择距离自己较近的药品回收网点参与回收活动，反之亦成立。

8.3.3 药品双渠道回收模型

8.3.3.1 集中决策模式（CO）

在集中决策模式下，由医药制造企业和医药零售企业共同决策，以追求最优期望效益为目标，药品回收闭环供应链系统利润为：

$$\pi^{CO} = Q_r^{CO}[(1-\varphi)P_t - \omega\varphi - P_r^{CO} - (1-\varphi)C_{rt} - C_{rc}] + Q_d^{CO}[(1-\varphi)(P_t - C_{rt}) - \omega\varphi - P_d^{CO} - C_{ds}] \quad (8-6)$$

在双渠道模型集中决策下，医药供应链的均衡结果为：

$$P_r^{CO*} = \frac{(P_t - C_{rt})(1-\varphi) - C_{rc} - \omega\varphi}{2}$$

$$P_d^{CO*} = \frac{(P_t - C_{rt})(1-\varphi) - C_{ds} - \omega\varphi}{2}$$

$$Q_r^{CO*} = \frac{\kappa[(P_t - C_{rt})(1-\varphi) - C_{ds} - \omega\varphi] - [(P_t - C_{rt})(1-\varphi) - C_{rc} - \omega\varphi]}{2(\kappa - 1)}$$

$$Q_d^{CO*} = \frac{C_{rc} - C_{ds}}{2(\kappa - 1)}$$

$$\pi^{CO*} = \frac{[C_{ds} - 2C_{rc} + (P_t - C_{rt})(1-\varphi) - \omega\varphi][C_{ds} + \omega\varphi - (P_t - C_{rt})(1-\varphi)]}{4(\kappa - 1)} + \frac{\kappa[C_{rc} + \omega\varphi - (P_t - C_{rt})(1-\varphi)]^2}{4(\kappa - 1)}$$

8.3.3.2 分散决策模式（RO）

在分散决策模式下，由医药制造企业负责的线上回收渠道和由医药零售企业负责的线下药品回收渠道，二者独立决策，各自追求利润最大化。医药制造企业作为药品回收供应链的领导者，优先决定线上的回收价格 P_m^{RO}，医药零售企业根据线上回收价格再决定线下回收价格 P_d^{RO}。医药制造企业和医药零售企业的利润分别为：

$$\pi_m^{RO} = Q_r^{RO}[(1-\varphi)(P_t - C_{rt}) - \omega\varphi - P_m^{RO}] + Q_d^{RO}[(1-\varphi)(P_t - C_{rt}) - \omega\varphi - P_d^{RO} - C_{ds}] \quad (8-7)$$

$$\pi_r^{RO} = Q_r^{RO}(P_m^{RO} - P_r^{RO} - C_{rc}) \quad (8-8)$$

在双渠道模型分散决策下，医药供应链的均衡结果为：

$$P_d^{RO*} = \frac{(P_t - C_{rt})(1-\varphi) - C_{ds} - \omega\varphi}{2}$$

$$P_m^{RO*} = \frac{(P_t - C_{rc})(1-\varphi) + C_{rc} - \omega\varphi}{2}$$

$$P_r^{RO*} = \frac{(P_t - C_{rt})(1-\varphi) - \varphi\omega - C_{ds} + \kappa[(P_t - C_{rt})(1-\varphi) - \varphi\omega - C_{rc}]}{4\kappa}$$

$$Q_r^{RO*} = \frac{C_{ds} + \varphi\omega - (P_t - C_{rt})(1-\varphi) + \kappa[(P_t - C_{rt})(1-\varphi) - \varphi\omega - C_{rc}]}{4(\kappa-1)}$$

$$Q_d^{RO*} = \frac{\kappa[(P_t - C_{rt})(1-\varphi) - 2C_{ds} - C_{rc} - \varphi\omega] + [\varphi\omega + C_{ds} - (P_t - C_{rt})(1-\varphi)]}{4\kappa(\kappa-1)}$$

$$\pi_r^{RO*} = \frac{\{\kappa[(P_t - C_{rt})(1-\varphi) - \varphi\omega - C_{rc}] + C_{ds} + \varphi\omega - (P_t - C_{rt})(1-\varphi)\}^2}{16\kappa(\kappa-1)}$$

$$\pi_m^{RO*} = \frac{[C_{ds} + \varphi\omega - \kappa(\varphi\omega + C_{rc}) + (\kappa-1)(P_t - C_{rt})(1-\varphi)]^2}{8\kappa(\kappa-1)} + \frac{2(\kappa-1)[(P_t - C_{rt})(1-\varphi) - C_{ds} - \varphi\omega]^2}{8\kappa(\kappa-1)}$$

$$\pi^{RO*} = \pi_m^{RO*} + \pi_r^{RO*}$$

定理 2：在药品双渠道和单渠道回收模型中，对于医药制造企业和医药零售企业的回收量而言，在任意 κ 情况下，均有 $Q_d^{RO*} < Q_d^{O*}$ 和 $Q_r^{RO*} < Q_r^{R*}$。这表明双渠道分散决策下医药制造企业和医药零售企业的回收量均小于单渠道下的回收量。

证明：由于 $C_{ds} < C_{rc}$ 和 $P_r \geqslant P_d/\kappa$，可知 $Q_d^{RO*} < Q_d^{O*}$；同样可知 $Q_r^{RO*} < Q_r^{R*}$。

定理 3：对于医药制造企业而言，存在阈值 $\kappa_2^* = \dfrac{2\left[(P_t - C_{rt})(1-\varphi) - C_{ds} - \omega\varphi\right]^2}{\left[(P_t - C_{rt})(1-\varphi) - C_{rc} - \omega\varphi\right]^2}$。

当 $\kappa > \kappa_2^*$ 时，满足 $\pi_m^{RO*} > \pi_m^{R*} > \pi_m^{O*}$；当 $\kappa^* < \kappa \leqslant \kappa_2^*$ 时，满足 $\pi_m^{RO*} \geqslant \pi_m^{O*} \geqslant \pi_m^{R*}$。这说明无论 κ 怎么变化，医药制造企业在双渠道分散决策中所获得的利润均大于在单渠道中获得的利润；且存在阈值，使得线上单渠道中的闭环供应链系统利润大于传统单渠道中的利润。

证明：当 $\kappa > \kappa_2^*$ 时，满足 $\pi_m^{RO*} > \pi_m^{R*} > \pi_m^{O*}$；当 $\kappa^* \leqslant \kappa \leqslant \kappa_2^*$ 时，满足 $\pi_m^{RO*} \geqslant \pi_m^{O*} \geqslant \pi_m^{R*}$。因此，与单渠道相比，医药制造企业更愿意选择双渠道回收模式，也愿意通过提高线上回收价格来激励消费者参与回收。

定理 4：在药品双渠道回收模型中，对于任意的 κ，均有 $\pi^{CO*} > \pi^{RO*}$，$P_r^{CO*} > P_r^{RO*}$，$P_d^{CO*} = P_d^{RO*}$，$Q_r^{CO*} > Q_r^{RO*}$，$Q_d^{CO*} < Q_d^{RO*}$。

证明：通过比较不同决策下的均衡结果可知，定理 4 成立。这说明在药品双渠道回收的情况下，集中决策模式下药品回收闭环供应链系统的利润大于分散决策下的利润，集中决策下医药零售企业的回收价格和回收量高于分散决策下的价格和数量，集中决策下医药制造企业的线上回收量低于分散决策下的线上回收量。

定理 5：在药品双渠道回收模型中，集中决策下医药制造企业和医药零售企业的价格不随 κ 的变化而变化，医药零售企业的回收量随 κ 的增加而增加，而医药制造企业的回收量和闭环供应链系统利润随 κ 的增加而降低。分散决策下医药制造企业的价格不受 κ 的影响，医药零售企业的价格和利润随 κ 的增加而上升，而医药零售企业的回收价格、医药制造企业的回收量、医药制造企业的利润、闭环供应链系统的利润均随 κ 的增加而下降。

证明：针对药品双渠道回收模型中的集中决策和分散决策模式所得出的结果，求关于 κ 的导数，集中决策下的结果分别为：$\partial Q_r^{CO*}/\partial \kappa > 0$，$\partial Q_d^{CO*}/\partial \kappa < 0$，$\partial \pi^{CO*}/\partial \kappa < 0$，$\partial P_r^{CO*}/\partial \kappa = 0$，$\partial P_d^{CO*}/\partial \kappa = 0$；分散决策下的结果分别为：$\partial Q_r^{RO*}/\partial \kappa > 0$，$\partial Q_d^{RO*}/\partial \kappa < 0$，$\partial P_r^{RO*}/\partial \kappa < 0$，$\partial \pi_r^{RO*}/\partial \kappa < 0$，$\partial \pi_r^{RO*}/\partial \kappa > 0$，$\partial \pi^{RO*}/\partial \kappa < 0$，$\partial P_m^{RO*}/\partial \kappa = 0$，$\partial P_d^{RO*}/\partial \kappa = 0$，由此可知定理 5 成立。因此，消费者对线上渠道的认知、理解和接受程度越高，药品的回收量越高，医药供应链系统的利润也随之增加。

定理 6：在药品双渠道回收模型中，当回收药品中过期药品占比的阈值不同时，存在以下结论。

第一，当 $\varphi^{CO*} = \dfrac{P_t - C_{rt} - C_{rc}}{P_t - C_{rt} + w}$ 时，集中决策下闭环供应链系统的利润随着 φ 的增加呈现先降低后增加的趋势。

第二，当 $\varphi_m^{RO*} = \dfrac{P_t - C_{rt} - C_{ds} + \kappa(P_t - C_{rt} - C_{rc})}{(P_t - C_{rt} + w)(1 + \kappa)}$ 时，分散决策下医药制造企业的利润随着 φ 的上升呈现先降低后增加的趋势。

第三，当 $\varphi_r^{RO*} = \dfrac{P_t - C_{rt} - C_{ds} - \kappa(P_t - C_{rt} - C_{rc})}{(P_t - C_{rt} + w)(\kappa - 1)}$ 时，分散决策下医药零售企业的利润随着 φ 的上升呈现先降低后增加的趋势。

第四，当 $\varphi^{RO*} = \dfrac{P_t - C_{rt} - C_{ds} + 3\kappa(P_t - C_{rt} - C_{rc})}{(P_t - C_{rt} + w)(3\kappa + 1)}$ 时，分散决策下闭环供应链系统的利润随着 φ 的增加呈现先降低后增加的趋势。

证明：由于 $\partial^2 \pi^{CO*}/\partial \varphi^2 = (P_t - C_{rt} - w)^2/2 > 0$，且 $\partial \pi^{CO*}/\partial \varphi = 0$，存在阈值 $\varphi^{CO*} = \dfrac{P_t - C_{rt} - C_{rc}}{P_t - C_{rt} + w}$，当 $\varphi < \varphi^{CO*}$ 时，$\partial \pi^{CO*}/\partial \varphi < 0$。随着过期药品占比增加，对过期药品处理成本也在增加，当 $\varphi \geq \varphi^{CO*}$ 时，$\partial \pi^{CO*}/\partial \varphi \geq 0$，这是由于规模效应的存在而降低了医药制造企业的处理成本。因此，集中决策下闭环供应链系统的利润随着 φ 的增加而呈现先降低后增加的趋势。

当 $\partial \pi_m^{RO*}/\partial \varphi = 0$ 时，存在阈值 $\varphi_m^{RO*} = \dfrac{P_t - C_{rt} - C_{ds} + \kappa(P_t - C_{rt} - C_{rc})}{(P_t - C_{rt} + w)(1 + \kappa)}$，当 $\varphi < \varphi_m^{RO*}$ 时，$\partial \pi_m^{RO*}/\partial \varphi < 0$；当 $\varphi \geq \varphi_m^{RO*}$ 时，$\partial \pi_m^{RO*}/\partial \varphi \geq 0$，因此分散决策下医药制造企业的利润随着 φ 的上升呈现先降低后增加的趋势。

当 $\partial \pi_r^{RO*}/\partial \varphi = 0$ 时，存在阈值 $\varphi_m^{RO*} = \dfrac{P_t - C_{rt} - C_{ds} - \kappa(P_t - C_{rt} - C_{rc})}{(P_t - C_{rt} + w)(\kappa - 1)}$，当 $\varphi < \varphi_r^{RO*}$ 时，$\partial \pi_r^{RO*}/\partial \varphi < 0$；当 $\varphi \geq \varphi_r^{RO*}$ 时，$\partial \pi_r^{RO*}/\partial \varphi \geq 0$。因此分散决策下医药零售企业的利润随着 φ 的上升而呈现先降低后增加的趋势。

当 $\partial \pi^{RO*}/\partial \varphi = 0$ 时，$\varphi^{RO*} = \dfrac{P_t - C_{rt} - C_{ds} + 3\kappa(P_t - C_{rt} - C_{rc})}{(P_t - C_{rt} + w)(3\kappa + 1)}$，当 $\varphi < \varphi^{RO*}$ 时，$\partial \pi^{RO*}/\partial \varphi < 0$；当 $\varphi \geq \varphi^{RO*}$ 时，$\partial \pi^{RO*}/\partial \varphi \geq 0$，因此分散决策下闭环供应链系统的利润随着 φ 的增加而呈现先降低后增加的趋势。

8.4 政府补贴和利益共享契约协调模型

政府补贴和利益共享契约协调模型用 ROC 表示。基于以上分析，分散决策模式下药品双渠道回收闭环供应链的利润小于集中决策模式下的利润。现实中，企业之间作决策时往往处于分散的状态。为解决分散决策模式下供应链效率低的问题，并激发医药供应链成员参与回收的动力，笔者设计了"政府补贴+收益共享"组合策略以对分散决策下的药品双渠道回收闭环供应链进行协调，由医药制造企业分享部分收益来激励医药零售企业进行回收，并设定收益分享比例为 s。为了发挥政府对药品回收的引导作用，由政府对医药生产企业进行补贴，补贴的额度为 M。当满足条件 $P_r^{ROC} \geq P_d^{ROC}/\kappa$，$P_m^{ROC} \geq P_d^{ROC}$ 时，医药生产企业和医药零售企业的利润分别为：

$$\pi_m^{ROC} = Q_r^{ROC}[(1-\varphi)(1-s)P_t - \omega\varphi - P_m^{ROC} - (1-\varphi)C_{rt}] + M(Q_d^{ROC} + Q_r^{ROC}) + Q_d^{ROC}[(1-\varphi)(1-s)P_t - \omega\varphi - (1-\varphi)C_{rt} - P_d^{ROC} - C_{ds}] \tag{8-9}$$

$$\pi_r^{ROC} = Q_r^{ROC}(sP_t + P_m^{ROC} - P_r^{ROC} - C_{rc}) + sP_t Q_d^{ROC} \tag{8-10}$$

在契约协调决策下，医药供应链的均衡结果为：

$$P_r^{ROC*} = \frac{[(P_t - C_{rt})(1-\varphi) - \varphi\omega + M](1+\kappa) - C_{ds} - C_{rc}\kappa + (\varphi + \kappa\varphi - 2)sP_t}{4\kappa}$$

$$P_d^{ROC*} = \frac{M + (P_t - C_{rt})(1-\varphi) - sP_t(1-\varphi) - C_{ds} - \varphi\omega}{4}$$

$$P_m^{ROC*} = \frac{[M + (P_t - C_{rt})(1-\varphi) + C_{rc} - 2sP_t - \varphi\omega]\kappa + sP_t(1+\kappa\varphi)}{2\kappa}$$

$$Q_r^{ROC*} = \frac{[(P_t - C_{rt})(1-\varphi) + M - \varphi\omega + \varphi sP_t](1-\kappa) + C_{rc}\kappa - C_{ds}}{4(1-\kappa)}$$

$$Q_d^{ROC*} = \frac{[(P_t - C_{rt})(1-\varphi) + M - \varphi\omega + \varphi sP_t - 2sP_t](1-\kappa) - C_{rc}\kappa - (1-2\kappa)C_{ds}}{4\kappa(1-\kappa)}$$

$$\pi_r^{ROC*} = \frac{\xi_1(\xi_1 + 4sP_t) + 4sP_t(2C_{rc}\kappa - 2C_{ds}\kappa + 2sP_t - 2\kappa sP_t + \xi_1)}{16\kappa(1-\kappa)}$$

$$\pi_m^{ROC*} = \frac{2M\xi_3(\kappa-1) + \xi_1\kappa(C_{rc} + sP_t/\kappa + \xi_2)}{8\kappa(1-\kappa)} +$$

$$\frac{2(C_{ds} + sP_t + \xi_2)(C_{rc}\kappa - C_{ds}\kappa + sP_t - \kappa sP_t + \xi_1/2)}{8\kappa(1-\kappa)}$$

$$\pi^{ROC*} = \pi_m^{ROC} + \pi_r^{ROC}$$

其中，$\xi_2 = M - (P_t - C_{rt})(1-\varphi) + \varphi\omega - \varphi sP_t$；

$$\xi_1 = C_{ds} - C_{rc}\kappa - [(P_t - C_{rt})(1-\varphi) + M - \varphi\omega + \varphi s P_t](1-\kappa);$$
$$\xi_3 = C_{ds} + C_{rc}\kappa + 2sP_t - [(P_t - C_{rt})(1-\varphi) + M - \varphi\omega + \varphi s P_t](1+\kappa)。$$

定理7：满足条件：$s_1 < s < s_2$，$M \geq M_0$，$\kappa \geq \dfrac{2P_t^2 s\tau_1 + 2m\tau_2 + 2P_t s\tau_3 + m^2}{(m+\varphi P_t s)(2C_{rc} - m - \varphi P_t s - 2\tau_2 - 2C_{ds})}$，即当政府补贴和利益共享契约满足以下条件时，药品双渠道回收闭环供应链系统达到协调状态。

$$\begin{cases} M \geq M_0 = \dfrac{C_{ds} + C_{rt} - P_t + 3C_{rc}\kappa + 3C_{rt}\kappa - C_{rt}\varphi - 3\kappa P_t + \varphi P_t + \varphi w + 5[3\varphi\kappa(P_t - C_{rt} + w - P_t s) - \varphi P_t s]}{3\kappa + 1} \\[2pt] s \geq s_1 = \dfrac{3C_{rt}\varphi - 2\delta_1 - \delta_2 - 3\varphi P_t - 4\delta_4 - 3\kappa\varphi^2(C_{ds}C_{rt} - C_{ds}P_t + C_{rc}C_{rt})/2 - 5C_{ds}\varphi^2(C_{rt} - P_t)/2 - 4C_{ds}\varphi(C_{rt} + P_t) - \delta_3}{2P_t - 4\varphi P_t + \varphi^2 P_t + \kappa\varphi^2 P_t} \\[2pt] s \leq s_2 = \dfrac{5C_{rt}\varphi - 4\delta_1 - \delta_2 - 5\varphi P_t + 24\delta_5 - 15\kappa\varphi^2[C_{ds}(C_{rt} - P_t) + C_{rt}C_{rc}]/4 + C_{ds}\varphi(C_{rt} - P_t)(27\varphi/4 - 18) + \delta_3}{8P_t - 8\varphi P_t + \varphi^2 P_t - \kappa\varphi^2 P_t} \end{cases}$$

其中：$\tau_1 = s + 3\varphi - 2 - 2\varphi s - \varphi^2 + 1/2\varphi^2 s$；

$\tau_2 = P_t - C_{ds} - C_{rt} + C_{rt}\varphi - \varphi w - \varphi P_t$；

$\tau_3 = 2C_{ds} + 2C_{rt} - 2m - C_{ds}\varphi - 3C_{rt}\varphi + m\varphi + 2\varphi w + C_{rt}\varphi^2 - \varphi^2 w$；

$\delta_1 = C_{ds} + C_{rt} - m - P_t + \varphi w$；

$\delta_2 = \varphi(m - C_{ds} + \varphi C_{rt} - \varphi P_t - \varphi w)$；

$\delta_3 = \kappa\varphi(P_t + m - C_{rc} - C_{rt} + \varphi C_{rt} - \varphi P_t - \varphi w)$；

$\delta_4 = \varphi^3(-C_{ds}C_{rt} + C_{ds}P_t + C_{ds}w + C_{rc}P_t\kappa^2 + C_{ds}\kappa P_t + C_{ds}\kappa w - C_{rc}C_{rt}\kappa)/8$；

$\delta_5 = \varphi^3(-C_{ds}C_{rt} + C_{ds}P_t + C_{ds}w - C_{rc}C_{rt}\kappa^2 + C_{rc}\kappa^2 P_t + C_{ds}C_{rt}\kappa + C_{rc}C_{rt}\kappa)/32$。

证明：根据相关研究[236]可知，当药品双渠道回收闭环供应链协调条件满足 $\pi^{CO} = \pi^{ROC}$，$\pi_m^{RO} \leq \pi_m^{ROC}$，$\pi_r^{RO} \leq \pi_r^{ROC}$，且 $\pi^{RO} = \pi^{ROC}$ 时，补贴临界值为 M_0。当 $\pi_m^{RO} \leq \pi_m^{ROC}$ 时，存在最大值 s_2，使 s 的取值范围为 $s \leq s_2$。当 $\pi_r^{RO} \leq \pi_r^{ROC}$ 时，存在最小值 s_1，使 s 的取值范围为 $s \geq s_1$。

8.5 数值分析

结合医药企业回收药品的实际情况，设定参数 $C_{ds} = 0.4$，$C_{rt} = 0.9$，$C_{rc} =$

0.9，$P_t=3$，$\varphi=0.2$，$w=0.3$，比较单个传统渠道回收模型（R）、单个线上渠道回收模型（O）、集中决策下的双渠道回收模型（CO）、分散决策下的双渠道回收模型（RO）及组合契约协调模型（ROC）共五种情况中的医药制造企业、医药零售企业的回收价格和回收量、闭环供应链系统及其成员的最优利润。五种回收模型结果对比情况见表8-1。

表8-1 五种回收模型的结果对比

参数	单个传统渠道（R）	单个线上渠道（O）	双渠道集中决策（CO）	双渠道分散决策（RO）	组合契约协调（ROC）
P_r	0.180 0	—	0.360 0	0.281 7	0.291 5
P_m	1.260 0	—	0.610 0	1.260 0	1.186 8
P_d	—	0.610 0	—	0.610 0	0.587 1
Q_r	0.180 0	—	0.235 0	0.117 5	0.143 8
Q_d	—	0.203 3	0.125 0	0.164 2	0.147 8
π_m	0.064 8	0.124 0	—	0.142 8	0.142 5
π_r	0.032 4	—	—	0.009 2	0.043 3
π	0.097 2	0.124 0	0.160 8	0.151 6	0.160 8

由表8-1可知，医药制造企业在单个线上渠道中的利润大于单个传统渠道中的利润。在药品双渠道回收模型中，集中决策下药品回收供应链的利润大于分散决策下的利润。对于医药零售企业来说，集中决策下最优的回收定价高于分散决策下的回收定价。双渠道中的医药制造企业利润大于其在单个传统渠道中的利润和单个线上渠道中的利润。因此，采取双渠道回收对医药制造企业和闭环供应链系统总是有利的。在契约协调策略下，医药制造企业和医药零售企业的利润都得到了增加，其中对医药零售企业的激励效果尤为明显，协调后医药零售企业的利润为 $\pi_r^{ROC}=0.043\ 3$，大于 $\pi_r^{RO}=0.009\ 2$；医药制造企业的 $\pi_m^{ROC}=0.142\ 5$，大于 $\pi_m^{RO}=0.142\ 4$。这说明组合契约能够有效优化分散决策下的药品双渠道回收闭环供应链。此外，各参数的灵敏度分析如图8-2所示。

由图8-2可知，单个传统渠道中的医药零售企业回收量与 κ 的变化无关，单个线上渠道中的回收量则随 κ 的增加而减少，同时消费者渠道偏好程度的增加会提高线上渠道的回收量。在药品双渠道回收模型中，分散决策下医药

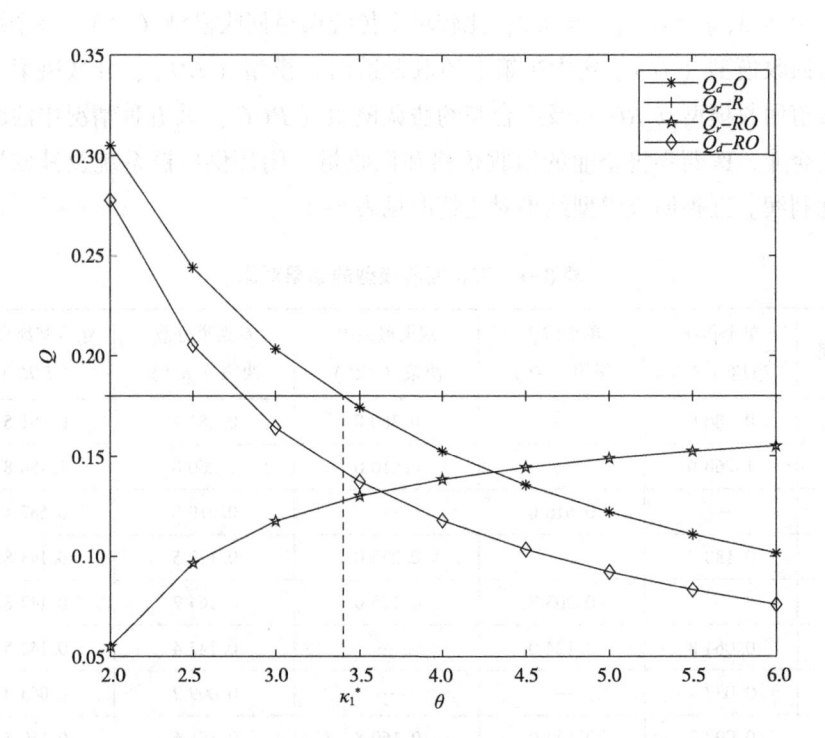

图 8-2 不同模型中回收量随消费者线上渠道偏好的变化而变化的趋势

制造企业通过线上回收的药品数量随 κ 的增加而增加，且低于单个线上渠道中的回收量。分散决策下医药零售企业的回收量随 κ 的增加而增加，同时也低于单个传统渠道中的回收量。

当 $\kappa < \kappa_1^*$ 时，消费者更愿意选择较为便利的线上回收渠道，造成单个线上渠道中的回收量大于单个传统渠道中的回收量。

当 $\kappa \geq \kappa_1^*$ 时，消费者更愿意选择社区药品回收点，造成单个传统渠道中的回收量大于单个线上渠道中的回收量，因此定理 1 和定理 2 成立。

由图 8-3 可知，在药品双渠道回收模型中，医药制造企业的利润大于其在单个渠道中所获得的利润，这对于单个传统渠道和单个线上渠道而言均成立，说明采用双渠道回收对医药制造企业是有利的。分散决策下，双渠道中的医药制造企业和单个线上渠道中的医药制造企业获得的利润随 κ 的增加而逐渐减少。单个传统渠道中的医药制造企业的利润变化与 κ 的变化无关。当 $\kappa > \kappa_2^*$ 时，单个传统渠道中的医药制造企业利润大于其在单个线上渠道中获得的利润；当 $\kappa \leq \kappa_2^*$ 时，单个线上渠道中的医药制造企业利润大于其在单个

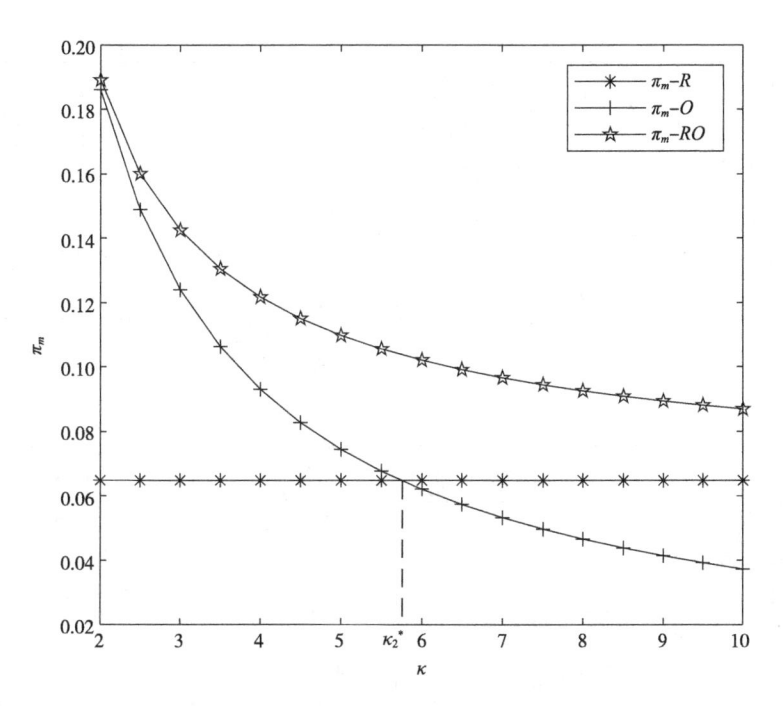

图 8-3　不同模型中医药制造企业利润随消费者线上渠道偏好的变化而变化的情况

传统渠道中获得的利润,因此定理 3 成立。

由图 8-4（1）可知,在双渠道回收模型中,集中决策下的医药零售企业回收量大于其在分散决策下的回收量,集中决策下医药制造企业通过线上渠道取得的回收量少于分散决策下的回收量。由图 8-4（2）可知,在药品双渠道回收模型中,集中决策下医药制造企业通过线上渠道的回收价格与其在分散决策下的回收价格相等,且不受 κ 变化的影响。集中决策下医药零售企业的回收价格大于其在分散决策下的回收价格,分散决策下医药零售企业的回收价格随 κ 的增加而降低,集中决策下医药零售企业的回收价格与 κ 无关且医药零售企业转移给医药制造企业的价格也与 κ 的变化无关。由图 8-4（3）可知,在药品双渠道回收模型中,分散决策下和集中决策下闭环供应链系统利润随 κ 的增加而降低,集中决策下闭环供应链系统的利润大于其在分散决策下的利润。由图 8-4（4）可知,在药品双渠道回收模型中,分散决策下闭环供应链系统和医药制造企业所获得利润随 κ 的增加而逐渐降低,但医药零售企业所获得利润随 κ 的增加而逐渐升高,因此定理 4 和定理 5 成立。

图 8-5 所示为药品双渠道回收模型中闭环供应链系统及其成员利润随 φ 的

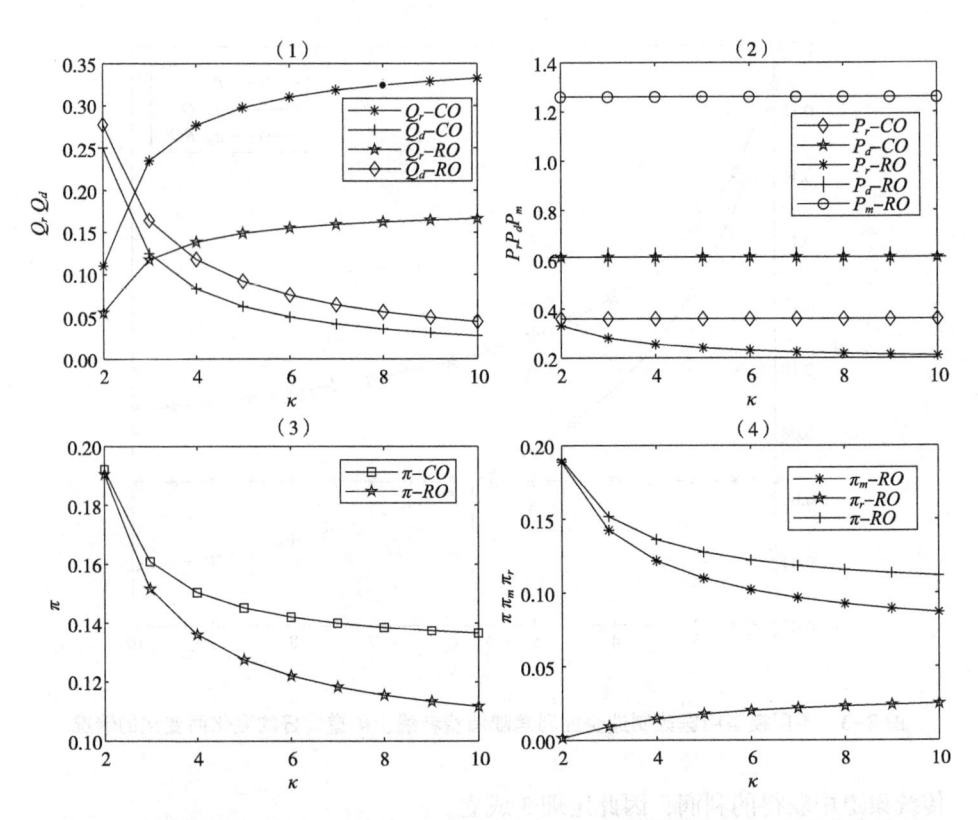

图 8-4　闭环供应链系统及其成员的利润随消费者线上渠道偏好的变化而变化的情况

变化情况。由图 8-5（1）可知，集中决策下闭环供应链系统利润随 κ 的增加而不断下移，说明闭环供应链系统利润随 κ 的增加而不断减小；且存在阈值 φ^{CO*} 小于 0.5 时，由于对过期药品处理成本的增加，导致闭环供应链系统利润随 φ 的增加而降低。由图 8-5（2）可知，分散决策下医药制造企业利润随 κ 的增加而不断下移，说明随着 κ 的增加，消费者对线上渠道偏好的认知程度降低，医药制造企业的利润不断减少；且存在阈值 φ_m^{RO*}，使医药制造企业的利润随 φ 的增加而先降低后增加，阈值 $(\kappa, \varphi_m^{RO*})$ 取值范围分别为（2，0.594）、（4，0.542）、（10，0.519）。由图 8-5（3）可知，分散决策下医药零售企业的利润随 κ 的增加而不断下移，说明随着 κ 的增加，医药零售企业利润在不断减少，且存在阈值 φ_r^{RO*}，使医药零售企业的利润随 φ 的增加而先降低后增加，阈值 $(\kappa, \varphi_R^{RO*}, \pi_r^{RO*})$ 分别为（2，0.3，0.007 8）、（4，0.45，0.001 3）、（10，0.54，0.000 17）。由图 8-5（4）可知，分散决策下闭环供应链系统企业利润随 κ 的增加而不断下移，说明随着 κ 的增加，供应链系统利润在不断减少，且存在阈值

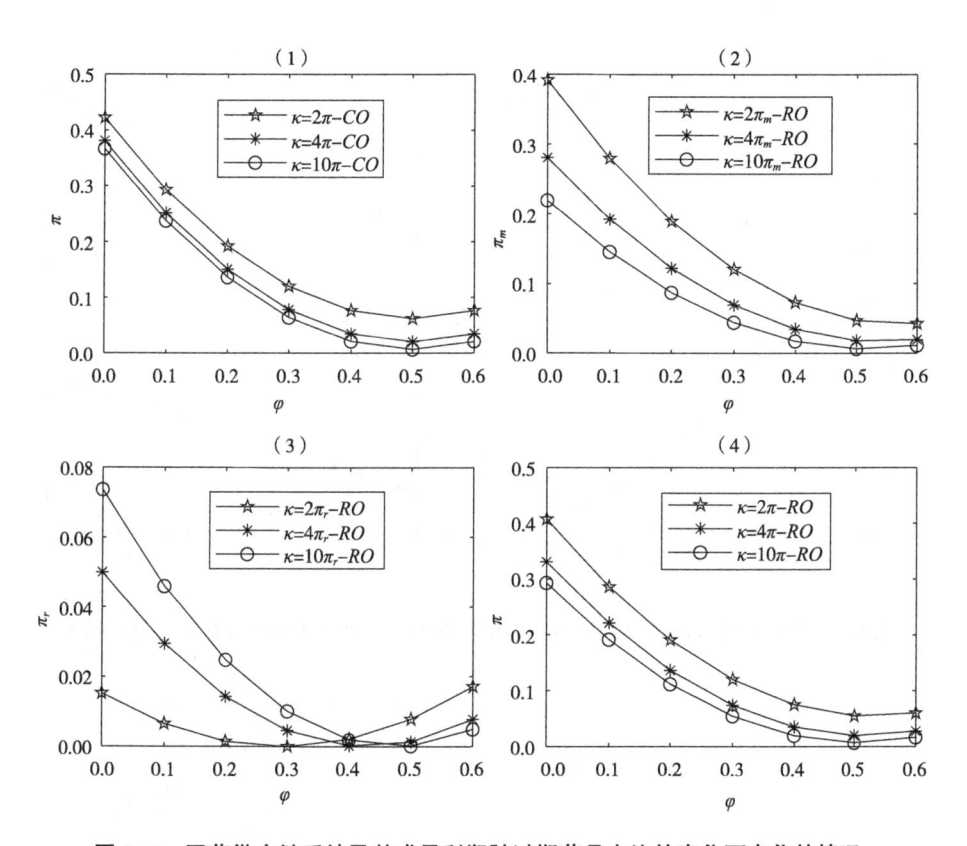

第8章 消费者偏好扰动下的医药双渠道闭环供应链协调策略

图 8-5 医药供应链系统及其成员利润随过期药品占比的变化而变化的情况

φ^{RO*}，使供应链系统的利润随 φ 的增加而先降低后增加，阈值 (κ, φ^{RO*}, π^{RO*}) 分别为 (2, 0.53, 0.054 7)、(4, 0.52, 0.019 5)、(10, 0.51, 0.006 8)，其原因在于规模化效应的影响，因此定理 6 成立。

由图 8-6（1）可知，政府补贴额度随 κ 的增加而逐渐降低，政府对医药制造企业的补贴最大值为 0.369。由图 8-6（2）可知，利润共享比例系数随 κ 的增加而逐渐增大。随着 κ 的变化，s_1 的取值范围为 [0.062 9, 0.311 3]，s_2 的取值范围为 [0.574 5, 0.856 2]。对于任意 κ，s 的取值范围为 $s_1 \leq s \leq s_2$。

由图 8-7 可知，医药制造企业的利润在组合契约协调模式下大于其在分散决策模式下的利润，即 $\pi_m^{RO} \leq \pi_m^{ROC}$，医药制造企业利润随 κ 的升高而增加。医药零售企业的利润在组合契约协调模式下大于其在分散决策模式下的利润，即 $\pi_r^{RO} \leq \pi_r^{BOC}$，医药零售企业的利润随着 κ 的升高而增加。这说明在满足约束条件下，组合契约能够有效优化药品双渠道回收闭环供应链，因此定理 7 成立。

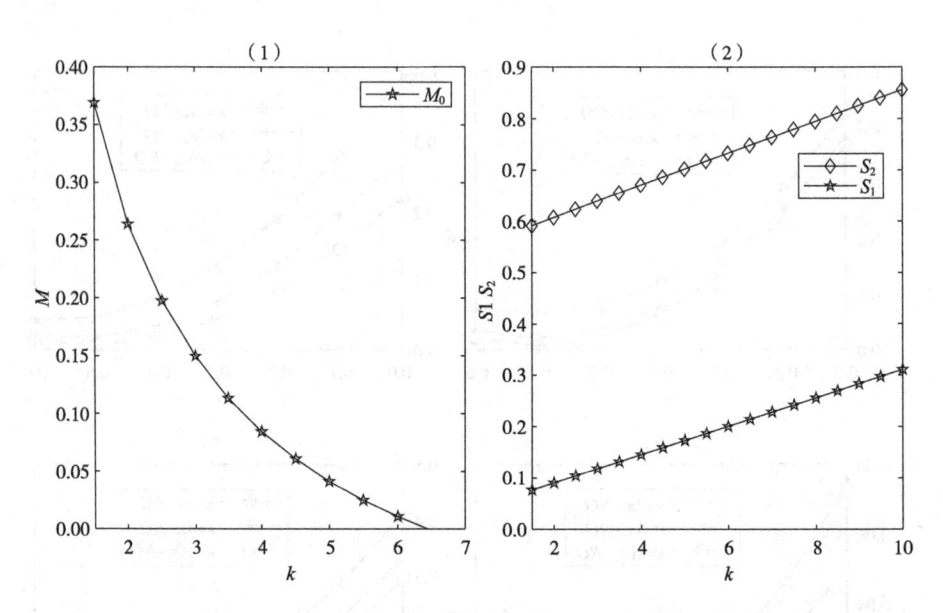

图 8-6 政府补贴和收益共享比例系数随消费者线上渠道偏好的变化而变化的情况

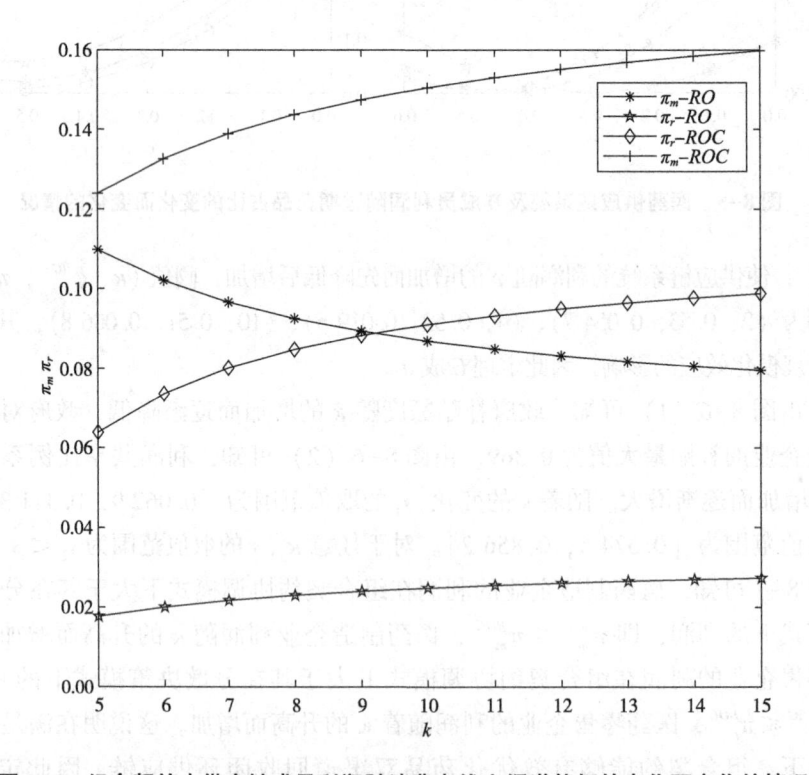

图 8-7 组合契约中供应链成员利润随消费者线上渠道偏好的变化而变化的情况

8.6 本章小结

本章分析了不同决策模式下消费者行为对回收价格、回收量和闭环供应链系统利润的影响,对比了单个传统回收渠道、单个线上回收渠道以及由"线上+线下"组成的双渠道这三种回收模型的运行效率,探究了"政府补贴+收益共享"组合契约对药品双渠道回收闭环供应链协调优化的效果。根据算例分析结果总结如下。

第一,当药品回收市场只存在单一回收渠道时,存在阈值κ_1^*,当消费者对线上渠道偏好参数高于约束值时,线上渠道回收量大于传统渠道回收量。存在阈值κ_2^*,它决定了医药制造企业出于利润考量是选择单个传统渠道还是单个线上渠道。

第二,当药品市场为双渠道回收时,医药制造企业和闭环供应链系统的利润大于其在单个线上渠道和单个传统渠道中的利润,说明采用双渠道回收对于医药制造企业和系统而言总是有利的。这个结论与有关学者的研究结论[229]部分相似,但笔者还发现消费者对线上渠道偏好程度的增加有利于提高医药制造企业的利润。

第三,在药品双渠道回收模型中,不同的消费者对线上渠道的偏好程度κ也存在不同的阈值φ^*,使得在集中决策和分散决策下,闭环供应链系统及其成员的利润随φ的增加而呈现"U"形变化趋势。这说明在药品回收中,过期药品的比例不同对闭环供应链系统及其成员的利润影响也不同,并且集中决策下闭环供应链系统的利润大于其在分散决策下的利润。

第四,在约束条件范围内,政府补贴和收益共享有效协调了药品双渠道回收闭环供应链,消费者对线上渠道的偏好影响政府补贴的边界值。随着κ的增加,政府给予医药制造企业的补贴额度不断降低,医药制造企业所支付的收益共享比例则不断上升。笔者在本章中研究得出的政府补贴边界值和收益共享系数的取值范围,为政府补助政策的制定和医药制造企业顺利开展药品回收工作提供了参考和支持。

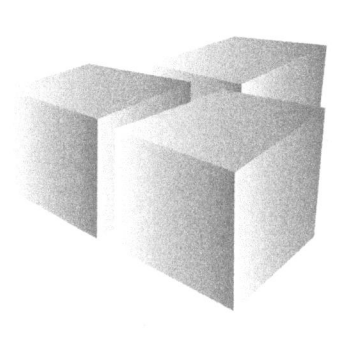

第 9 章
研究结论、管理建议与研究展望

笔者在本书中分别从医药供应链的参与者，即医药制造企业、医药流通企业、消费者和政府部门出发，分析扰动医药供应链决策的主要因素，并对社会责任、技术创新、物流配送、促销努力、消费者偏好、政府补贴等几种不同因素扰动下的医药供应链决策进行了研究。通过对医药供应链模式的研究，分析不同因素对医药供应链的影响，构建博弈模型并进行模拟算例分析。在此基础上，进一步对医药供应链的性能和运作优化进行了研究，目的是为医药企业和供应链的有效管理提供参照和指导。

9.1 研究结论

第一，影响医药供应链决策的内部扰动因素为社会责任、技术创新、物流配送能力、消费者渠道偏好、促销努力和政府补贴等。笔者从医药供应链的上游制造企业、医药供应链的中间环节——流通企业，以及消费者和政府视角分析了影响医药供应链决策和效率的因素。笔者主要以深度访谈和焦点小组访谈等形式获取数据资料，数据模型的构建以主轴编码和编码的范畴为依据。研究认为，医药制造企业的社会责任、技术创新和促销努力是扰动医药供应链决策的重要因素，医药流通企业的物流配送能力是扰动医药供应链决策的重要因素，加之政府补贴和消费者偏好对医药供应链决策的扰动，笔者总结了6个主范畴及24个对应范畴，并概述了24个范畴的具体含义。接下来，笔者基于访谈和讨论对部分原始资料进行编码，根据对原始资料的收集、整理和分析，使之概念化为一级编码（其归纳了86个一级编码）。通过对剩余资料进行饱和度检验，发现对于医药制造企业来说，技术创新、企业社会责任、促销努力这三类内部因素对医药供应链决策和效率起到了重要的影响。对于医药流通企业来说，提高物流配送能力有利于医药供应链效率的提升。除此之外，消费者偏好和政府补贴也对医药供应链决策起到了重要的作用。

第二，增强社会责任意识激发了医药企业的研发创新动力，企业社会责任对医药供应链决策有着重要影响。通过研究可知，首先，从本书中构建的三种决策模型来看，强化医药供应链整体社会责任和由医药制造企业承担的社会责任都有利于促进研发创新能力的提高。其次，在非合作决策下，医药制造企业单独承担的社会责任越大，对其自身的影响越大，这个观点与相关学者的研究[263]相吻合，除此之外，笔者通过研究还发现，由医药制造企业单独承担的社会责任越大，药品的零售价格和批发价格就越低。同时，随着消费者剩余价值的提升，医疗机构也可以获得更高的利润，并提高医药供应链系统的利润和社会福利，但这会对医药制造企业自身的收益产生一定的影响。再次，在合作决策和非合作决策两种情况下，强化医药供应链整体社会责任都能够提高药品的销量，提升消费者剩余价值，增加社会福利。但是，药品的零售价格和医药供应链系统及其成员的利润在不同的决策模型中则呈现不同的结果。另外，当供应链整体社会责任增强时，由医药制造企业分担的社会责任在阈值内的增加有利于医药制造企业实现价值增值。最后，在满足约束条件时，组合契约协调决策能够使医药供应链系统及其成员的利润高于非合作模型中的利润，从而实现优化医药供应链整体利润的目的。"政府补贴+协同创新+集采低价"组合契约协调策略不仅优化了医药供应链，而且能有效激发医药制造企业研发创新的动力，增加整体社会福利。因此，医药供应链企业应当积极地履行社会责任以推动医药行业的可持续发展。

第三，技术创新能力和物流配送能力扰动着医药供应链的定价和利润协调机制。笔者在模型中考虑了技术创新能力和物流配送能力的努力程度对药品需求和医药供应链及其成员利润的影响，研究了医药供应链的定价与协调决策。研究结果显示：首先，在合作决策下可以获得最优的销售价格和销售量，从而使医药供应链系统获取最大的利润。其次，当技术创新能力和物流配送能力均在各自的阈值内时，可使供应链成员企业获得更大的收益。最后，满足约束条件的"收益共享+数量折扣"契约可以有效协调医药供应链，使供应链成员获得比分散决策下更高的收益。笔者认为，构建"收益共享+数量折扣"契约的协调机制，有助于医药制造企业提升技术创新能力的努力程度以及医药流通企业提升物流配送能力的努力程度。通过提高药品的流通速度和效用，可增加市场需求量，同时促进医药供应链成员的合作，降低运营成本，提高医药供应链的效率和稳定性。笔者之所以研究三级医药供应链的定价与协调问题，是希望对医药企业提供一定的借鉴，同时为医药改革及相关政策的实施提供支持。

第四，在不同决策中，促销努力和消费者渠道偏好对订购量和医药供应链利润的影响表现出了不同的结果。对此笔者考虑了市场需求受促销努力和消费者渠道偏好影响的双渠道医药供应链模型的构建与协调问题，提出供应链成员需要确定最优的订购量以权衡各自的利润。研究结果表明：首先，通过分析集成式和离散式决策系统中的最优决策可知，在集成式系统中，提高促销努力水平能获得更高的总利润和更高的订购量。其次，在离散式系统中，促销努力水平存在阈值，从而使医药制造企业的利润达到最优。最后，在"回购+促销成本分担+收益共享"组合契约的协调下，当契约条件满足参数设定范围时可以有效协调双渠道医药供应链。可见，采取此种组合契约可以有效消除由于消费者渠道偏好而造成的双重边际效应问题。因此，为了弥补药品的特殊性影响，医药制造企业可以通过网络销售平台将不能通过线上满足需求的消费者引入线下医药零售门店，为其提供定向的医药服务。总之，笔者设计的"回购+促销成本分担+收益共享"组合契约可对医药供应链协调起到有利影响。

第五，分析政府补贴对医药供应链成员及供应链整体决策的影响，并建立政府补贴下的组合契约对医药供应链进行优化。通过算例分析可知，满足约束条件时以下结论成立：首先，政府补贴能够有效地促进企业技术创新水平的提升，这与相关学者的研究结论[133,217,218]相似，此外笔者还发现医药制造企业选择双偏好模型对其技术创新水平的提升更加有利。其次，双偏好模型更有利于医药制造企业获取更多的福利。再次，组合契约在不影响政府利益的情况下对医药制造企业起到了一定的激励作用。最后，与组合契约相对应的批发价格和零售价格也比其在单偏好和双偏好决策模型中要高，最优医保补贴率的阈值区间为[0.365 0, 0.960 0]，研发补贴率的阈值区间为[0.137 9, 0.500 0]。由此可见，政府补贴应当控制在合理的范围内，政府从供给侧和需求侧给予适当的补贴政策对医药企业和医疗机构而言均是利好行为，不仅有利于医药制造企业提升创新能力，有效激发其在创新药和高质量仿制药研发和生产中的积极性，更好地实现药品的可及性，而且有利于医疗机构集中资源提升医疗技术和服务水平，强化医疗机构的公益性，提高药品的可得性。此外，医药制造企业在政府合理的研发补贴和医保支付作用下，会更加积极践行社会责任，致力于创新，提供更高品质的品牌药品，如广州医药、步长制药、上海医药等企业，不仅为医药供应链成员企业带来了利润，而且推动了医药行业的可持续发展，同时增加了消费者效用和社会福利，缓解了政府在医疗费用支付和医保基金方面的压力。可见，政府补贴对医药供应链决策的扰动是不容忽视的，它能够为医药供应链的可持续发展提供支持和帮助，是相关企业发展中不可或缺的条件。

第六，分析药品双渠道闭环供应链。笔者通过分析对比线上、线下和双渠道回收供应链的均衡结果，设计了政府补贴和利益共享机制下的供应链协调决策。为实现过期或闲置药品的安全、有序、常态、高效回收，特提出以下几点建议。首先，通过宣传深化人们对过期药品潜在危害及闲置药品价值的认识，采取多样、便利的方式鼓励与引导人们积极参与药品回收，如线上下单上门回收、购药让利、以旧药换新药等。其次，积极寻找消费者和医药企业参与回收的诉求和痛点，在开展药店回收、社区回收等传统回收渠道的同时，积极拓展线上回收渠道，促进药品回收的高效环保，形成规范化、市场化、渠道化的药品回收长效可持续机制。再次，发挥政府引导作用，设立专项补贴，鼓励药品生产企业和零售企业积极开展联合回收工作，合理处置家庭过期/闲置药品，从而消除过期药品的安全、污染等隐患，确保经济的可持续与环境的可持续。最后，借鉴国外药品回收工作的成功经验，建立药品生产者责任制等法规制度，明晰药品回收的责任主体，将过期药品回收工作纳入医药企业的社会责任范畴。当然，尽管笔者在本书中对药品回收渠道配置和药品双渠道回收闭环供应链协调进行了较为深入的探讨，为医药生产企业的回收经营决策提供了理论依据，但还只是考虑了消费者行为的影响。未来，笔者会关注我国药品受医疗补贴影响而引致的药品回收供应链的变化以及药品供应链成员之间可能存在的信息不对称等现象，并开展进一步研究。

9.2 管理建议

笔者主要从医药供应链的参与主体，即政府、医药制造企业、医药流通企业等角度提出如下具体的管理建议。

9.2.1 就政府部门而言，要强化引导和监督，为医药供应链企业提供良好的发展环境

第一，政府要引导医药制造企业提高履行社会责任的主动性和能动性，构建完善的长效激励机制和监管体系，强化药品安全监管体系，优化运行机制，健全法律体系；要及时公开药品信息，通过宣传、分享使企业认识到获得公众认同和可持续发展所必须承担社会责任，从而坚守公共安全的底线，确保药品的生产、流通、供应和使用质量的安全。

第二，国家各项创新政策的实施有利于促进创新行为，创新行为改善了医药收入及边际利润。为此，政府应当积极推进对"原研药和优质仿制药"组合拳的投资及补贴，深化一致性评价政策的实施，加强仿制药产品的管理，缩小原研药和仿制药在安全性和疗效上的差异。另外，应加大对医药流通企

业在扩张、整合方面的支持，引导医药服务新业务的发展，从而改变医院以药养医的状况。

第三，基于最优化理论可知，政府除了实施政策引导外，其资金支持补贴的额度应该控制在一定的合理范围内，以最大程度地发挥政府补贴的积极作用。此外，除了补贴外，还可以通过税收、金融等策略激励医药企业积极开展创新活动。明确建立药品专利的链接制度，开展药品专利期补偿的试点工作，支持、鼓励创新药和高质量仿制药的发展。通过引导企业强化社会责任来带动研发创新，并采取高端人才补贴政策，鼓励产学研之间紧密合作，尽快建立健全知识产权保护、专利保护等相关法律法规，形成由政府-制药企业-高校构成的医药健康产业技术创新及应用的良好循环体系，为我国医药健康产业的发展不断注入创新动力。

9.2.2 就医药制造企业而言，要强化社会责任担当，致力于提高研发创新水平，发挥渠道主体的能动性，实现消费者的价值增值

第一，医药制造企业应强化社会责任治理以带动研发创新，并加强高端人才培养，通过产学研之间的紧密合作，搭建互联网信息化研发创新平台，从而保证药品的安全性，打好创新药和高质量仿制药的组合拳。此外还应积极转变经营理念，合理控制药品的价格，注重企业形象和品牌的建立，培养良好的医患口碑，从而切实履行企业社会责任，助力医药行业的健康、有序、长远发展，实现经济、社会、环境效益的协调统一。

第二，医药制造企业应积极转变经营理念，重视医药技术的资金投入与研发工作，对符合自身发展的特色药品要加大研发创新力度，形成药企特色药品的专利池，打造中国特色的医药创新路径。同时，要在所提供药品的创新性、高效性、安全性、公益性等方面发力。例如，康弘药业既致力于通过自主研发提供高价值创新成果——眼科高端生物药品，又积极开展慈善义诊、设立求助基金会等活动，切实履行企业社会责任，助力医药行业健康、有序、长远的发展。此外，医药生产企业要集中资源和能力发挥技术创新优势，整合资源以扩大企业自身规模。医药生产不仅要抓住众多药品专利到期的机遇，大力投入高水平仿制药的研发之中，而且要加大原研药研制的力度，以减轻我国医药资金的压力。

第三，消费者对医药产品的需求主要在于其质量、渠道、价格等，因此

对于处在调整期的医药行业来说，不同的销售策略也是增加医药供应链利润的方案之一。此时既要考虑消费者对不同渠道的偏好和需求，也要考虑消费者的购买行为，这些都会影响医药供应链的动态行为。医药制造企业要逐步提高网络平台医药服务水平，注重用户体验和交流，开展专业医事服务，解决线上医保结算问题，实现服务精细化、配送高效化、品类多样化的全方位医药服务，通过"医+药"组合促销活动提高用户的基数，培养消费者对网络平台的黏性。医药制造企业还要借助"互联网+"的优势，构建医药智慧服务平台以实现医药零售和网络平台销售渠道的互补互通，实现传统渠道与网络平台相结合的医药新零售服务。

9.2.3 就医药流通企业而言，要深耕物流配送业务，提高业务的专业化、信息化、高效化水平

第一，从医药流通企业内部影响因素的视角出发提高物流配送能力。物流配送水平对药品供应有着关键性的影响，是关系医药产品按时、按量送达的重要指标。医药流通企业要充分利用自身优势，在资源范围内借助信息技术提高物流配送能力。医药流通企业作为联系上下游企业的中间环节，要起到医药供应链中的桥梁作用，结合各种医药特性做到多专业化、高效化处理和配送。

第二，积极面对政策影响。例如，对于整合能力弱的小型企业而言，可以尽力转型为专业的物流企业，致力于提高基础业务即物流配送的能力，同时提升信息化服务的水平，利用信息化手段提高物流配送的效率。对于大型、整合能力强的企业而言，则要尽快采用兼并、整合模式，拓展企业规模，提高企业的竞争能力，扩大企业的规模优势。

第三，医药流通企业要加快集中化程度，提高话语权，尽快达成供应链成员之间和谐共生的关系。应围绕医药供应链管理来打造自身企业标准化、高效化、创新化的服务能力，拓展业务范围，向医药供应链集成服务方向发展。利用信息技术推动医药流通行业向智慧化、专业化、集中化方向转型。另外，要借助国家的政策支持，积极开展第三方物流业务，利用自身的仓储、运输等资源开展专业化的药品物流服务。

9.3 研究展望

对于医药供应链协调和决策的研究有很大的空间，主要可从以下方面进一步开展研究。

第一，在供应链实际运行的情况下，一个医药制造企业可能会衔接多个医药流通企业，或者一个医药流通企业可能会服务多个医药制造企业，因此未来可以考虑将研究拓展到由多个参与者博弈的供应链协调与优化之中。

第二，笔者在本书中将研发创新、医保支付作为内生因素，来刻画不同决策下的医药供应链模型。除此之外，医疗机构提供的医事咨询服务也会对医药供应链成员产生一定的溢出效应，因此对医事咨询服务的研究也将是今后的方向。另外，在医药供应链契约协调方面，是否以及如何对缺乏社会责任的医药企业施以一定的惩罚措施，也是很有意义的研究方向。

第三，由于篇幅和时间的限制，笔者在本书中主要基于扎根理论考虑了不同扰动因素对医药供应链决策的影响。在未来的研究中将构建多主体参与的多方博弈决策模型，以分析多因素之间的关系及其对医药供应链决策的影响。

参考文献

[1] SAVADKOOHI E, MOUSAZADEH M, ALI T S. A possibilistic location-inventory model for multi-period perishable pharmaceutical supply chain network design [J]. Chemical engineering research and design, 2018 (138): 490-505.

[2] PAUL S, KABIR G, ZHANG G, et al. Examining transportation disruption risk in supply chains: a case study from Bangladeshi pharmaceutical industry [J]. Research in transportation business and management, 2020 (37).

[3] CHEN X, LI S, WANG X. Evaluating the effects of quality regulations on the pharmaceutical supply chain [J]. International journal of production economics, 2020 (230): 107770.

[4] MYERSON R B. Game theory: analysis of conflict [M]. Cambridge: Harvard University Press, 1997.

[5] LIN Y, WANG X. Coopetition in the supply chain between container liners and freight forwarders: a game theory approach [J]. Transportation planning and technology, 2020, 43 (8): 771-782.

[6] HOSSEINI-MOTLAGH S M, NAMI N, FARSHADFAR Z. Collection disruption management and channel coordination in a socially concerned closed-loop supply chain: a game theory approach [J]. Journal of cleaner production, 2020, 276.

[7] KESKIN K, UCAL M. A dynamic game theory model for tourism supply chains [J]. Journal of hospitality & tourism research, 2020, 45 (2).

[8] WIDODO E, JANUARDI. Noncooperative game theory in response surface methodology decision of pricing strategy in dual-channel supply chain [J]. Journal of industrial and production engineering, 2021, 38 (1): 89-97.

[9] CHEN J, CHEN B. Competing with customer returns policies [J]. International journal of production research, 2016, 54 (7): 2093-2107.

[10] ESMAEILI M, ALLAMEH G, TAJVIDI T. Using game theory for analysing pricing models in closed-loop supply chain from short- and long-term perspectives [J]. International journal of production research, 2016, 54 (7-8):

1-18.

[11] CHOI T M, TALEIZADEH A A, YUE X. Game theory applications in production research in the sharing and circular economy era [J]. International journal of production research, 2020, 58 (1): 118-127.

[12] LUO J, ZHANG X, WANG C. Using put option contracts in supply chains to manage demand and supply uncertainty [J]. Industrial management & data systems, 2018, 118 (7): 1477-1497.

[13] XU L, WANG C, LI H. Decision and coordination of low-carbon supply chain considering technological spillover and environmental awareness [J]. Scientific reports, 2017, 7 (1), 3107.

[14] KISOMI S, SOLIMANPUR M, DONIAVI A. An integrated supply chain configuration model and procurement management under uncertainty: a set-based robust optimization methodology [J]. Applied mathematical modelling, 2016, 40 (17-18): 7928-7947.

[15] JAVID A A, HOSEINPOUR P. A Game-theoretic analysis for coordinating cooperative advertising in a supply chain [J]. Journal of optimization theory & applications, 2011, 149 (1): 138-150.

[16] CHAVOSHLOU A S, KHAMSEH A A, NADERI B. An optimization model of three player payoff based on fuzzy game theory in green supply chain [J]. Computers and industrial engineering, 2019, 128 (1): 782-794.

[17] REISI M, GABRIEL S A, FAHIMNIA B. Supply chain competition on shelf space and pricing for soft drinks: a bilevel optimization approach [J]. International journal of production economics, 2019 (211): 237-250.

[18] IACOCCA K M, MAHAR S. Cooperative partnerships and pricing in the pharmaceutical supply chain [J]. International journal of production research, 2019, 57 (6): 1724-1740.

[19] ZOKAEE S, JABBARZADEH A, FAHIMNIA B, et al. Robust supply chain network design: an optimization model with real world application [J]. Annals of operations research, 2017, 257 (1-2): 15-44.

[20] WERAIKAT D, ZANJANI M K, LEHOUX N. Two-echelon Pharmaceutical reverse supply chain coordination with customers incentives [J]. International journal of production economics, 2016 (176): 41-52.

[21] TSENG M L, CHIU A, LIU G, et al. Circular economy enables sustainable consumption and production in multi-level supply chain system [J]. Resources conservation and recycling, 2020 (154): 104601.

[22] QUETSCHLICH M, MOETZ A, OTTO B. Optimisation model for multi-item multiechelon supply chains with nested multi-level products [J]. European journal of operational research, 2021, 290 (1): 144-158.

[23] KWON I W G, KIM S H, MARTIN D G, et al. Healthcare supply chain management, strategic areas for quality and financial improvement [J]. Technological forecasting & social change, 2016, 113: 422-428.

[24] HOLMES S C, MILLER R H. The strategic role of e-commerce in the supply chain of the healthcare industry [J]. International journal of services technology and management, 2003, 4 (4/5/6): 507-517.

[25] SHIH S C, RIVERS P A, HSU H Y S. Strategic information technology alliances for effective health-care supply chain management [J]. Health services management research, 2009, 22 (3): 140-150.

[26] ROSS A D, JAYARAMAN V. Strategic purchases of bundled products in a health care supply chain environment [J]. Decision sciences, 2009, 40 (2): 269-293.

[27] KROS J F. Health care operations and supply chain management: strategy, operations, planning, and control [J]. International journal of health care quality assurance, 2013, 26 (5): 322-576.

[28] AKBARPOUR M, TORABI S A, GHAVAMIFAR A, et al. Designing an integrated pharmaceutical relief chain network under demand uncertainty [J]. Transportation research part e: logistics and transportation review, 2020 (136): 101867.

[29] GUIMARÃES C M, CARVALHO J C D. Strategic outsourcing: a lean tool of healthcare supply chain management [J]. Strategic outsourcing: an international journal, 2013, 6 (2): 138-166.

[30] PRIYAN S, UTHAYAKUMAR R. Optimal inventory management strategies for pharmaceutical company and hospital supply chain in a fuzzy-stochastic environment [J]. Operations research for health care, 2014, 3 (4): 177-190.

[31] GOVINDAN K, MINA H, ESMAEILI A, GHOLAMI-ZANJANI S M. An integrated hybrid approach for circular supplier selection and closed loop

supply chain network design under uncertainty [J]. Journal of cleaner production, 2020 (242): 118317.

[32] ZANDKARIMKHANI S, MINA H, BIUKI M, et al. A chance constrained fuzzy goal programming approach for perishable pharmaceutical supply chain network design [J]. Annals of operations research, 2020 (1-4): 1-28.

[33] ABBASSI A, KHARRAJA S, ALAOUI A E H, et al. Multi-objective two-echelon location-distribution of non-medical products [J]. International journal of production research, 2020, 1-17.

[34] ZAHIRI B, JULA P, TAVAKKOLI-MOGHADDAM R. Design of a pharmaceutical supply chain network under uncertainty considering perishability and substitutability of products [J]. Information sciences, 2018 (423): 257-283.

[35] ZAHIRI B, ZHUANG J, MOHAMMADI M. Toward an integrated sustainable-resilient supply chain: a pharmaceutical case study [J]. Transportation research part E: logistics & transportation review, 2017 (103): 109-142.

[36] NAGURNEY A, LI D, NAGURNEY L S. Pharmaceutical supply chain networks with outsourcing under price and quality competition [J]. International transactions in operational research, 2013, 20 (6): 859-888.

[37] SETTANNI E, HARRINGTON T S, SRAI J S. Pharmaceutical supply chain models: a synthesis from a systems view of operations research [J]. Operations research perspectives, 2017, 4: 74-95.

[38] KRISHNAN R P R, BENNEYAN J C, SONUC S B. Optimization of medical supply chains and forward store locations for recurrent homecare patient demand with periodic interruptions [J]. American journal of operations research, 2018, 8 (3): 203-220.

[39] ZHANG L, ZHANG Y, BAI Q. Two-stage medical supply chain scheduling with an assignable common due window and shelf life [J]. Journal of combinatorial optimization, 2017, 37 (1), 319-329.

[40] MA P, GONG Y, JIN M. Quality efforts in medical supply chains considering patient benefits [J]. European journal of operational research, 2019, 279 (3): 795-807.

[41] YANG Y, LAU A K W, LEE P K C, et al. The performance implication of corporate social responsibility in matched Chinese small and medium-

sized buyers and suppliers science direct［J］. International journal of production economics, 2020（230）: 107796.

［42］KLASSEN R D, VEREECKE A. Social issues in supply chains: capabilities link responsibility, risk（opportunity）, and performance［J］. International journal of production economics, 2012, 140（1）: 103-115.

［43］YAWAR S A, SEURING S. The role of supplier development in managing social and societal issues in supply chains［J］. Journal of cleaner production, 2018（182）: 227-237.

［44］ROSHAN M, TAVAKKOLI-MOGHADDAM R, RAHIMI Y. A two-stage approach to agile pharmaceutical supply chain management with product substitutability in crises［J］. Computers & chemical engineering, 2019（127）: 200-217.

［45］胡保亮, 疏婷婷, 田茂利. 企业社会责任、资源重构与商业模式创新［J］. 管理评论, 2019, 31（7）: 294-304.

［46］范建昌, 梁旭晖, 倪得兵. 不同渠道权力结构下的供应链企业社会责任与产品质量研究［J］. 管理学报, 2019, 16（5）: 754-764.

［47］陈晓春, 张文松. 社会责任影响下研发创新与医药供应链协调决策［J］. 系统管理学报, 2021, 30（1）: 159-169.

［48］MODAK N M, PANDA S, SANA S S, et al. Corporate social responsibility, coordination and profit distribution in a dual-channel supply chain［J］. Pacific science review, 2014, 16（4）: 235-249.

［49］SERVAES H, TAMAYO A. The impact of corporate social responsibility on firm value: the role of customer awareness［J］. Management science, 2013, 59（5）: 1045-1061.

［50］PINO G, AMATULLI C, ANGELIS M D, et al. The influence of corporate social responsibility on consumers' attitudes and intentions toward genetically modified foods: evidence from Italy［J］. Journal of cleaner production, 2016, 112（1）: 2861-2869.

［51］许民利, 郭爽, 简惠云. 考虑企业社会责任和广告效应的闭环供应链决策［J］. 管理学报, 2019, 16（4）: 615-623.

［52］杨宽, 柳玉娟, 徐伟进, 等. 突发事件风险下考虑企业社会责任的闭环供应链决策［J］. 财经理论与实践, 2020, 41（2）: 100-107.

[53] 冷建飞, 高云. 融资约束下企业社会责任信息披露质量与创新持续性: 中小板企业数据分析 [J]. 科技进步与对策, 2019, 36 (11): 77-84.

[54] 李文茜, 贾兴平, 廖勇海, 等. 多视角整合下企业社会责任对企业技术创新绩效的影响研究 [J]. 管理学报, 2018, 15 (2): 237-245.

[55] 范建昌, 倪得兵, 唐小我. 企业社会责任与供应链产品质量选择及协调契约研究 [J]. 管理学报, 2017, 14 (9): 1374-1383.

[56] PANDA S, MODAK N M, PRADHAN D. Corporate social responsibility, channel coordination and profit division in a two-echelon supply chain [J]. International journal of management science and engineering management, 2014, 11 (1): 1-12.

[57] MALIK M S, KANWAL L. Impact of corporate social responsibility disclosure on financial performance: case study of listed pharmaceutical firms of Pakistan [J]. Journal of business ethics, 2018, 150 (1): 69-78.

[58] LIU C C, WANG L F S, LEE S H. Strategic environmental corporate social responsibility in a differentiated duopoly market [J]. Economics letters, 2015, 129: 108-111.

[59] HINO Y, ZENNYO Y. Corporate social responsibility and strategic relationships [J]. International review of economics, 2017, 64 (3): 231-244.

[60] 梁佑山, 倪得兵, 唐小我. 基于企业社会责任的供应链双渠道竞争模型 [J]. 中国管理科学, 2013 (2): 453-460.

[61] NI D, LI K W, TANG X. Social responsibility allocation in two-echelon supply chains: insights from wholesale price contracts [J]. European journal of operational research, 2010, 207 (3): 1269-1279.

[62] NI D, LI K W. A game-theoretic analysis of social responsibility conduct in two echelon supply chains [J]. International journal of production economics, 2012, 138 (2): 303-313.

[63] MODAK N M, PANDA S, SANA S S, et al. Managing a two-echelon supply chain with price, warranty and quality dependent demand [J]. Cogent business & management, 2015, 2 (1): 1011-1014.

[64] 郭春香, 李旭升, 郭耀煌. 社会责任环境下供应链的协作与利润分享策略研究 [J]. 管理工程学报, 2011, 25 (2): 103-108.

[65] 曹裕, 李青松, 胡韩莉. 不同政府补贴策略对供应链绿色决策的影

响研究 [J]. 管理学报, 2019, 16 (2): 297-305, 316.

[66] ZHAO S, ZHU Q. Remanufacturing supply chain coordination under the stochastic remanufacturability rate and the random demand [J]. Annals of operations research, 2017, 257 (1-2): 661-695.

[67] PANDA S. Coordination of a socially responsible supply chain using revenue sharing contract [J]. Transportation research part E: logistics and transportation review, 2014, 67: 92-104.

[68] HERR A, SUPPLIET M. Tiered co-payments, pricing, and demand in reference price markets for pharmaceuticals [J]. Journal of health economics, 2017 (56): 19-29.

[69] DAVIS-SRAMEK B, GERMAIN R, KROTOV K. Examining the process R&D investment-performance chain in supply chain operations: The effect of centralization [J]. International journal of production economics, 2015 (167): 246-256.

[70] GEA Z. Collaboration in R&D activities: firm-specific decisions [J]. European journal of operational research, 2008, 185 (2): 864-883.

[71] CHAN F T S, NAYAK A, RAJ R, et al. An innovative supply chain performance measurement system incorporating research and development (R&D) and marketing policy [J]. Computers & industrial engineering, 2014, 69 (1): 64-70.

[72] WU J. Cooperation with competitors and product innovation: Moderating effects of technological capability and alliances with universities [J]. Industrial marketing management, 2014, 43 (2): 199-209.

[73] KOCHAN C G, NOWICKI D R, SAUSER B, et al. Impact of cloud-based information sharing on hospital supply chain performance: a system dynamics framework [J]. International journal of production economics, 2018 (195): 168-185.

[74] 孟炯, 郭春霞. 基于 SCM 的生物制药公共物流平台运营模式 [J]. 软科学, 2012, 26 (6): 88-91.

[75] 张正, 孟庆春. 技术创新、网络效应对供应链价值创造影响研究 [J]. 软科学, 2017 (31): 15.

[76] SHAH N. Pharmaceutical supply chains: key issues and strategies for optimisation [J]. Computers & chemical engineering, 2004, 28 (6-7): 929-941.

[77] STANISLAV B, EDWARD D, VURAL Ö. A delphi technology foresight study: mapping social construction of scientific evidence on metagenomics tests for water safety [J]. PloS one, 2015, 10 (6): 1-19.

[78] TYAGI S, NAURIYAL D K, GULATI R. Firm level R&D intensity: evidence from Indian drugs and pharmaceutical industry [J]. Review of managerial science, 2016, 12 (1): 167-202.

[79] SHARMA C. R&D and firm performance: evidence from the Indian pharmaceutical industry [J]. Journal of the Asia Pacific economy, 2012, 17 (2): 332-342.

[80] 苏昕, 周升师. 双重环境规制、政府补助对企业创新产出的影响及调节 [J]. 中国人口·资源与环境, 2019, 29 (3): 31-39.

[81] CHOI J, LEE J. Repairing the R&D market failure: public R&D subsidy and the composition of private R&D [J]. Research policy, 2017, 46 (8): 1465-1478.

[82] BRONZINI R, PISELLI P. The impact of R&D subsidies on firm innovation [J]. Research policy, 2016, 45 (2): 442-457.

[83] PORTER M E. Green and competitive ending the stalemate [J]. Harvard business review, 1995, 28 (6): 128-129.

[84] LEE C H, RHEE B D, CHENG T C E. Quality uncertainty and quality-compensation contract for supply chain coordination [J]. European journal of operational research, 2013, 228 (3): 582-591.

[85] 刘云志, 樊治平. 考虑损失规避与产品质量水平的供应链协调契约模型 [J]. 中国管理科学, 2017, 25 (1): 65-77.

[86] ZHANG T, WANG X. The impact of fairness concern on the three-party supply chain coordination [J]. Industrial marketing management, 2018 (73): 99-115.

[87] HUANG F, HE J, LEI Q. Coordination in a retailer-dominated supply chain with a risk averse manufacturer under marketing dependency [J]. International transactions in operational research, 2020 (27): 3056-3078.

[88] PANG Q, LI M, YANG T, et al. Supply chain coordination with carbon trading price and consumers' environmental awareness dependent demand [J]. Mathematical problems in engineering, 2018 (6): 1-11.

[89] HU B, MENG C, XU D, et al. Supply chain coordination under vendor managed inventory-consignment stocking contracts with wholesale price constraint and fairness [J]. International journal of production economics, 2018 (202): 21-31.

[90] LIN Q, SU X, PENG Y. Supply chain coordination in confirming warehouse financing [J]. Computers & industrial engineering, 2018 (118): 104-111.

[91] YUAN H, QIU H, BI Y, et al. Analysis of coordination mechanism of supply chain management information system from the perspective of block chain [J]. Information systems and e-business management, 2020, 18 (4): 681-703.

[92] KOGAN K. Discounting revisited: evolutionary perspectives on competition and coordination in a supply chain with multiple retailers [J]. Central European journal of operations research, 2019, 27 (1): 69-92.

[93] 任海云. 公司治理对R&D投入与企业绩效关系调节效应研究 [J]. 管理科学, 2011, 24 (5): 37-47.

[94] 李显君, 王巍, 刘文超, 等. 中国上市汽车公司所有权属性、创新投入与企业绩效的关联研究 [J]. 管理评论, 2018, 30 (2): 71-82.

[95] MARCH J G. Exploration and exploitation in organizational learning [J]. Organization science, 1991, 2 (1): 71-87.

[96] BOSCH F V D, JANSEN J J P, GEORGE G, et al. Senior team attributes and organizational ambidexterity: the moderating role of transformational leadership [J]. Journal of management studies, 2008, 45 (5): 982-1007.

[97] 王晓立, 马士华. 供应和需求不确定条件下物流服务供应链能力协调研究 [J]. 运筹与管理, 2011, 20 (2): 44-49.

[98] VOLLAND J, FÜGENER A, SCHOENFELDER J, et al. Material logistics in hospitals: a literature review [J]. Omega, 2016 (69): 82-101.

[99] MOONS K, WAEYENBERGH G, PINTELON L. Measuring the logistics performance of internal hospital supply chains - a literature study [J]. Omega, 2019 (82): 205-217.

[100] ALAYET C, LEHOUX N, LEBEL L. Logistics approaches assessment to better coordinate a forest products supply chain [J]. Journal of forest economics, 2018 (30): 13-24.

[101] ESTESO A, ALEMANY M M E, ORTIZ A. Conceptual framework for designing agri-food supply chains under uncertainty by mathematical programming

models [J]. International journal of production research, 2018 (4): 1-29.

[102] CHEN J. The impact of sharing customer returns information in a supply chain with and without a buyback policy [J]. European journal of operational research, 2011, 213 (3): 478-488.

[103] LIN T Y. An economic order quantity with imperfect quality and quantity discounts [J]. Applied mathematical modelling, 2010, 34 (10): 3158-3165.

[104] BOVDR, VEEN JAAVD, VENUGOPAL V, et al. A new revenue sharing mechanism for coordinating multi-echelon supply chains [J]. Operations research letters, 2010, 38 (4): 296-301.

[105] MUNSON C L, ROSENBLATT M J. Coordinating a three-level supply chain with quantity discounts [J]. IIE transactions, 2001, 33 (5): 371-384.

[106] LEE H L, ROSENBLATT M J. A generalized quantity discount pricing model to increase supplier's profits [J]. Management science, 1986, 30: 1179-1187.

[107] LIN T Y. Coordination policy for a two-stage supply chain considering quantity discounts and overlapped delivery with imperfect quality [J]. Computers & industrial engineering, 2013, 66 (1): 53-62.

[108] GIANNOCCARO I, PONTRANDOLFO P. Supply chain coordination by revenue sharing contracts [J]. International journal of production economics, 2004, 89 (2): 131-139.

[109] 肖迪, 潘可文. 基于收益共享契约的供应链质量控制与协调机制 [J]. 中国管理科学, 2012, 20 (4): 67-73.

[110] 庞庆华, 张月, 胡玉露, 等. 突发事件下需求依赖价格的三级供应链收益共享契约 [J]. 系统管理学报, 2015, 24 (6): 887-896.

[111] JABER M Y, OSMAN I H, GUIFFRIDA A L. Coordinating a three-level supply chain with price discounts, price dependent demand, and profit sharing [J]. International journal of integrated supply management, 2006, 2 (1/2): 28-48.

[112] XIE Y, BREEN L. Greening community pharmaceutical supply chain in UK: a cross boundary approach [J]. Supply chain management, 2012, 17 (1): 40-53.

[113] HOU Y, WEI F, TIAN X, et al. Two revenue sharing contracts in a three-echelon supply chain with a risk-neutral or a risk-averse retailer [J].

Journal of industrial engineering & management, 2015, 8（5）：1428-1474.

[114] SARATHI G P, SARMAH S P, JENAMANI M. An integrated revenue sharing and quantity discounts contract for coordinating a supply chain dealing with short life-cycle products [J]. Applied mathematical modelling, 2014, 38（15-16）：4120-4136.

[115] YANG L. Contract negotiation and risk preferences in dual-channel supply chain coordination [J]. International journal of production research, 2015, 53（16）：1-20.

[116] NETESSINE S, RUDI N. Supply Chain Choice on the Internet [J]. Management science, 2006, 52（6）：844-864.

[117] GIRI B C, ROY B. Dual-channel competition：the impact of pricing strategies, sales effort and market share [J]. International Journal of Management Science & Engineering Management, 2015, 11（4）：203-212.

[118] 冯颖, 周莹. VMCI下销售努力影响需求的供应链决策与协调 [J]. 系统工程, 2017, 35（2）：122-127.

[119] 侯玉梅, 田歆, 马利军, 等. 基于供应商促销与销售努力的供应链协同决策 [J]. 系统工程理论与实践, 2013, 33（12）：3087-3094.

[120] 陈晓春, 张文松, 顾维军. 考虑促销行为和消费者偏好的医药供应链协调研究 [J]. 工业工程与管理, 2019, 24（6）：24-33+42.

[121] JIANG Y, LIU Y, SHANG J, et al. Optimizing online recurring promotions for dual-channel retailers：segmented markets with multiple objectives [J]. European journal of operational research, 2018, 267（2）：612-627.

[122] TAYLOR T A. Supply chain coordination under channel rebates with sales effort effects [J]. Management science, 2002, 48（8）：992-1007.

[123] PU X, GONG L, HAN X. Consumer free riding：Coordinating sales effort in a dual-channel supply chain [J]. Electronic commerce research & applications, 2017, 22：1-12.

[124] 代建生, 孟卫东. 风险规避下具有促销效应的收益共享契约 [J]. 管理科学学报, 2014, 17（5）：25-34.

[125] PANG Q, CHEN Y, HU Y. Coordinating three-level supply chain by revenue-sharing contract with sales effort dependent demand [J]. Discrete dynamics in nature and society, 2014, 10（1）：1-10.

[126] LIU B, MA S, GUAN X, et al. Timing of sales commitment in a supply chain with manufacturer-quality and retailer-effort induced demand [J]. International journal of production economics, 2018 (195): 249-258.

[127] CAO J, SO K C, YIN S. Impact of an "online-to-store" channel on demand allocation, pricing and profitability [J]. European journal of operational research, 2016, 248 (1): 234-245.

[128] ROFIN T M, MAHANTY B. Optimal dual-channel supply chain configuration for product categories with different customer preference of online channel [J]. Electronic commerce research, 2017 (11): 1-30.

[129] 曹晓刚, 郑本荣, 闻卉. 考虑顾客偏好的双渠道闭环供应链定价与协调决策 [J]. 中国管理科学, 2015, 23 (6): 107-117.

[130] PANDA S, MODAK N M, SANA S S, et al. Pricing and replenishment policies in dual-channel supply chain under continuous unit cost decrease [J]. Applied mathematics & computation, 2015, 256 (3): 913-929.

[131] SAHA S. Channel characteristics and coordination in three-echelon dual-channel supply chain [J]. International journal of systems science, 2016, 47 (3): 740-754.

[132] 王晓君, 付文林. 政府补贴对制造业企业创新可持续性的影响研究: 基于行业景气度的视角 [J]. 经济纵横, 2019 (11): 91-102.

[133] 尚洪涛, 黄晓硕. 中国医药制造业企业政府创新补贴绩效研究 [J]. 科研管理, 2019, 40 (8): 32-42.

[134] GAO Y, HU Y, LIU X, et al. Can public R&D subsidy facilitate firms' exploratory innovation? the heterogeneous effects between central and local subsidy programs [J]. Research policy, 2021, 50 (4): 104221.

[135] 肖文, 林高榜. 政府支持、研发管理与技术创新效率: 基于中国工业行业的实证分析 [J]. 管理世界, 2014 (4): 71-80.

[136] 张正, 孟庆春, 张文姬. 技术创新情形下考虑政府补贴的供应链价值创造研究 [J]. 软科学, 2019, 33 (1): 39-44.

[137] MENG Q, LI M, LIU W, et al. Pricing policies of dual-channel green supply chain: considering government subsidies and consumers' dual preferences [J]. Sustainable production and consumption, 2021, 26 (6): 1021-1030.

[138] 游达明, 朱桂菊. 不同竞合模式下企业生态技术创新最优研发与

补贴［J］．中国工业经济，2014（8）：122-134．

［139］罗春林．基于政府补贴的电动汽车供应链策略研究［J］．管理评论，2014，26（12）：198-205．

［140］李友东，赵道致．考虑政府补贴的低碳供应链研发成本分摊比较研究［J］．软科学，2014，28（2）：21-26．

［141］HEYDARI J, GOVINDAN K, JAFARI A. Reverse and closed loop supply chain coordination by considering government role［J］. Transportation research part d: transport and environment, 2017（52）：379-398．

［142］DING H, LIU Q, ZHENG L. Assessing the economic performance of an environmental sustainable supply chain in reducing environmental externalities［J］. European journal of operational research, 2016, 255（2）：463-480．

［143］YANG D, XIAO T. Pricing and green level decisions of a green supply chain with governmental interventions under fuzzy uncertainties［J］. Journal of cleaner production, 2017（149）：1174-1187．

［144］张正，孟庆春，张祯．基于产品创新的消费类电子产品供应链价值创造研究［J］．科技管理研究，2017（14）：151-158．

［145］PALSULE-DESAI O D, TIRUPATI D, CHANDRA P. Stability issues in supply chain networks: implications for coordination mechanisms［J］. International journal of production economics, 2013, 142（1）：179-193．

［146］CACHON G P, LARIVIERE M A. Supply chain coordination with revenue-sharing contracts［J］. Management science, 2005, 51（1）：30-44．

［147］CAO E, WAN C, LAI M. Coordination of a supply chain with one manufacturer and multiple competing retailers under simultaneous demand and cost disruptions［J］. International journal of production economics, 2013, 141（1）：425-433．

［148］SABOUHI F, PISHVAEE S M, JABALAMELI S M. Resilient supply chain design under operational and disruption risks considering quantity discount: a case study of pharmaceutical supply chain［J］. Computers & industrial engineering, 2018（126）：657-672．

［149］陈晓春，张文松，顾维军．考虑技术研发和物流配送的医药供应链组合契约协调模型研究［J］．中国管理科学，2020，28（3）：80-92．

［150］HSUEH, CHE F. Improving corporate social responsibility in a supply chain through a new revenue sharing contract [J]. International journal of production economics, 2014, 151 (3): 214-222.

[151] NEMATOLLAHI M, HOSSEINI-MOTLAGH S M, IGNATIUS J, et al. Coordinating a socially responsible pharmaceutical supply chain under periodic review replenishment policies [J]. Journal of cleaner production, 2018 (172): 2876-2891.

[152] KANG K, WANG M, LUAN X. Decision-making and coordination with government subsidy and fairness concerns in poverty alleviation supply chain [J]. Computers & industrial engineering, 2020, 152 (9): 107058.

[153] DU R, BANERJEE A, KIM S L. Coordination of two-echelon supply chains using wholesale price discount and credit option [J]. International journal of production economics, 2013, 143 (2): 327-334.

[154] 晋盛武, 沈丹婷, 庄德林. 渠道与产品差异下的供应链技术创新协同策略 [J]. 技术经济, 2016, 35 (3): 123-130.

[155] GARATTINI L, CORNAGO D, COMPADRI P D. Pricing and reimbursement of in-patent drugs in seven European countries: a comparative analysis [J]. Health policy, 2007, 82 (3): 330-339.

[156] HAKONSEN H, HORN A M, TOVERUD E L. Price control as a strategy for pharmaceutical cost containment: What has been achieved in Norway in the period 1994-2004 [J]. Health policy, 2009, 90 (2-3): 277-285.

[157] YU X, LI C, SHI Y, et al. Pharmaceutical supply chain in China: current issues and implications for health system reform [J]. Health policy, 2010, 97 (1): 8-15.

[158] DIMITRI N. An assessment of R&D productivity in the pharmaceutical industry [J]. Trends in pharmacological sciences, 2011, 32 (12): 683-685.

[159] WATANABE C, TAKAYAMA M, NAGAMATSU A, et al. Technology spillover as a complement for high-level R&D intensity in the pharmaceutical industry [J]. Technovation, 2002, 22 (4): 245-258.

[160] QIU L, CHEN Z Y, LU D Y, et al. Public funding and private investment for R&D: a survey in China's pharmaceutical industry [J]. Health research policy and systems, 2014, 12 (1): 12-27.

[161] GANUZA J J, LLOBET G, DOMÍNGUEZ B. R&D in the

pharmaceutical industry: a world of small innovations [J]. Management science, 2009, 55 (4): 539-551.

[162] KANG J, AFUAH A. Profiting from innovations: the role of new game strategies in the case of Lipitor of the US pharmaceutical industry [J]. R & D management, 2010, 40 (2): 124-137.

[163] USTA M, ERHUN F, HAUSMAN W. Supply licensing when the manufacturer strategically commits to invest in R&D [J]. Naval research logistics, 2014, 61 (4): 341-350.

[164] DING Y Z. Incentive mechanism to promote suppliers R&D of green technology in supply chain [J]. Advanced materials research, 2013 (804): 370-377.

[165] ALSHAWI S, SAEZ-PUJOL I, IRANI Z. Data warehousing in decision support for pharmaceutical R&D supply chain [J]. International journal of information management, 2003, 23 (3): 200-268.

[166] BREKKE K R, STRAUME O R. Pharmaceutical patents: incentives for research and development or marketing? [J]. Southern economic journal, 2009, 76 (2): 351-374.

[167] LEVAGGI R, ORIZIO G, DOMENIGHINI S, et al. Marketing and pricing strategies of online pharmacies [J]. Health policy, 2009, 92 (2-3): 187-196.

[168] JAP S D, NAIK P A. Introduction to the special issue on online pricing [J]. Journal of interactive marketing, 2004, 18 (4): 4-6.

[169] SU L, HUANG W, LEUNG J. Development and management of online pharmacies in China [J]. Journal of medical marketing: device, diagnostic and pharmaceutical marketing, 2011, 11 (3): 197-203.

[170] 李诗杨, 但斌, 李红霞. 公益性和自我药疗影响下的药品供应链定价与双渠道策略 [J]. 管理学报, 2017, 14 (8): 1227-1235.

[171] 朱张祥, 刘咏梅. 青年群体从传统就医渠道向移动医疗转移使用研究 [J]. 管理学报, 2016, 13 (11): 1728-1736.

[172] BLATTBERG R C, NESLIN S A, HALL P. Sales promotion: concepts, methods and strategies [J]. Prentice hall paper, 1990.

[173] 杨龙, 王永贵. 顾客价值及其驱动因素剖析 [J]. 管理世界, 2002 (6): 146-147.

[174] 郑文清, 李玮玮. 营销策略对顾客感知价值的驱动研究 [J]. 当代财经, 2012 (11): 80-89.

[175] SARAMUNEE K, DEWSBURY C, CUTLER S, et al. Public attitudes towards community pharmacy attributes and preferences for methods for promotion of public health services [J]. Public health, 2016 (140): 186-195.

[176] LIN Z. Price promotion with reference price effects in supply chain [J]. Transportation research part E: logistics & transportation review, 2016 (85): 52-68.

[177] MARTÍN-HERRÁN G, SIGUÉ S P. Prices, promotions, and channel profitability: was the conventional wisdom mistaken [J]. European journal of operational research, 2011, 211 (2): 415-425.

[178] TSAO Y C, SHEEN G J. Effects of promotion cost sharing policy with the sales learning curve on supply chain coordination [J]. Computers & operations research, 2012, 39 (8): 1872-1878.

[179] SAHA S. Supply chain coordination through rebate induced contracts [J]. Transportation research part E: logistics and transportation review, 2013 (50): 120-137.

[180] MARTÍN-HERRÁN G, SIGUÉ S P. Trade deals and/or on-package coupons [J]. European journal of operational research, 2015, 241 (2): 541-554.

[181] 朱立龙, 荣俊美. 药品供应链质量投入与政府分层监管策略研究 [J]. 软科学, 2019, 33 (2): 26-31, 37.

[182] 吴方, 严伟, 邢潇倩. 医药企业社会责任与财务绩效相关性的实证研究: 基于68家医药上市公司的面板数据 [J]. 生态经济, 2015, 31 (8): 112-116.

[183] 沈茜. 提升我国医药企业社会责任路径研究 [J]. 中国药房, 2018, 29 (1): 4-8.

[184] SEBHATU S P. Corporate social responsibility for sustainable service dominant logic [J]. International review on public & nonprofit marketing, 2010, 7 (2): 195-196.

[185] SIU Y M, ZHANG J F, KWAN H Y. Effect of corporate social responsibility, customer attribution and prior expectation on post-recovery satisfaction [J]. International journal of hospitality management, 2014 (43): 87-97.

[186] MEHRALIANA G, GATARIB AR, MORAKABATIC M. Developing a

SuiTab. model for supplier selection based on supply chain risks: an empirical study from Iranian pharmaceutical companies [J]. Iranian journal of pharmaceutical research Ijpr, 2012, 11 (1): 209-219.

[187] FEIGENBAUM, A V. Total quality control [J]. Harvard business review, 1956, 34 (6): 93-101.

[188] PARASURAMAN A, ZEITHAML V A, BERRY L L. Refinement and reassessment of the servqual scale [J]. Journal of retailing. 1991, 67 (4): 420-450.

[189] CHEN K Y. Improving importance-performance analysis: the role of the zone of tolerance and competitor performance, the case of Taiwan's hot spring hotels [J]. Tourism management, 2014, 40: 260-272.

[190] UTHAYAKUMAR R, PRIYAN S. Pharmaceutical supply chain and inventory management strategies: optimization for a pharmaceutical company and a hospital [J]. Operations research for health care, 2013, 2 (3): 52-64.

[191] KELLE P, WOOSLEY J, SCHNEIDER H. Pharmaceutical supply chain specifics and inventory solutions for a hospital case [J]. Operations research for health care, 2012, 1 (2-3): 54-63.

[192] CULLEN A J, TAYLOR M. Critical success factors for B2B e-commerce use within the UK NHS pharmaceutical supply chain [J]. International journal of operations & production management, 2009, 29 (11): 1156-1185.

[193] ROSSETTI C L, HANDFIELD R, DOOLEY K J. Forces, trends, and decisions in pharmaceutical supply chain management [J]. International journal of physical distribution & logistics management, 2011, 41 (6): 601-622.

[194] GÖLEÇ A, KARADENIZ G. Performance analysis of healthcare supply chain management with competency-based operation evaluation [J]. Computers & industrial engineering, 2020 (146): 106546.

[195] KE H, LIU J. Dual-channel supply chain competition with channel preference and sales effort under uncertain environment [J]. Journal of ambient intelligence & humanized computing, 2017, 8 (5): 781-795.

[196] HO Z P, PAN T N. Manufacturing and production collaborative customers preference [J]. Applied mechanics and materials, 2013 (307): 506-509.

[197] WANG R, JI J H, MING X G. R&D partnership contract coordination of information goods supply chain in government subsidy [J]. International journal

of computer applications in technology, 2010, 37 (3): 297-306.

[198] YANG R, TANG W, ZHANG J. Technology improvement strategy for green products under competition: the role of government subsidy [J]. European journal of operational research, 2021, 289 (2): 553-568.

[199] GUO Y, YU X, ZHOU C, et al. Government subsidies for preventing supply disruption when the supplier has an outside option under competition [J]. Transportation research part e: logistics and transportation review, 2021 (147).

[200] ZHANG R, MA W, LIU J. Impact of government subsidy on agricultural production and pollution: a game-theoretic approach [J]. Journal of cleaner production, 2020 (285): 124806.

[201] 赵红丹. 临时团队内粘滞知识转移的动力因素: 基于扎根理论的探索性研究 [J]. 科学学研究, 2014, 32 (11): 1705-1712.

[202] ASHBY A, LEAT M, HUDSON-SMITH M. Making connections: a review of supply chain management and sustainability literature [J]. Supply chain management: an international journal, 2012, 17 (5): 497-516.

[203] 刘立春. 药品原始创新模式演化及对中国的启示 [J]. 科技进步与对策, 2019, 36 (1): 74-82.

[204] 李诗杨, 但斌, 李红霞, 等. 限价与公益性下药品双渠道供应链权力结构模型 [J]. 管理评论, 2019, 31 (9): 266-277.

[205] DAVIS-SRAMEK B, GERMAIN R, KROTOV K. Examining the process R&D investment-performance chain in supply chain operations: the effect of centralization [J]. International journal of production economics, 2015 (167): 246-256.

[206] WANG I K, SEIDLE R. The degree of technological innovation: a demand heterogeneity perspective [J]. Technological forecasting and social change, 2017 (125): 166-177.

[207] CHEAH E T, CHIENG C C L L. The corporate social responsibility of pharmaceutical product recalls: an empirical examination of U. S. and U. K. markets [J]. Journal of business ethics, 2007, 76 (4): 427-449.

[208] SINAYI M, RASTI-BARZOKI M. A game theoretic approach for pricing, greening, and social welfare policies in a supply chain with government intervention [J]. Journal of cleaner production, 2018 (196): 1443-1458.

［209］PANDA S, MODAK N M, BASU M, et al. Channel coordination and profit distribution in a social responsible three-layer supply chain［J］. International journal of production economics, 2015（168）：224-233.

［210］欧平，周祖城，王漫天. 基于企业社会责任的消费者类型、特征及规模的实证研究［J］. 系统管理学报，2011，20（4）：441-447.

［211］ASRAR-UL-HAQ M, KUCHINKE K P, IQBAL A. The relationship between corporate social responsibility, job satisfaction, and organizational commitment: case of Pakistani higher education［J］. Journal of cleaner production, 2017, 142（4）：2352-2363.

［212］KAYA M, ÖZER Ö. Quality risk in outsourcing: Noncontractible product quality and private quality cost information［J］. Naval research logistics, 2010, 56（7）：669-685.

［213］CHEN X, YANG H, WANG X. Effects of price cap regulation on the pharmaceutical supply chain［J］. Journal of business research, 2019（97）：281-290.

［214］XU G, DAN B, ZHANG X, et al. Coordinating a dual-channel supply chain with risk-averse under a two-way revenue sharing contract［J］. International journal of production economics, 2014, 147（1）：171-179.

［215］CHEN J, DIMITROV S, PUN H. The impact of government subsidy on supply chains' sustainability innovation［J］. Omega, 2019（86）：42-58.

［216］LIU Y, QUAN B, XU Q, et al. Corporate social responsibility and decision analysis in a supply chain through government subsidy［J］. Journal of cleaner production, 2019（208）：436-447.

［217］LI Y, XIE X, LIU Q. Study on longitudinal emission reduction investment of supply chain and government's subsidy policy［J］. Journal of intelligent & fuzzy systems, 2018, 34（2）：1177-1186.

［218］陈玲，杨文辉. 政府研发补贴会促进企业创新吗？：来自中国上市公司的实证研究［J］. 科学学研究，2016，34（3）：433-442.

［219］MODAK N M, PANDA S, SANA S S. Two-echelon supply chain coordination among manufacturer and duopolies retailers with recycling facility［J］. The International journal of advanced manufacturing technology, 2016, 87（5-8）：1531-1546.

［220］SHAHZAD M, YING Q, REHMAN S U, et al. Impact of knowledge absorptive capacity on corporate sustainability with mediating role of CSR: analysis from the Asian context [J]. Journal of environmental planning and management, 2019, 63 (2): 1-27.

[221] MODAK N M, PANDA S, SANA S S. Two-echelon supply chain coordination among manufacturer and duopolies retailers with recycling facility [J]. The international journal of advanced manufacturing technology, 2016, 87 (5-8): 1531-1546.

[222] FENG L, GOVINDAN K, LI C. Strategic panning: design and coordination for dual-recycling channel reverse supply chain considering consumer behavior [J]. European journal of operational research, 2017, 260 (2): 601-612.

[223] KANNAN G M E, POPIUC M N. Reverse supply chain coordination by revenue sharing contract: a case for the personal computers industry [J]. European journal of operational research, 2014, 233 (2): 326-336.

[224] KANNAN G, SASIKUMAR P, DEVIKA K. A genetic algorithm approach for solving a closed loop supply chain model: a case of battery recycling [J]. Applied mathematical modelling, 2010, 34 (3): 655-670.

[225] SUN M, YANG X, HUISINGH D, et al. Consumer behavior and perspectives concerning spent household battery collection and recycling in China: a case study [J]. Journal of cleaner production, 2015 (107): 775-785.

[226] 付小勇, 朱庆华, 赵铁林. 基于逆向供应链间回收价格竞争的回收渠道选择策略 [J]. 中国管理科学, 2014, 22 (10): 72-79.

[227] 李晓静, 艾兴政, 唐小我. 竞争性供应链下再制造产品的回收渠道研究 [J]. 管理工程学报, 2016, 30 (3): 90-98.

[228] HUAN M, SONG M, LEE L H, et al. Analysis for strategy of closed-loop supply chain with dual recycling channel [J]. International journal of production economics, 2013, 144 (2): 510-520.

[229] LIU L, WANG Z, XU L, et al. Collection Effort and reverse channel choices in a closed-loop supply chain [J]. Journal of cleaner production, 2017 (144): 492-500.

[230] MODAK N M, MODAK N, PANDA S, et al. Analyzing structure of two-echelon closed-loop supply chain for pricing, quality and recycling management [J]. Journal of cleaner production, 2017 (171): 512-528.

[231] 卢荣花,李南. 零售商竞争环境下两周期闭环供应链回收渠道选择研究 [J]. 系统管理学报, 2017, 26 (6): 1143-1150.

[232] AMARO A C S, BARBOSA - POVOA A P F D. Planning and scheduling of industrial supply chains with reverse flows: a real pharmaceutical case study [J]. Computers & chemical engineering, 2008, 32 (11): 2606-2625.

[233] WERAIKAT D, ZANJANI M K, LEHOOUX N. Coordinating a green reverse supply chain in pharmaceutical sector by negotiation [J]. Computers & industrial engineering, 2016 (93): 67-77.

[234] XIE Y, BREEN L. Greening community pharmaceutical supply chain in UK: a cross boundary approach [J]. Supply chain management, 2012, 17 (1): 40-53.

[235] ZHAO S, ZHU Q, CUI L. A decision - making model for remanufacturers: considering both consumers' environmental preference and the government subsidy policy [J]. Resources, conservation and recycling, 2018 (128): 176-186.

[236] ZHU X D, W J, TANG J. Recycling pricing and coordination of weee dual-channel closed-loop supply chain considering consumers' bargaining [J]. International journal of environmental research and public health, 2017, 14 (12): 1578.

[237] WERAIKAT D, ZANJANI M K, LEHOUX N. Two - echelon pharmaceutical reverse supply chain coordination with customers incentives [J]. International journal of production economics, 2016 (176): 41-52.

[238] GIOVANNII P. Closed - loop supply chain coordination through incentives with asymmetric information [J]. Annals of operations research, 2017, 253 (1): 133-167.

[239] 苏昕,周升师. 双重环境规制、政府补助对企业创新产出的影响及调节 [J]. 中国人口·资源与环境, 2019, 29 (3): 31-39.

[240] 曹裕,李青松,胡韩莉. 不同政府补贴策略对供应链绿色决策的影响研究 [J]. 管理学报, 2019, 16 (2): 297-305, 316.

[241] ZHAO S, ZHU Q. Remanufacturing supply chain coordination under the stochastic remanufacturability rate and the random demand [J]. Annals of operations research, 2017, 257 (1-2): 661-695.

[242] HONG I H, KE J S. Determining advanced recycling fees and subsidies in "e-scrap" reverse supply chains [J]. Journal of environmental management, 2011, 92 (6): 1495-1502.

[243] HEYDARI J, GOVINDAN K, JAFARI A. Reverse and closed loop supply chain coordination by considering government role [J]. Transportation research part D: transport and environment, 2017 (52): 379-398.

[244] XU G, DAN B, ZHANG X, et al. Coordinating a dual-channel supply chain with risk-averse under a two-way revenue sharing contract [J]. International journal of production economics, 2014, 147 (1): 171-179.

[245] UTHAYAKUMAR R, PRIYAN S. Pharmaceutical supply chain and inventory management strategies: optimization for a pharmaceutical company and a hospital [J]. Operations research for health care, 2013, 2 (3): 52-64.

[246] SAXENA N, SARKAR B, SINGH S R. Selection of remanufacturing/production cycles with an alternative market: a perspective on waste management [J]. Journal of cleaner production, 2020, 245.

[247] AIGBAVBOA S, MBOHWA C. The headache of medicines' supply in Nigeria: an exploratory study on the most critical challenges of pharmaceutical outbound value chains [J]. Procedia manufacturing, 2020 (43): 336-343.

[248] SINHA A K, ANAND A. Optimizing supply chain network for perishable products using improved bacteria foraging algorithm [J]. Applied soft computing, 2019 (86): 105921.

[249] TAT R, HEYDARI J, RABBANI M. Corporate social responsibility in the pharmaceutical supply chain: an optimized medicine donation scheme [J]. Computers & industrial engineering, 2020, 152.

[250] NIU B, DONG J, LIU Y. Incentive alignment for blockchain adoption in medicine supply chains [J]. Transportation research part E: logistics and transportation review, 2021 (152).

[251] HE M, J SHI. Circulation traceability system of chinese herbal medicine supply chain based on internet of things agricultural sensor [J]. Sustainable computing: informatics and systems, 2021, 30 (10): 100518.

[252] GOODARZIAN F, WAMBA S F, et al. A new bi-objective green medicine supply chain network design under fuzzy environment: hybrid

metaheuristic algorithms [J]. Computers & industrial engineering, 2021 (160).

[253] IMRAN M, KANG C, RAMZAN M B. Medicine supply chain model for an integrated healthcare system with uncertain product complaints [J]. Journal of manufacturing systems, 2017, 46 (C): 13-28.

[254] REIMANN M, XIONG Y, ZHOU Y. Managing a closed-loop supply chain with process innovation for remanufacturing [J]. European journal of operational research, 2019 (276): 510-518.

[255] CHAI J, QIAN Z, WANG F, et al. Process innovation for green product in a closed loop supply chain with remanufacturing [J]. Annals of operations research, 2021 (3): 1-25.

[256] CHEN H, DONG Z, LI G, et al. Remanufacturing process innovation in closed-loop supply chain under cost-sharing mechanism and different power structures [J]. Computer & industrial engmeering, 2021 (162): 107743.

[257] BANASIK A, KANELLOPOULOS A, CLAASSEN G, et al. Closing loops in agricultural supply chains using multi-objective optimization: a case study of an industrial mushroom supply chain [J]. International journal of production economics, 2017 (183): 409-420.

[258] TAT R, HEYDARI J, RABBANI M. A mathematical model for pharmaceutical supply chain coordination: reselling medicines in an alternative market [J]. Journal of cleaner production, 2020 (268): 121897.

[259] BELL J E, MOLLENKOPF D A, STOLZE H J. Natural resource scarcity and the closed-loop supply chain: a resource-advantage view [J]. International journal of physical distribution & logistics management, 2013, 43 (5-6): 351-379.

[260] RTA B, JH A. Avoiding medicine wastes: introducing a sustainable approach in the pharmaceutical supply chain [J]. Journal of cleaner production, 2021 (320): 128698.

[261] VIEGAS C V, BOND A, VAZ C R, et al. Reverse flows within the pharmaceutical supply chain: a classificatory review from the perspective of end-of-use and end-of-life medicines [J]. Journal of cleaner production, 2019, 238 (20): 1-17.

[262] GARAIA A, CHOWDHURY B, SARKAR C, et al. Cost-effective subsidy policy for growers and biofuels-plants in closed-loop supply chain of herbs

and herbal medicines: an interactive bi-objective optimization in T-environment [J]. Applied soft computing, 2020 (100).

[263] 范建昌, 倪得兵, 唐小我, 等. 产品责任、企业社会责任偏好与供应链中的质量—数量协调 [J]. 中国管理科学, 2019, 27 (1): 85-98.

后 记

笔者在攻读博士学位期间一直从事供应链管理和供应链协调等相关研究，在理论研究与实证研究、模拟与仿真等方面打下了比较扎实的基础。在此，衷心感谢在本书写作过程中给予笔者指导和帮助的老师和朋友们。

感谢我的博导——北京交通大学的张文松教授，感谢他一直以来对笔者的指导和帮助，包括为笔者提供良好的科研环境，以及在本书创作进入调研阶段后为笔者提供了种种便利条件，并帮助笔者获得了很多宝贵的数据资料。是张教授最早触动笔者萌生研究本课题的想法，他鼓励笔者最终确定了选题，并在撰写过程中给予悉心指导，提出大量宝贵的意见和建议。

感谢北京交通大学的裘晓东教授、冯华教授，感谢北京物资学院的魏国辰教授和吕波教授，感谢他们在本书撰写过程中所给予的指导，包括帮助笔者制定了完善的研究方案，并提出了许多有价值的建议。

感谢钱门康先生的鼎力支持，是他帮助笔者查找资料，完善书稿，并在本书最后定稿和编辑排版过程中进行了大量细致的核验工作。此外还要感谢博士生汪家源、硕士生张柏林和赵杰帮助核对和检查书稿，并承担了许多琐碎的细节性工作，使笔者得以集中精力完成本书的核心研究内容。

总之，在本书的完成过程中，感谢各位老师和朋友的倾心相助，他们对本书作了大量贡献，笔者对此不胜感激。

在本书的撰写过程中，笔者参阅了大量国内外学者的文献资料，并尽可能地做到逐一标注，但仍无法做到纤悉无遗，在此深表歉意，敬希相关作者谅解。此外，尽管笔者在本书撰写过程中付出了很多努力，但是由于水平有限，书中尚有不少待完善之处，恳请各位读者能够给予批评指正。